충북대학교 인문 · 사회연구총서 13

현대민주주의 위기연구

A Study on Crisis of Modern Democracy

안 성 호 지음

충북대학교 출판부

머리글

잘 나가고 있는 민주주의에도 문제가 있고 위기가 발생한다. 그래서 민주주의는 지배자와 피지배자, 국가와 국민, 지도자와 대중, 정부와 의회, 여와 야, 부모와 자식, 선생과 학생, 여성과 남성, 사용자와 노동자 간의 부단한 소통과 노력이 필요하다. 이것이 결여되면 언제나 민주주의에는 위기가 발생할 수 있다. 한국의 풀뿌리 민주주의가 위기를 맞고 있다. 민주주의와 민주적 과정은 소규모집단인 가정, 학급, 아파트단지·공동주거단지, 타운하우스단지, 리·통·반, 읍·면·동 등 마을(동네)공동체, 기초자치단체, 광역자치단체, 국가사회생활 등 규모를 막론하고 인간 삶의 하나의 실천원리이다. 더욱이 혁신도시, 기업도시, 신도시, 행정도시 등 지방에 새로운 집단적 도시화작업시행과정 가운데 마을과 동네 등의 소집단커뮤니티에서의 집단갈등과 시위가 빈번히 발생하고 있어 민주주의위기의 하나의 원인이 되고 있다. 심지어 지방 동네주민들이 집단적인 시위나 민주적 회의진행 과정도 정치권력관계의 한 모습인데 이것이 제대로 민주적으로 시행되지 못하는 경우가 허다하다.

민주주의는 각 개인에게 인격의 자유로운 발전을 위한 조건을 보장하고 그 조건을 발견하기 위해서 개인들에게 허용되는 자유로운 논쟁과 토론이라는 방법을 통하여 합의를 도출하는 원리로 운영되고 있다. 민주주의는 토론에 의한 정치이며 선거민, 정당, 의회, 각종 위원회, 내각 등이 중요한 토의기관이다. 의사의 자율성, 행위의 자기결정성, 행위결과에 대한 자기책임성은 민주주의의 주요한 인자이다. 오늘날 한국의 중앙정치는 물론 지방정치에서의 기초의원까지 정당공천이 허용되고 있다. 그런데 다양한 제도적 장치가 점점 더 많이 만들어지고 있으나 한국에서는 80년대 민주화이후 잠잠했던 비제도적인 의사표시인 전투적 민주주의와 집단적 폭력시위가 시도 때도 없이 남녀노소 도시와 농촌, 중앙과 지방을 가리지 않고 발생하고 있고 갈등의 민주적 절차에 의한 해결이 점점 부재하고 있다. 심지어 대통령이 선거관리위원회선거법위반에 대하여 헌법재판소에 개인자격으로 제소하는 상황이 벌어지기도 하였다. 이것은 마을공동체, 민간단체, 이익집단, 시민단체 등 시민사회의 과잉정치참여나 아마도 작은 규모의 공동체에서의 주민에 대한 민주적 훈련이 여전히 미흡하고 갈등해결을 위한 회의진행이나 의사결정방법이 여전히 미숙하기 때문이 아닌가한다. 아무리 민주주의가 자유를 보장한다고 하지만 자신과 특정집단의 이기주의를 만족시키기위한 이웃을 해치고 타인과 타집단의 자유를 해치는 자유는 진정한 민주주의가 아니라고 본다.

인간에게서 자유, 평등, 박애, 관용, 양보, 인권, 행복이 없다면 그것은 인간답게 살 수 있는 사회는 아니라고 본다. 민주주의가 모든 인류에게 공통되게 바람직한 이념과 제도로 인정받는 것은 바로 그것이 이러한 인간의 속성과 본질을 가장 잘 담보해주는 이념이기 때문이다. 민주주의사회는 평화, 합의, 협력, 대화, 정의, 공정, 공개와 직결된다. 사무엘 헌팅톤은 공개(open), 공정(fair), 자유(free)를 민주주의 기초로 설명한다.[1] 로버트 다알(R.Dahl) 은 오래된 선진민주주의국가에서 조차도 국민들이 민주적 제도와 체제에 대하여 신뢰를 점점 상실하고 있다는 조사가 있음에도 불구하고 민주주의에 대한 가치는 여전히 중요한 것으로 생각하고 있다고 민주주의 장래에 대한 패러독스한 점을 지적하고 있다.[2]

로버트 달(R. Dahl)은 민주주의본질을 다두정치(Polyarchy)와 정치적 다원주의(Political Pluralism)로 설명한 바 있다. 이는 민주주의는 다양성을 존중하며 다양한 시민사회의 제 집단이 자발적으로 민주정치의 참여함을 보여준다.[3] 즉 국가는 시민사회의 힘을 존중하고 그 역할이 국가정책에 역행하는 것이 아니고 상호협조적인 거버넌스를 인정하는 것이다.

일반적으로 민주주의국가의 시민들은 민주적 정치체를 위한 대의제 선거에 참여하고, 광범위하게 표현의 자유, 토론의 자유, 염려의 자유, 그리고 정치적 행위와 요구를 위하여 타인과 조직을 결사하는 자유, 시민권에 대한 권리와 기회를 갖는다.[4] 민주주의에 대해서는 이미 규범적 논의와 경험적 논의, 진보적 시각과 보수적 시각, 이론과 실천, 이상주의와 현실주의 등 다양한 논의가 진행되고 있다.[5] 그리고 민주주의적 정당성이 누구에게

---

1) Samuel p. Huntington, *The Third Wave : Democratization in the Late Twentieth Century*(Norman and London:Univ. of Oklahoma Press, 1991), p.9.

2) Robert A. Dahl, "A Democratic Paradox?", in *Political science Quarterly*, Vol.115, No.1(Spring 2000), pp.35-39.

3) Robert A. Dahl, *Poliarchy : Participation and Opposition*(New Haven : Yale Univ. Press, 1978), pp.57-63.

4) *Ibid*, p.38.

5) Ricardo Blaug, *Democracy, Real and Ideal : Discourse Ethics and Radical Politics* (Albany : State Univ. of New York Press, 1999), pp.8-17.

있고, 민주주의적 정당성은 어떻게 실현되며, 그리고 어디에 존재하는가 등의 논의가 지속되고 있다.[6)]

그렇기 때문에 국가와 민주주의에는 엄연한 권위가 있어야한다. 이를 지키지 않으면 준엄한 법의심판을 받아야 한다. 이는 소수의 권력자들을 위한 권위주의와는 전혀 다른 것이다. 민주주의는 법치주의를 근간으로 민주적 시민들이 서로 존중하고 협력하며 사는 공동체의 기본 원리인 것이다.

해석적 민주주의에서는 책임과 인권의 문제가 중요하게 언급되며 자유민주주의에 대한 논의에서 개인주의, 합리주의, 경제적 발전, 관용의 정신이 기초하고 있음을 지적한다. 설명적 민주주의에서는 시장의 문제와 시민사회의 문제로 접근하여 설명하고 있다. 그리고 추구하는 민주주의에서는 범세계적 차원에서의 민주주의에 대한 합의를 논의하고 있다.[7)]

민주주의는 국가사회생활의 실천원리이다. 그리고 민주주의도 정치권력관계의 한 모습이다. 민주주의는 각 개인에게 인격의 자유로운 발전을 위한 조건을 보장하고 그 조건을 발견하기 위해서 개인들에게 허용되는 자유로운 논쟁과 토론이라는 방법을 통하여 합의를 도출하는 원리로 운영되고 있다. 민주주의는 토론에 의한 정치이며 선거민, 정당, 의회, 각종 위원회, 내각 등이 중요한 토의기관이다. 의사의 자율성, 행위의 자기결정성, 행위결과에 대한 자기 책임성은 민주주의의 주요한 인자이다.[8)] 오늘날 전국민 그리고 모든 국가가 지향하는 이념중 하나가 민주주의다. 그래서 마을공동체주민들도 민주주의의 내용을 제대로 알아야하고 민주주의 발생지인 서구를 정확히 알고 분석해야 한다. 심도 있는 토론에 의한 정치 즉 평화적인 심의민주주의(Deliberative Democracy)를 통해서만 민주화이후 민주주의나 서구적인 자유민주주의가 꽃 필 수 있다고 본다. 그러나 마을·동네에서의 실제생활에서 민주주의개념은 엄밀하게 사용하지 않고 있다. 과연 마을공

---

6) *Ibid.*, pp.41–51.

7) Katherine Fierlbeck, *Globalizing democracy : Power, legitimacy and the interpretation of democratic ideas*(Manchester : Manchester Univ. Press, 1998). pp.13–26.

8) ;Adam Przeworski, *Democracy and the Market: Political and Economic Reforms in Eastern Europe and Latin America*(Cambridge Univ. Press, 1991); Adam Przeworski, *Capitalism and Social Democracy*(N.Y.: Cambridge Univ. Press, 1986); M.Rejai, *Democracy: The Contemporary Theories*(N.Y.: Atherton press, 1976); David Held, *Models of Democracy*(Cambridge: Polity Press, 1987); Giovanni Sartori, *The Theory of Democracy Revisited: Part two*(N.J.: Chatham Mouse Publishers, Inc., 1987); Council on Foreign Relations, (ed.), *Democracy* (CFR, 1998) 등 참조.

동체에서의 구성원들도 이들을 잘 유념하고 실생활에서 실천하는지는 별개의 문제이다. 민주주의이후 민주주의에서 선진민주주의로 가기위해서는 마을공동체에서의 민주주의 확신과 실천이 중요하다고 본다. 본 저서의 의의는 민주적 권력의 창출은 도시든 농촌이든, 유치원이든 대학교이든, 작은 집단이든 거대집단이든 주권자인 국민적 합의에 기초를 두고 모든 민주적 결정과정과 그 결정이 존중되어질 때 정당성을 갖게 됨을 보려고 하는 것이다. 권력집단만의 민주주의가 아니라 사회적 약자와 중간층, 중산층이 인간대접을 받는 모두에게 좋은 민주주의를 원하는 것이다. 무엇보다도 한국민주주의 위기의 현실을 중심으로 분석하고 이에 대한 대안으로써 전국민이 균질된 민주시민인식이 함양되어야하고 시골 산골에 이르기까지 마을공동체수준 에서의 동네구성원들의 민주적 실천과 훈련, 교육과 실천이 한국민주주의위기 극복의 중요한 방안이 되어야 한다는 논리를 중점적으로 분석하여 보았다.

본 저서는 본인이 2005년 출간한 『신정치학원론』(서울: 교육과학사, 2005)의 자료에 많이 의존하였음을 밝힌다. 사실상 『신정치학원론』이 민주주의에 대한 내용을 많이 언급하였고 본 저서는 민주주의에 대한 비판을 다루는 연구서이기 때문에 많은 의존 부분이 있을 수밖에 없었음을 밝힌다. 본 저서를 출간하는데 충북대학교 인문·사회연구총서 프로그램의 도움을 받았다. 본 저서는 2008년도 충북대학교 학술연구지원사업에 의하여 발행되었기 때문이다. 또한 이해평박사, 박사과정의 류영준, 홍기백, 안치섭, 손진원 대학원생의 도움이 컸다. 집사람 조선희박사와 출가한 진영과 나태식부부, 진원, 진수의 간접적인 도움 감사한다. 이 책이 출간되는데 충북대 출판사 홍성후 교수님, 박은숙 선생님과 삼성디자인기획 유근명사장님에게도 감사드린다.

2009. 11. 1

비하동에서 저자 안성호

Contents

제1장

민주주의 역사

제1절 고대민주주의

민주주의(Democracy)는 그 어원이 Demos(다수)와 Cratia(Kratos : 지배)의 합성어로 다수의 지배라는 뜻을 갖고 있다. 또한 민주주의의 등장에 대해서는 기본적으로 통사적인 관점에서 고대 그리스 아테네와 같은 도시국가의 직접민주주의에서 시작되었다고 그 기원을 찾는다.[1] 하지만 이 당시의 민주주의는 일정 자격조건에 해당하는 사람만이 시민으로써 투표권을 행사하는 제한적 민주주의였다. 다수에 의한 지배(demos + kratos)를 의미하는 민주주의는 원칙상 지배자와 피지배자사이의 동일성을 전제로 하며 지배의 과정, 즉 정치적 의사결정과정과 심의과정에 피지배자인 데모스(demos)의 직접적 또는 간접적 참여를 보장하는 정치체제이다. 많은 현대의 민주주의 이론가들, 특히 심의민주주의모델을 지지하는 이론가들은 민주주의 정치체가 어떤 정치적 결정을 내릴 때 그 결정에 의해 영향을 받을 수 있는 모든 사람들(즉 피지배자들)에게 정치적 의사결정과정과 심의과정에 직접적으로 또는 그들의 대표자들을 통해 간접적으로 참여할 수 있도록 보장해 주어야 한다는 것이다.[2]

민주주의는 이론적 개념이 아니고 역사적 개념이고 보편적 개념이다. 고대 그리스의 도시국가형태의 폴리스(Polis)에서 행하여진 직접민주주의가 시

---

1) 안성호, 『신 정치학 원론』, (서울: 교육과학사,2002), p.45

2) 김범수, "민주주의에 있어 포용과 배제," 한국국제정치학회, 『국제정치논총』, 제48집 3호(2008), pp.176-177; Seyla Benhabib, ed., *Democracy and Difference: Contesting the Boundary of the Political* (princeton University Press, 1996); Jon Elster, ed., *Deliberative Democracy*(Cambridge University Press, 1998); J rgen Habermas, *Between Facts and Norms: Contributions to a discourse Theory of Law and Democracy*(Cambridge: MIT Press, 1996); Iris M. Young, *Inclusion and Democracy* (Oxford University press, 2000) 참조.

초라고 할 수 있다. BC 7C 왕정, 소수 집정관(Archon) 중심의 소수귀족정치, BC 405년경 에 걸친 소수 참주(Tyrant)에 의한 참주정치(Tyranny) 등이 반복되다가 클레이스테네스 등장으로 Demos(구)단위의 10개 시민단, 시민들 총회인 민회, 그리고 평의회 등이 출현하였다. 클레이스테네스 시대에 들어 귀족의 힘을 견제하면서 독재정치를 방지하기 위해 당시 민회에서는 잠재적 독재자의 가능성이 있는 자(추방해야할 사람들)를 시민들이 광장에 모여 조개껍질에 적어내는 소위 오스트라 키스모스(Ostracismos)라는 패각추방(도편투표)를 행하였는데 이것이 직접민주주의의 효시라 할 것이다.[3] 6600여표 이상을 적어내면 그 사람은 추방을 당했는데 적어도 10년 이내에는 다시 도시국가로 들어 올 수 없었다. 이 추방제도는 독재자의 출현을 막는데 원래의 목적이 있었다. 추방기간 동안 재산권의 보호와 같은 조치가 있었다. 이를 우리는 아테네민주주의(Athens Democracy)라 부른다.

고대 그리스 민주주의체제는 시민권을 가진 성인 남자들에게만 참정권을 부여하고 노예, 어린이, 여자, 외국인(metics) 등을 배제함으로서 이 문제를 해결하고자 하였다.[4]

아테네(Athens)에서는 기원전 7세기 초에 왕권을 제한하는 귀족제도가 수립되었다. 왕(basileus)은 세습제에서 선거제로 바뀌어 선출되다가 7세기 초에 그 통치기간마저 10년 으로부터 1년으로 줄어 들어, 사실상 왕정은 폐지된 것과 다름없었다. 기원전 638년경에는 집정관(archon)을 비롯한 9명의 최고행정관들이 행정, 사법, 군사 등의 주권을 장악하였다. 이 9명의 최고행정관에는 왕(archon basileus), 군지휘관(polemarchos), 아르콘 6명의 사법관(themothetai) 등이 포함되었다. 그 결과 왕정시대부터 존속해온 귀족회(areopagos)가 정치의 중심이 되었다. 귀족과두제는 토지재산이 소수 귀족들에게 집중되면서 나타난 결과이며, 이러한 체제가 토지소유를 더욱 집중화시켰다. 포도와 올리브 등의 재배가 시작되면서 농업경영의 집중화는 더욱 촉진되었다. 많은 농민들은 부채에 허덕이거나 유랑하게 되었다. 무장할 재력

---

3) 안성호, 전게서, p.45 ; Robert A.Dahl, *On Democracy* (New haven : Yale Univ. Press, 1998) ; Giovanni Sartori, *The Theory of Democracy Revisited : Part two*(N.J. : Chatham Mouse Publishers, Inc., 1987);, Alain Touraine, *What is Democracy* by trans. David Macey(Oxford : WestviewPress, 1997); Michael Saward, *The Terms of Democracy*(Cambridge : Polity Press,1998); Philip Resnick, *Twenty-First Century Democracy* (Montreal : McGill-Queen's University Press, 1997) 등 참조.

4) 김범수, 전게논문, p.177.

이 없는 평민은 정권참여에서도 배제되었다. 그러나 기원전 7세기경 리디아에서 사용되기 시작한 화폐의 영향을 받아 상공업이 더욱 번창하면서 마침내 평민 가운데서도 부유한 상공업계급이 성장했다. 한편 군사전술상의 변화가 일어나 종래의 기병을 대신한 중무장 밀집대형(phalanx)의 전술이 채택됨으로써 보병의 중요성이 증대되었으며, 많은 평민들이 여기에 참여하게 되었다. 그 결과 정치에 대한 평민의 발언권이 커지고, 이러한 발언권의 신장이 7세기 말의 입법에 반영되었다[5](Dracon 입법, 621 BC).

아테네 민주정치의 작동과정을 살펴보면 이렇다.

정치에 대한 평민의 발언권이 커지고 입법에 반영되었지만, 농민의 상태는 그다지 개선되지 않았고, 도시중산층은 더 많은 정치적 민주화정책을 요구하게 되어 마침내 기원전 6세기 초에 개혁이 실시되었다(594 BC). 솔론(Solon, 639~558 BC)은 아르콘으로 선출되어 모든 개혁의 추진을 담당하게 되었다.[6] 솔론은 시민계층을 재산소유의 정도에 따라 제1계급(pentakosiomedimnoi), 기사계급(hippies), 농민계급(z!eugitai), 노동계급(thetes) 등 네 계급으로 나누어 각각의 정치적 지위를 부여하였다. 이런 점에서 솔론의 정치형태는 금권정치(timocracy, plutocracy, plutarchy)에 해당한다. 제1계급은 年收 500 medimnoi(약 110石 이상), 기사계급은 300 medimnoi(65石), 농민계급은 150 medimnoi(32石)의 년 수입을 올렸다. 노동계급은 빈민·노동층으로서 전시에는 운반임무를 맡는다든지 배의 조수로 일하였는데, 페르시아 전쟁 당시 조수들의 공이 컸으므로 그후 노동계급의 사회적 발언권이 증대되었다. 이러한 개혁은 비록 주목할 만한 것이라 해도 사회 각층의 불평불만을 완전히 해소할 수는 없었다. 귀족층은 특권의 일부 상실에 대해서 불만인 반면, 중산층과 하층은 아르콘에 대한 피선거권이 여전히 없기 때문에 귀족회의 권한이 바뀌지 않았다는 점에서 불만이었다.[7]

---

5) http://politica.or.kr/zboard/view (2009.8.12). 정대화, 『현대민주주의론』(2006).

6) 상게자료.
솔론 개혁은 정치적으로는 (1)새 회의체로 4백인회를 창설하여 중산층의 참여를 허용하고, (2)하층계급에게 민회참정권을 부여하고, (3)전체 남자시민의 선거에 의한 최고재판소(heliaia)를 설치하고 배심원 제도를 채택(이 재판소는 아르콘의 결정에 대한 항소를 심리)하는 등 상당한 진전을 이루었다. 경제적으로는 긴급조치로 가난한 농민의 채무를 취소하고 채무노예제를 금지하며 토지소유의 상한을 결정하였다. 외국과의 교역에서 아테네인에게 유리하도록 새로운 화폐제도를 실시하였으며, 게으른 사람에게는 무거운 벌과금을 부과하고, 영주를 원하는 외국 출신 수공업자에게 시민권을 부여하였다.

페이시스트라투스(Peisistratus), 히피아스(Hippias) 이후(510 BC)에 온 혼란과 내란은 귀족출신의 클레이스테네스(Cleisthenes)에 의해 수습되었는데, 그는 평민의 지지를 바탕으로 정권을 위임받았다(508 BC). 그는 종래의 혈연적인 행정조직이었던 4부족을 지연적인 10개의 부족(phyle)으로 재편성하고, 각 부족에서 50명의 대표를 추첨하여 5백인회를 조직하였다. 5백인회는 정치의 주요기관으로서 민회 인준을 위한 법령의 심의 및 행정의 최고감독권을 소유하였다. 귀족회는 폐지되지 않고 전직 아르콘들로 구성되어 입법기능을 담당하였다.[8)]

클레이스테네스 시대에 들어 귀족의 힘을 견제하면서 도편추방제도(ostracismos)가 실시되었다. 클레이스테네스는 또한 임기 1년의 군사위원(strategos)으로 구성되는 군사위원회를 설치하였다. 군사위원은 10부족에서 1명씩 선출되어 군지휘관(polemarchos)의 사회로 회의가 열렸다.

아테네의 민주정치는 페리클레스(Pericles, 461~429 BC) 시대에 완성되었다. 이 시대에 이르러 비로소 민회가 법령인준권 외에 입법권을 가지게 되었다. 또한 10명의 군사위원회가 대체로 행정집행의 최고책임을 맡게 되었다. 군사위원은 민회에서 선출되고 그 임기는 1년이었으나 무제한으로 재선될 수 있었다. 예컨대 페리클레스는 군사위원장으로 30년 이상이나 그 자리에 있었다. 군사위원회는 단순히 군사권 뿐 아니라 국가 최고의 주권을 행사하였다. 아테네의 법정제도 역시 페리클레스 시대에 완성되었다. 판결에 대해 상소하는 항소법원은 폐지되었으나, 그 대신 모든 소송사건을 다루는 권한을 가진 일반법원이 있었다. 매년 초 추첨에 의해 각 부족에서 600명씩 선출되는 6000명의 배심원 중에서 최소 201명에서 최대 1001명으로 구성된 대소(大小)의 배심원단이 따로 구성되었으며, 다수결에 의하여 각종 재판이 행해졌다. 최고 행정관의 한사람이 이 재판에 임석했으나 판결권은 없었다. 배심원들이 곧 재판관이었으며 판결에 대한 불복항소는 없었다.[9)]

---

7) 상게자료.

8) 상게자료.
5백인회의 의원은 각 구(demos)에서 제출된 30세 이상의 남자시민 후보자 명단에서 추첨으로 선출되었다. 5백인회는 다시 50명으로 구성된 10개의 분과로 나뉘어 1개월간 정치를 관장하였다. 민회(ecclesia)의 조직도 개혁되었다. 민회권한이 확대되어 5백인회에서 제출된 법령의 토의 및 가결, 선전포고, 예산할당, 퇴임 아르콘의 예산지출상황의 감사 등을 담당하였다.

9) 상게자료.

다음과 같은 아테네 민주정치의 장단점을 볼 수 있다.

시민권을 가진 시민들은 정치활동에 큰 관심을 보였으며, 주로 집회·법정·군대생활·운동장·시장 등에서 소일하였다. 상공업은 처음에는 거류외국인들(metikoi)에 의해 영위되었으며, 농업을 비롯하여 광업이나 제조업 등은 주로 노예들이 맡아 하였다. 시민들에 의한 직접민주주의는 시민들이 경제활동의 부담에서 벗어나 정치적 활동에 투자할 수 있는 시간을 가질 수 있었기 때문에 가능하였다.[10]

아이들은 15세에 이르면 부모가 시민계급 중 선택하는 사람과 결혼하였다. 여자는 스스로의 결혼에 대한 의견을 제시할 수 없었고 결혼 전에는 상대방과의 대면조차 허용되지 않았다. 결혼한 여자는 집안의 깊숙한 방을 사용하며, 남편과 양친만이 출입할 수 있는 주부방에서 종일 노예들과 함께 소일하였다. 외출이나 사교는 종교적 축제일 이외에는 거의 없었으며, 가사(家事)를 감독하여 실뽑기와 옷짜기를 하였다. 철학자 플라톤은 '법이 결혼을 강제하기 때문에' 결혼하는 것이라고 말하였고 극작가 메난데로스는 '결혼은 필요악'이라고 단정하였다. 요컨대 아테네에서 부녀자의 위치는 다른 도시국가와 마찬가지로 매우 낮은 것이다.[11]

아테네 민주정치가 근대민주정치와 다른 점은 다음과 같다.

첫째, 아테네 민주주의는 시민권을 가진 사람들만을 대상으로 한 것이었다. 문제는 외국인, 부녀자, 미성년자, 노예, 이방인 등 많은 사람들에 대해서 시민권이 제한되었다는 것이고, 이런 점에서는 현대적 관점에서 불평등한 민주주의였다. 노예, 외국인이나 여성은 제외된 것은 오늘날과 같은 평등권이나 참정권이 인정되지 않았음을 의미하며 이는 제한적 민주주의의 실시라고 할 것이다.[12]

둘째, 아테네 민주제는 대의제가 아닌 직접민주주의 이념에 입각해 실시되었다. 아테네인들은 명성과 능력이 있는 사람이 지배하는 것에는 관심이 없었고, 오히려 실제정치에서 발언하는 각 시민의 확인을 얻는 것이 최대 관심사였다. 한마디로 그들의 이념은 통치의 능률에 있었다기보다 모든 시민의 참여와 의사를 존중하는 민주주의의 원리의 구현에 있었다고 할 수 있다.[13]

---

10) 상게자료. 정대화, 『현대민주주의론』(2006).

11) http://politica.or.kr/zboard/view (2009.8.12).

12) 상게자료.

13) 상게자료.

B.C. 7c 경 왕정과 대씨족의 족장으로 구성되는 원로원(Optimates)이 등장한 로마에서도 이후 지속적으로 B.C. 5c경에 파트리키(Patrician : 명문호족), 최고위급 군인인 집정관(Praetorian), 프레브즈(Plebs : 대중평민), 트리브누스 프레비스(護民官) 등이 등장하였지만 결국 소수의 귀족정치와 군부정치의 범주를 벗어나지는 못하였다.

로마공화정 시대의 최고행정관인 집정관은 원로원과 민회를 소집하여 그 결의를 수행하였다. 전시에는 군대를 지휘하며 정원은 2명이고 임기는 1년이었다. 점차적으로 원로원에 의하여 권한이 축소되었고 삼두정치에 의하여 실권을 상실하였다. 그리고 파트리키와 프레브즈관계과 개별적으로 파트리키의 보호를 받는 주종관계(Clientelae)로 이루어졌다. 민회(Populares), 평민회, 구민회 등도 신귀족계급(Nobiles)의 영향하에 존재하였다.

로마의 군주정과 공화정이 반복되면서 시행되었다. 공화정은 군주제와 반대되는 경우다, 공화정의 뜻은 크게 공 (共:복수의 대표자가) 화(和:화합하여) 다스리는 정치체제를 말한다. 왕을 거부하고 민주적인 방식에 의해 선출된 지도자가 정치를 하는 형태이다. 그러나 공화정이라고 해서 반드시 현대적인 민주주의 체제를 의미하는 것은 아니다. 로마 원로원의 경우는 로마가 생길 때부터 귀족들의 정치적 모임으로 존재했는데. 후에 평민들도 원로원에 참여하는 경우가 생기고, 민회가 생겨나고 2명의 집정관과 더불어 호민관이 등장하면서 원로원, 민회체제, 일종의 현대적인 양원제의 시초가 되는 체제가 로마의 공화정체제다.[14)]

로마의 공화정이 완전한 민주주의체제는 비록 아닐지라도 세습군주제가 보편적이었던 당시 상황을 감안했을 때, 원로원의 의회정치와 평민이 참여하는 민회와 호민관제도는 획기적이고, 나라의 주권이 왕이 아닌 모든 국민에게 있다는 의식을 전제로 한 것이기 때문에 로마의 체제는 공화제라 할 수 있다.[15)] 그리스가 몰락하고 로마시대가 도래하고, 서방세계는 예수

---

14) http://kin.naver.com/detail (2009.8.12.)

15) 상게자료.
원로원의 경우는 귀족자제 중에서 원로원 자체의 심사를 거쳐 임명하고요, 한번 원로원에 나가게 되면 그 임기는 종신직이 다. 이후에는 평민중에서도 큰 업적을 남겼거나 시민들의 전폭적 지지를 얻는다거나, 호민관 출신인 경우에는 원로원 의원이 되기도 했다. 집정관의 경우는 원로원 의원끼리 선거를 해서 2명을 선출하고 그 임기가 단 1년이다. 그래서 카이사르처럼 종신집정관이 아닌 경우 그렇게 강력한 힘을 미치지 못한 경우가 많다. 민회의 경우는 로마시에 거주하

의 출현을 계기로 기독교가 뿌리내리게 된다. 이는 신의 이름으로 모든 것을 설명하는 중세시대(암흑시대)의 시작이었다. 중세시대는 교황청을 중심으로 신권이 왕권을 견제하며 권력의 중심에 있었다. 하지만 이러한 체제도 종교개혁으로 왕권이 강화된 시기(절대왕권체제)와 동로마 제국이 멸망한 1500년대에 붕괴한다.

국가와 민주주의의 연계를 고대민주주의에서도 찾아볼 수 있다. 주권의 수와 지배의 실질적 내용이라는 두 변수에 의해서 고대 그리스시대의 플라톤의 「국가론」과 아리스토텔레스의 「정치학」에서 제시하는 6가지 정부유형이 채택되고 있다.

또한 고대 그리스철학자 플라톤(BC428-BC347)은 다수주권자의 법에 의한 지배에 의하지 않는 정치기구를 중우정(Mobocracy=Democracy)로 보았고, 아리스토텔레스(BC384-BC322)은 다수의 주권자가 사적특수이익을 추구하는 정치체제로 설명하였다. 선거는 다수결원칙을 전제로하기 때문에 플라톤이나 아리스토텔레스가 민주주의를 중우정치라고 비판했던 이유다. 합리적이고 뛰어난 소수 엘리트의 의견이 무지한 다수에 의해 무시당할 수 있다는 우려에서다.[16] 플라톤은 이상적인 국가(Polis)라는 것을 지식과 정의를 겸한 통치자가 통치하는 국가인 지혜있는 철인왕이 지배하는 국가로 보았다. 현실적으로는 철인왕을 찾아내는 것이 힘들기 때문에 법에 의해서 지배되는 국가를 생각하게 되었다. 플라톤은 주권자의 수와 법에 의거한 지배의 유무를 기준으로 분류하였고, 아리스토텔레스는 당시 실제로 존재했던 많은 폴리스국가를 비교분류하여 공통이익을 추구하느냐 사적 이익을 추구하느냐라는 기준으로 바꾸어 분류하였다.[17] 플라톤과 아리스토텔레스가 분류한 정치기구를 보면 ① 왕정(군주정 : Monarchy), ② 귀족정(Aristocracy), ③ 민주정(Democracy), ④ 참주정(Tyranny). ⑤ 과두정(Oligarchy), ⑥ 중우정(Mobocracy/Democracy) 등 여섯가지 형태이다. 특히 왕정, 귀족정, 민주정은 정치치구의 핵심으로 삼분법(三分法)으로 근대와 현대의 정치학에도 많은 영향을 주었다. 이는 17-18세기 전후와 오늘날에 이르기까지 유용하게 정치기구를 설명해주고 있다.[18]

왕정(군주정 : Monarchy)은 주권자는 1인이며 법에 의해서 지배되는 국가

는 성인 남성들은 모두 참여할 수 있었구요 호민관은 민회에서 선거로 뽑았다.

16) 「중앙일보」, 2009.4.24.

17) 상게논문.

18) 상게논문.

이다. 플라톤에 의하면 귀족정(Aristocracy)은 주권자는 소수이고 법에 의해서 지배되는 국가이다. 플라톤은 민주정(Democracy)을 주권자의 수가 다수이고 법에 의거한 지배로 보았고 아리스토텔레스는 주권자는 다수이지만 사적 특수이익을 추구하는 바람직하지 않은 것으로 분류하였다. 그런데 특이한 것은 플라톤이 주권자가 다수라는 민주주의를 법에 의한 지배의 유·무 양자의 경우 모두 민주주의(Democracy)라고 불렀다는 점이다. 특히 민주주의를 중우정치(Mobocracy)와 동일시했다. 그러나 아리스토텔레스는 공통이익을 추구하는 경우만을 특별히 정치체(Polity)라 불렀다. 아리스토테레스는 중요의 재산이 있는 자들의 민주적인 국가체제이며 민주적인 요소와 귀족적 과두적 요소의 혼합된 국가체제인 폴리티(Polity)를 가장 이상적인 정치기구로 생각했다. 이점에서 볼 때 오늘날 민주주의이는 그 당시에는 최고의 이념으로 인식된 것은 아니었다. 플라톤은 주권자의 수가 1인이고 법에 의한 지배가 아닌 정치체제를 참주정(Tyranny)이라고 하였다.[19] 아리스토텔레스도 1인이 주권자이고 사적 특수이익을 추구하는 정치기구를 참주정으로 보았다. 플라톤은 소수의 주권자가 법에 의한 지배를 하지 않는 정치기구를 과두정(Oligarchy)으로 보았고 아리스토텔레스도 소수의 지배자가 사적 특수이익을 추구하는 정치기구로 설명하고 있다.

제2절 중세민주주의

이후 1215년 마그나카르타(대헌장 : 영국왕 존이 귀족들의 강압에 따라 승인한 칙허장(勅許狀)가 제정되면서 영국에서 왕권에 대한 견제가 시작되었고, 인권에 대한 관심이 보여졌다. 존의 실정에 견디지 못한 귀족들이 런던 시민의 지지를 얻어 왕과 대결, 템스 강변의 러니미드에서 왕에게 승인하도록 한 귀족조항을 기초로 작성되었다. 원문에는 개조번호가 없으나 18세기 이래 63개조로 정리되어 있다. 새로운 요구를 내놓은 것은 없고 구래의 관습적인 모든 권리를 확인한 문서로서 교회의 자유, 봉건적 부담의 제한, 재판 및 법률, 도시특권의 확인, 지방관리의 직권남용 방지, 사냥, 당면한 애로사항의 처리 등 여러 규정을 포함하고 있다.[20] 영국에서는 일반

19) 상게논문.

20) http://100.naver.com/100 (2009.7.12) 본래는 귀족의 권리를 재확인한 봉건적 문서였으나, 17세기에 이르러 왕권과 의회의 대립에서 왕의 전제에 대항하여 국민의 권리를 옹호하기 위한 최대의 전거(典據)로서 이용되었다. 특히 일반

백성의 소리를 왕이 청취한다는 의미에서 팔리아멘트(Parliament)라는 왕의 자문기구가 만들어졌고 이는 후에 영국의 의회의 기원이 되었다.

왕권에 대한 도전은 오래전부터 있어왔다. 영국의 경우 1066년 노르망디 공 윌리암은 정복자로서 프랑스어를 사용하였고 이에 대립하는 대주교, 성직자, 시민, 관리들은 토착인으로 영어를 사용하였다. 그리고 이들을 중심으로 유능한 시민출신의원의 모임인 팔리아멘트(의회)를 구성했다. 이후 튜더 왕조 하에서 헨리7세 – 헨리8세(영국국교회 선포한 후 로마가톨릭과 단절) – 메리영왕 – 엘리자베드 1세(에스파니아 무적함대격파)를 거치면서 한편으로 절대왕권체제가 강화되었고 다른 한편 의회중심으로 하원을 국가의 최고권력기구로 만들려는 노력이 있었다.[21]

국가와 연관해서 민주주의 역사를 보면 좀더 이해가 쉬어진다. 우선 철학적 기원이다. 첫째, 신권설이다. 왕권신수설을 합리화하여 국가는 신에 의해서 만들어지는 것으로 본다. 왕이 아무나 되는 것이 아닌 것처럼 국가도 신의 점지에 의한 왕에 의해서 만들어 진다는 주장이다. 절대전제국가(絶對專制國家)의 절정인 프랑스 루이 14세는 짐이 곧 국가다(L'Etat, c'est moi)라고 하는 상징적인 말을 하였다.[22]

정치기구는 매우 포괄적인 개념으로써 주로 국가와 정부구성의 유형에서 활용되고 있다. 〈표 1-1〉에서 보는 것처럼 마키버(R. M. MacIver)는 정부(정치기구)의 형태를 구성상의 기초와 사회 경제상의 특질, 주권의 구조 등을 변수로 하여 정치기구의 분류를 새롭게 시도였다. 정치권력은 수단이나 목적 등 어떤 모양이든지 조직화되고 제도화된다. 그러한 권력기구의 대표적인 것이 정치체(political System), 정부, 통치기구, 그리고 국가인 것이다.

평의회의 승인 없이 군역대납금·공과금을 부과하지 못한다고 정한 제12조는 의회의 승인 없이 과세할 수 없다는 주장의 근거로서, 또 자유인은 같은 신분을 가진 사람에 의한 재판이나 국법에 의하지 않으면 체포·감금할 수 없다고 정한 제39조는 보통법재판소에서의 재판요구의 근거로서 크게 이용되어 금과옥조(金科玉條)가 되었다. 국민의 자유와 권리를 지키는 투쟁의 역사 속에서 항상 생각하게 되고 인용되는 가장 중요하고 기본적인 문서로서 영국의 헌정뿐만 아니라, 국민의 자유를 옹호하는 근대 헌법의 토대가 되었다.

21) 영국 가톨릭수장이 450년만에 처음으로 2002년 1월 13일 영국왕가에서 강론하였다. 영국 잉글랜드와 웨일스의 가톨릭 수장인 코맥 머피오코너 추기경은 노퍽에서 열린 엘리자베스 2세 여왕 일가의 가족미사에 초청돼 교파간 단합을 주제로 강론한바 있다(London, AFPDPA).

22) 상게자료.

민주주의연구에서도 검토하였지만 현대국가는 국민주권을 기본으로 전체국민의 구성체로서의 정치공동체인데 여기서 그러한 국가의 정치적 운영을 하는 정치기구가 바로 정부인 것이다.

〈표 1-1〉 정치기구의 분류

구성상의기초: 과두정치 (Oligarchy)	구성상의 기초: 민주정치	경제상의 기초	사회상의 기초	주권의 구조
군주정치 (Monarchy)	입헌군주정치 (Limited Monarchy)	씨족경제의 원시정부 (Folk Economy Primitive Gov.)	씨족정부 (Tribal Gov.)	단일정부 (Unitary Gov.)
독재정치 (Dictatorship)	공화정치 (Republic)	봉건정부 (Feudal Gov.)	폴리스정부 (Polis Gov.)	제국(식민지)정부 (Empire Colony Dependency)
신권정치 (Theocracy)		자본주의정부 (Capitalist Gov.)	지방정부 (Country Gov.)	연방정부 (Federal Gov.)
다두정치 (Plural headship)		사회주의정부 (Socialist Gov.)	민족정부 (National Gov.)	
			복합민족정부 (Multi-national Gov.)	
			세계정부 (World Gov.)	

〈자료〉 R.M.Maclver, *The Web of Government*(N.Y.: The Macmillan Company, 1947), pp.147-162

전체국민의 구성체로서의 국가와 그 행동기관으로서의 정부는 명확히 구별되는 것이다.23)

최근의 예를 들어보자. 세습 군주 일가가 전권을 행사해온 중동 소국 바레인이 2002년 2월 14일 입헌군주제를 선포하고 2002년 10월 24일 총선을 치르기로 했다. 바레인은 특히 여성에게 선거권과 피선거권을 동시에 부여했다. 대부분 토후나 이슬람 군주(술탄) 통치 체제인 걸프협력회의(GCC) 소속 6개 국가 중 정부 감시기능을 지닌 선출 의회를 두기로 한 것은 바레인이 처음이다. 바레인 통치자인 셰이크 하마드 빈 이사 알 할리파는 이날

23) 안성호, 전게서, pp.398-399.

입헌군주제로의 전환과 관련, "의회뿐 아니라 헌법재판소와 국가재정 감시 기구를 둘 예정"이라며 "의회는 국민이 직접 선출한 의원과 임명직 각계 전문가들로 구성될 것"이라고 말했다. 지난해 통과된 수정헌법에 따라 행정기관을 감시할 권한은 의회에 귀속한다. 그러나 최종적인 국사 결정권은 국왕이 행사한다. 걸프 연안국 중에는 쿠웨이트가 유일하게 의회를 뒀지만 여성에게는 선거권을 주지 않고 있다. 사우디아라비아, 카타르, 오만, 아랍에미리트연합(UAE)은 세습 왕가 통치체제이며 임명직 협의체가 의회 역할을 대행한다. 아랍에미리트대학의 중동정치 전문가 압둘 칼리크 압둘라는 "바레인의 입헌군주제 선포는 전통적인 토후 체제를 유지해온 중동의 보수정치 풍토를 뒤엎는 일대 진전"이라고 평가했다.[24)]

한편 의원내각제(parliamentary cabinet system)는 민주적 정통성이 일원적이며 국가수반과 행정수반이 분리된 권력구조 형태이다.[25)]

파행적인 의원내각제(책임내각제)도 민주주의의 적이다. 입법부로서의 의회를 국정의 최고기관으로하는 정치체제이다. 의회는 법률을 제정하고 국정의 중요한 사항을 심의한다. 그리고 각료는 원칙적으로 양원의 어느 것에 속하는 의원이다. 내각의 행정을 감독한다. 만일 불신임안이 결의되면 내각은 연대적 책임을 지고 물러나야 한다. 내각은 연대적으로 의회에 대하여 책임을 진다. 각료는 의회에 대해서 정치적 책임을 지는 대신에 의회에 출석하여 발언할 수 있다. 의회에서 가장 많은 의석을 차지한 정당의 수뇌가 내각을 조직한다. 입법부와 행정부의 융합을 의미하는 다수당정부 또는 다수당내각제이다. 내각에서 수상의 권한은 매우 강하며 실질적인 각료의 임명과 통솔권을 갖는다. 내각은 의회에 대하여 법안제출권을 가지며 의회에 출석하여 의원들의 질의에 답변해야할 의무를 가진다. 국무장관의 임면권은 법률상 원수가 가지고 있지만 실제로는 하원의 신임 유무에 의해서 행사된다. 의회의 의사가 민의에 어긋나는 것으로 확인되면 행정부로서의 내각이 의회에 대하여 해산권을 갖는다. 내각의 하원에 대한 해산권은 의회의 내각불신임에 대한 응전을 의미하며 동시에 국민에게 총선거를 요구하며 행정부의 가부를 묻기 위한 조치이다.

24) http://www.munhwa.co.kr, 2002.2.14.

25) 진영재, 최선, "한국적 구너력구조의 기원적 형태: 대한민국임시정부: 1919-1945년의 헌법개정과 권력구조 변천사분석," 한국정치학회, 『한국정치학회보』, 43집2호 (2009.여름), p.29.

〈표 1-2〉 서구 입헌군주국(Constitional Monarchy) 현황

국 가	왕 명	출생년도	즉 위
영국	영국여왕 엘리자베스2세 Queen ElizabethI	1926	1953-현재
오스트레일리아	영국여왕 엘리자베스2세 Queen ElizabethI	1926	1953-현재
뉴질랜드	영국여왕 엘리자베스2세 Queen ElizabethI	1926	1953-현재
카나다	영국여왕 엘리자베스2세 Queen ElizabethI	1926	1953-현재
벨기에	벨기에국왕 알베르2세 King Albert II	1934	1993-현재
네델란드	베아트릭영왕 Queen Beatrix	1938	1980.4.30-현재(제6대)
룩셈부르크	대공작 앙리 Grand Duke Henri	1955	
덴마크	덴마크여왕 마르가레트2세 Queen Margrethe II	1940	
노르웨이	해랄드2세 King Harald V	1937	
스웨덴	카알16세 King Carl XVI Gustaf	1946	
스페인	후안 카를로스I세 King Juan CarlosI	1938	1975 (사르수엘라궁)
리히텐슈타인	왕자 한스-아담2세 Prince hans-Asam II	1945	
모나코	알버트 피에르 Albert alexandre Louis pierre	1958	14대 왕

〈자료〉 CIA -the World fact Book(2008.4.2); 안성호, "구동유럽발칸지여의 서유럽형 왕권복귀움직임 연구," 한국동류럽발칸학회, 『동유럽발칸학』, 제10권1호(2008), pp.246-249.

입법과정 및 내각을 개각함에 있어 대통령의 입법적 그리고 비입법적 권한이 강할수록 민주주의 체제는 정치적 위기에 더욱 취약하기 때문에 대통령에게 집중된 권한을 총리에게 분산시킨 준대통령제가 민주주의에 긍정적 영향을 줄 수 있다.[26] 여기서 서유럽의 오랜 전통인 입헌군주정의

장점과 단점을 검토해 보도록 하겠다.[27] 왜냐하면 하나의 민주주의위기극복의 대안이 될 수도 있기 때문이다. 주로 서유럽 선진국에서의 입헌군주정은 매우 현실적이고 긍정적으로 운영되고 있다. 입헌군주정이 전통을 살리고 엘리트와 대중간의 소통을 하는 통로로도 작용하고 있다. 국가나 왕정의 전통과 권위가 살아 숨 쉬고 있어도 민주주적 정치에 아무런 장애가 되고 있지 않다. 오히려 절대왕정에서 시민사회를 만들 때 시민혁명에 의해 타도된 프랑스를 제외하고는 거의 대부분의 유럽국가에 왕정의 전통이 살아 숨쉴 수 있다는 데에 민주주의의 아량과 저력을 볼 수 있다. 물론 동양사회인 일본의 천황제도 여러 면 에서는 문제점 없이 잘 운영되고 있다. 18세기 절대왕권체제에서 벗어나거나 89년 이후 공산주의 전체주의 체제에서 벗어나 민주주화로 이행하면서 하나의 동일한 정치적 목표가 되고 있는 주권재민, 공정한 선거, 복수정당정치, 삼권분립, 견제균형 등 민주적 제도에 역행하거나 문제를 주지는 않고 있어 왕정이라는 과거의 정치적 전통과 민주주의라는 현대적 정치제도의 조화가 잘 지켜지고 있다. 과거 영국에서도 제임스1세로 부터 시작하여 찰스1세를 거쳐 1653년 크로웰의 집권에서 사망까지 17세기 초의 변화는 영국정치의 특징인 의회만능주의로 이끌었다. 크롬웰이 죽은 뒤 영국은 왕정체제를 복귀하였으나 절대왕정의 절대적 왕권과는 거리가 먼 입헌군주정으로의 복귀였다. 그래서 이때부터 의회는 남자를 여자로 바꾸는 일을 제외하고는 모든 것이 가능하다는 권력의 최고 지위를 확립하였고 영국혁명은 의회 민주주의전통을 가능하게 만든 사건으로 기록된다.[28] 대표적인 입헌군주정을 성공적으로 운영하는 영국이나 여러 북유럽의 국가들의 입헌군주정의 장점을 보면 대체로 다음과 같다.

첫째, 오랜 역사와 전통을 그대로 현실과 미래정치와 접목시킨다

둘째, 대외적으로 오랜 문화와 전통을 그대로 국가의 경쟁력으로 연계시키는데 왕정이 좋은 역할을 한다.

셋째, 전쟁이나 혁명 등 정치적 소용돌이로 인한 역사의 단절을 극복하고

26) 김형철, "대만총통제와 민주주의 공고화의 지체 : 통치구조와 운영의 비조응성을 중심으로," 비교민주주의학회, 「비교민주주의연구」, 제4집1호(2008.6), p.37 ; 최한수, 『대통령 수상 준대통령 : 국가의 권력구조』(서울 : 인간사랑, 2007), pp.412-413.

27) 안성호, "구동유럽발칸지여의 서유럽형 왕권복귀움직임 연구," 한국동류럽발칸학회, 『동유럽발칸학』, 제10권1호(2008), pp.246-249.

28) 구학서편저, 『이야기세계사』(서울: 청아출판사, 1990), pp.90-91.

과거와 미래의 조화를 이룬다.

넷째, 왕은 군림하나 통치하지 않는다는 것처럼 왕정과 민주주의를 접목시킨다.

다섯째, 민족분규나 갈등을 봉합하는 민족통합, 국민통합의 기능을 수행한다.

반면에 입헌군주정의 약점은 다음과 같다.[29] 주로 입헌준주정을 하지 않고 있는 프랑스, 독일 그리고 미국 같은 공화정국가에서 보이는 단점들이 아마도 해당될 수 있다. 자랑스러운 전통이나 문화가 상당히 현실정치에서 배제되고 있다.

첫째, 과거의 전통이나 관습을 민주적 현실정치에서 매우 부담스러운 것으로 인식한다.

둘째, 왕가운영을 통한 국가예산과 비효율성의 비용의 문제가 있다.

셋째, 왕가의 승계나 도덕성과 재산문제 등이 때론 정치적 이슈로 등장한다.

넷째, 평등의 정치에 배치되는 귀족정치나 궁정의 전통과 사치스런 풍습 등이 좌파정차 등에서 거론된다.

특별히 프랑스는 여러 서유럽국가 중에서도 예외적으로 입헌군주정이 성립되지 못했다. 1789년 8월 26일 제헌의회가 채택한 인간과 시민의 권리들의 선언(인권선언)에서 당시부터 루이16세의 브루봉왕가 구체제의 사망증서이자 새 시대의 사도신경으로서 신성한 성격을 부여받아 이후 왕정은 꿈도 꾸지 못할 것으로 생각되었다.[30] 그러나 나폴레옹 황제정이 만들어졌고 이것이 1814년 붕괴되면서 나폴레옹 전쟁 후 오히려 왕정복귀가 있었고, 결국 제2차 시민혁명인 1830년 7월 시민혁명을 유발하였다. 결국 왕정은 또다시 붕괴되었다. 그러나 1830년 7월 혁명 후 혁명의 지도층인 시민계층이 공화주의란 너무도 과격하고 자신들에게도 위협이 된다고 생각하여 입헌왕정을 고집하였고 그 결과 루이 필립이 사를르 10세의 뒤를 이었다.[31] 그러나 이는 또다시 제3차 시민혁명인 1848년 2월 혁명으로 붕괴되었다. 이러한 왕정-공화정-황제정 등의 교차적 발생은 1875년 제3공화정에서 대통령제가 성립한 이후 다른 유럽국가와는 달리 국체선택에 있어 일관되게 왕정은 선택되지 않았고 프랑스 근대 역사 속에서 사라지고 말았다.[32] 입헌군

---

29) 안성호, 전게논문, pp.246-249.

30) 최갑수, "1789년의 인권선언과 혁명기의 담론, "한국프랑스사학회, 『프랑스사연구』(2000.8), p.5.

31) 구학서편저, 전게서, pp.168-169.

주제보다 정세적으로 공화국의 적합성을 인정하여 수용하였던 많은 자유주의자들도 공화국의 절대화를 비난하기는 하였지만 영국이나 다른 유럽국가와는 달리 이후 공화정의 전통은 오늘날까지 지속되고 있다.[33] 이렇게 본다면 서유럽국가들에게서 보여지는 국체, 정체 등 왕정이나 공화정의 문제는 역사적 배경과 시민의 선택에 의해서 좌우되었음을 알 수 있다. 이러한 점에서 동구발칸국가들에게서 보여지는 왕권복귀운동도 각 국이 처해있는 정치적 상황 하에서 국민의 자유로운 선택과 합의에 기초하는 것이나 대체로 공동적으로 일관되게 정치적 특성을 만들면서 왕권복귀운동을 하는 것으로는 보여지지는 않는다.

제 3 절 시민혁명과 시민사회의 발생배경

1. 계몽사상

인간의 존엄성 및 자유와 평등의 이념을 정립한 계기로서 근대 시민혁명을 든다. 이러한 시민혁명에 영향을 준 사상으로 천부인권사상, 사회계약설 등의 계몽사상을 들 수 있다. 계몽사상은 자유와 평등을 강조함으로써 민주적 사상을 전파하고 사회를 민주적인 방향으로 진보시키는데 기여하였다.[34] 초기계몽사상가로는 마키아벨리(Machiavelli), 토마스홉스(Thomas Hobbes), 존 보당(Jojn Bordain)등이 있는데 이들은 신권보다는 왕권을 강조하였다. 자연상태에서 인간은 악하고 욕심에 가득차있는 이기적인 인간상을 상정하였다. 이러한 인간과 인간의 투쟁과 갈등을 중지시키기위 해서는 보통 인간보다 더욱 막강한 힘을 갖고 있는 지배자를 필요로 했다. 이것이 바로 군주였다. 이들은 왕권체제을 정당화하는 논리를 전개하였고 결국 군주주권론, 왕권신수설을 주장하여 절대왕권체제의 강화하는데 기여하였다. 중세의 신의지배와 면죄부판매 등 교황청과 수도원의 타락으로 인한 인간다운 삶이 보장되지 못했는데 또다시 왕권의 강화로 인간은 자유와 평등이 유린되는 억압과 속박속에서 지내야 했다.

---

32) 전수연, "프랑스 제3공화국의 헌법제정 1875-1889", 한국프랑스사학회, 『프랑스사연구』(2005.8), pp.55-56.

33) 홍태영, "루이나폴렝의 제2제정과 1860년대 정치적 자유주의", 한국프랑스사학회, 『프랑스사연구』(2002.2), pp.26-27.

34) 「한겨레신문」, 2009.3.23.

마키아벨리는 군주론(the Prince)에서 운명의 여신(fortuna)과 덕성(virtu)을 강조하면서 군주는 사자와 같은 용맹스러움과 여우와 같은 간교한 지혜가 필요함을 역설하였다. 이는 소위 정치란 권모술수로 알려져 오늘날 까지 현실정치를 묘사할 때 적절하게 사용되어왔다. 그러나 군주론은 군주의 지배력을 강조하기위해서 백성들의 인권과 생명에 대해서는 별론 신경쓰지 않았다. 정복군주는 지배당한 지역의 저항자를 2만 여명을 착출하여 광장에서 처형하면 나머지 백성들은 새 군주에 대해서 복종한다는 것이다.[35]

홉스는 자연상태에서 인간은 만인의 만인에 대한 투쟁상태(Bellum omnium contra omnes)로 묘사하고 이를 중지시키기 위해서는 초강력한 힘을 가진 실체가 필요하다고 역설하고 이를 리바이아던(Leviathan)으로 묘사하였다. 리바이아던은 구약에 나오는 바다에서 사는 괴물인데 상상을 초월하는 힘을 지닌 동물로 묘사되었다. 홉스는 자연 상태에서의 혼란과 갈등을 제거하기위하여 바로 리바이아던과 같은 국가와 군주가 필요하다고 보았다.[36]

존 보당은 왕은 하늘이 내려준 것이라는 왕권신수설을 강조하여 절대왕권을 옹호하였다. 후기계몽사상가로는 존 록크(John Locke : 1632~1704), 장 자크 루소(J.J. Rousseau : 1712~1778), 몽테스키외(Montesquieu : 1689~1755), 볼테르(Voltaire : 1694~1778) 등에 의하여 자연 상태에서의 인간이 선하고 서로 협력하지만 다수의 행복을 위하여 합의에 의하여 심부름꾼을 선출하였는데 이것이 바로 계약국가이고 대통령인 것이다.[37] 권력의 창출은 주권자인 국민적 합의에 기초를 두고 있을 때 정당성을 갖게 됨을 보여준 것이다. 모든 인간은 태어날 때부터 모두 똑 같은 인권을 하늘로부터 부여받았다는 평등사상을 강조하였다. 왕이나 백성이나 모두 소중한 인권을 갖고

---

35) 안성호, 『신정치학원론』(서울 : 교육과학사, 2005), pp.48-49; Niccolo Machiavelli, trans., James Atkinson, *The Prince*(Bobbs-Merrill, 1985)참조.

36) 안성호, 전게서, pp.48-49; George H. Sabine, *A History of Political Theory* (Illinois: Dryden Press,1973); Thomas Hobbes, trans., Herbert Schneider, *Leviathan*(Bobbsa-Merrill,1985); Leo Strauss and Joseph Cropsey, (eds.), *History of Political Philosophy*(Chicago Univ. Press, 1987) 등 참조.

37) 안성호, 전게서, pp.50-51 ; F.M.A.Voltaire, trans., Ernest Dilworth, *Philosophical Letters*(Bobbs-Merrill, 1985) ; John Locke, *trans.*, Thomas Peardon, *Second Treatise of Government*(Bobbs-Merrill, 1985); Jean-Jacques Rousseau, trans., Charles Sherover, *The Social Contrat*(Harper and Row, 1985) ; Leo Strauss and Joseph Cropsey, (eds.), *History of Political Philosophy*(Chicago Univ. Press, 1987) ; George H.Sabine, *A History of Political Theory*(Illinois : Dryden Press, 1973) 등 참조.

태어난다는 것이다. 인권은 자유권, 평등권, 생명의 존귀성, 행복추구권 등 인간답게 살 권리이며 이는 모든 인간이 태워날 때부터 하늘로부터 받은 것이기 때문에 어떠한 힘에 의해서도 빼앗길 수 없는 것으로 설명하였다. 이들은 계몽사상가들은 천부인권사상(인간의 종존엄성)은 누구나 모두 왕이나 백성이나 생명의 존엄성, 행복추구권, 자유와 평등의 권리를 갖고 태어난다는 것이 핵심내용이다.

국민주권론(주권재민사상), 국민저항권(국민이 저항해서 정권 교체), 국민소환권(국민이 지도자교체), 국민발의권(국민이 법을 발의). 삼권분립론(입헌정치, 견제와 균형의 논리로 권력의 소수장악을 제도적으로 방지), 법의통치(법 앞에서의 평등), 사회계약론(국민과 국가와의 계약, 개인과 개인의 약속, 국민적 합의에 의해 권력을 만들어 낸다. 계약은 반드시 이행되어야한다.) 등을 강조하면서 바로 시민혁명의 중요한 사상적 기초를 제공하였다.

이후 유럽과 미국 등에서 연방주의자, 복수정당제, 보통선거제, 입헌주의, 대의제 정치, 다수결 원칙, 언론의 자유, 기회균등, 복지국가, 사회보장제 등이 추가되면서 200여 년 동안 민주주의선진국으로 자리잡게 되었다.[38]

종교개혁이후로는 인간중심의 문화부흥 시기인 르네상스, 대량생산이 가능해진 산업혁명, 그리고 루소와 같은 계몽 사상가들의 사상을 바탕으로 시민권의 인식이 향상되어 시민혁명의 토대가 마련된다. 이러한 토대를 바탕으로 서구유럽에서는 왕에게서 권리를 나눠 갖으려는 부르주아계급이 중심이 되어 결국 혁명을 이뤄낸다.[39] 즉 오늘날과 같은 민주주의의 기원은 17~18세기의 시민혁명을 통해 이루어진 것이다.

그 중에서도 17~18세기의 혁명 중 정치학적으로 민주주의 3대혁명인 영국의 명예혁명, 미국의 독립혁명, 프랑스의 시민혁명은 현대사회의 민주주의가 정착되는 기반으로 손꼽힌다. 그리고 이러한 민주주의를 바탕으로 서구는 근대와 현대의 경제적으로나 정치적으로 세계의 패권을 장악했다. 그러나 이와 동시에 아시아를 비롯한 남미, 아프리카 국가들은 서구의 제국주의정책으로 식민지화되어 정치·경제·사회 전반적인 측면에서 발전하지 못하고 있었다.

---

38) 안성호, 전게서, pp.57-58.

39) 좌파의 입장에서는 부르주아의 혁명으로 보고 있다.

2. 산업혁명

물질적, 경제적 계급분화에 영향을 주었다. 1600-1800년대 까지 오랜기간을 통해 이루어졌지만 이것이 혁명인 이유는 생산체계에 있어서 기계발명으로 인한 대량생산을 일으켰기 때문이다. 오늘날 자본주의사회가 만들어지는데 가장 영향을 준 역사적인 사건이 바로 산업혁명이다. 산업혁명의 꽃은 바로 기계의 발명이다. 기계는 사회생산구조를 변화시키고 사회신분구조를 변화시켜 계급적 사회를 가속시켰다. 중세사회에서 벗어나는 과정에는 종교개혁, 인본주의, 지동설, 과학의 발전, 무역의 발달, 신대륙의 발견, 르네상스 등 많은 중요한 역사적 사건이 발생되었다. 대서양중심세계가 형성되면서 신대륙개척과 인도항로가 발견되었고 상업혁명으로 상인, 생산업자, 신흥도시상공업자, 제조업자, 그리고 시민층이 봉건제도의 특권계층과 대립하면서 신흥부르조아(Bourgeoisie)계급으로 성장하였다. 이 과정에서 인간은 바로 대량생산을 가능케 하는 기계를 발명하게 되고 새로운 인간 삶의 변혁을 만들어 주었다. 기계의 발명은 중농주의-중상주의로 이어지는 생산약식을 산업자본주의로 전환 시켰고 이를 통해서 인간은 자본을 축적하는 길을 전개하였다. 산업혁명은 경제적 측면이지만 이는 사회구조변화의 중대한 영향을 미쳤다. 우파의 논리에 의하면 이후 초기 산업자본주의는 금융자본주의,독점자본주의,수정자본주의를 거쳐 후기자본주의와 후기산업사회, 서비스산업사회, 정보산업사회로 발전해왔다. 여기서 기계의 발명은 도시를 중심으로 하는 대규모 생산체제를 가능케하는 공장설립을 만들었고 이와 함께 신흥 부르조아계급과 산업노동자의 출현이라는 사회전반에 걸친 계급화와 분업화를 촉진시켰다. 여기서 전통적인 정치경제학파들은 자본주의하에서의 부르조아계급을 신흥중산계층, 또는 시민계급으로 인식하였고 전통적인 정치경제학파의 주장을 비판적으로 보는 좌파적 시각은 산업자본가, 유산자계급 즉 부르조아 (Bourgeoisie)계급과 프로레타리아트(Proletariat)라는 무산자계급 또는 노동자계급으로 대립하여 계급투쟁적 측면에서 산업자본주의를 비판적 시각에서 조망하였다.[40] 이러한 기계의

40) Bourgeiosie의 사전적 의미는 ① 시민, 또는 중산층이라는 뜻과 ② 유산자, 자본가라는 뜻이 있다. 전통적인 우파 학자들은 시민혁명으로 말하나 좌파에서는 자본가혁명으로 이해하려한다. Proletariat는 로마지배층이나 부자들의 대규모 농장 Latifundia에서 고용되거나 국가의 보호를 받는 사람을 프로레타리아라고 하였고 가진 것이라고는 아무것도 없고 군대에 보낼 자식밖에 없었던 시민들을 말한다.

발명, 신흥중산계층, 산업자본가의 출현 등은 왕권중심의 국가경제에서 시민중심의 국민경제로 이행하는 계기를 마련해주었다.

절대왕권체제에서는 지본의 본질은 국가경제에 속한 것이다. 왕의 부의 축적에서 농민과 상공인이 부를 축적하는 것으로 전환되면서 새로이 국민경제를 이끌었다. 이들을 우리는 신흥부르조아계급이라고 부른다. 이들의 세력 확대는 왕권과의 갈등을 겪게 된다. 계몽사상과 산업혁명 영향 하에서 신흥부르조아 급상승과 동시 왕권의 몰락을 초래했다.

〈표 1-3〉 민주주의발전 소사

년 도	국 가	사 건	비 고
B.C.500년 전후	그리스	오스트라키스모스(도편투표제)	도시국가 제한적 민주주의
B.C.500년 전후	로마	공화정 : 유니우스부르투-솔론-클레이스테네스-페리크래스	제한적민주주의 리키니우스법
1215	영국	마그나카르타	
1517-1555	독일	마틴루터의 종교개혁	아우크스부르크회의(1555)
1628	영국	권리청원	
1679	영국	인신보호율(인신보호법)	
1688	영국	명예혁명(무혈혁명)	
1689.2	영국	권리선언	
1776	미국	독립혁명	독립선언서
1789	프랑스	대혁명	인권선언
1830	프랑스	입헌군주정	7월혁명
1848	프랑스	최초남성투표권	2월혁명
1863	미국	노예해방선언	에브라함 링컨
1893	뉴질랜드	최초여성투표권	
1948.12.10	국제연합(UN)총회	세계인권선언	

〈자료〉 여러 자료 종합하여 연구자작성 .

당시, 국력이라는 것은 또는 국부라는 것은 주로 왕실이나 왕가의 부를 의미하였는데 이를 이제는 다수의 백성, 다수의 시민들이 소유하게 되고 민간의 호주머니가 두툼해지는 것으로 전환시킨 것이다. 자본주의 이전단계의 생산양식은 공장제 수공업제로 생산성이나 효율성에서 매우 낮은 단계에 있었으나 기계의 발명은 대량생산,대량소비,자본축적,자본순환과 시장과 유통의 발전을 도모하게 되었다. 중세의 암흑사회를 벗어나면서 인간은 또 다른 절대왕권제하에서 일종의 인권과 시민권이 박탈된 상태가 지속되었다. 그러나 산업혁명에 따른 경제배분이 서서히 변화되고 민간경제, 국민경제로 전환되고 신흥중산계층을 중심으로 일정한 소유가 가능해 지면서 이는 하나의 왕권에 도전하는 중요한 세력으로 성장해갔다.

제4절 근·현대 민주주의

1. 시대적 배경

또한 계약설이 있다. 다수 국민의 자발적이고 의식적인 합의에 따라 계약에 의해서 만들어지는 국가이다. 이는 모든 권력은 국민으로부터 나온다는 국민주권론에 입각하여 성립되는 국가이다. 오늘날 민주국가는 이러한 계약설에 입각하여 성립되었다.

셋째, 자연발생설이다. 인간은 사회적 동물로 공동생활을 희구하는 천성으로 인하여 정치적 자각과 함께 자연스럽게 국가가 발생했다는 주장이다.

오늘날 현대국가는 역사적으로 여러 국가의 형태를 거듭하면서 17-18C 시민혁명과 함께 민족국가(Nation-State)의 특성을 갖고 국경이 만들어지면서 국민주권론에 입각하여 형성되어 왔다고 볼 수 있다. 동양사회도 서구와의 교감을 통하여 민족국가를 형성한 것은 아니지만 동질의 문화, 전통, 언어, 역사를 기초로 민족적 일체감을 기초로 국가가 형성되어 왔음을 부인할 수 없다. 한국, 중국, 일본, 인도 등 각각 고유의 역사를 기초로 오늘날 서구국가와 같은 민족국가가 성립되어왔다. 오늘날 현대국가는 다소간의 차이는 있지만 다수와 소수의 주권(Constitutions : The sovereignty of the majority vs. minority rights)문제, 성문헌법과 불문헌법(Written and unwritten constitutions) 문제, 헌법개정과 소수의 거부(constitutional amendment and minority veto) 문제, 사법적 입장(judicial review)문제 등 헌법을 통하여 국가의 법적 지위를 보장하고 있다.

17-8세기 유럽에서 발전하기 시작한 근대 민주주의 체제 또한 초기에는 종교, 사회경제적 신분, 재산, 세금 납부 여부, 인종, 성별 등에 따라 참정권을 제한함으로써 이 문제를 해결하고자 하였다. 실례로 영국의 경우 19세기 중반까지 신교도(protestant) 남성 가운데 토지를 소유한 사람만이 선거권과 피선거권을 가질 수 있었고 미국의 경우도 인종, 성, 재산 보유 여부에 따른 참정권 제한이 19세기 중반까지 유지되었다.[41)]

마틴 루터의 종교개혁의 원인은 교황의 면죄부(면벌부) 판매로 인해 일어났다. 교황 레오 10세는 성 베드로 대성당을 고쳐짓는 데 필요한 비용을 마련하기 위해 독일에서 면죄부를 판매하도록 허락하였다. 그러나 이에 화가 난 신학교수였던 루터가 95개조 반박문을 발표하여 믿음과 신의 은총에 의한 구원을 강조하였다. 그는 면벌부 판매에 반대하였다(1517). 그는 오로지 성경에 근거한 믿음을 강조하고, 모든 사람은 신 앞에서 평등하다고 주장하였다. 교황과 독일 황제의 탄압이 있었으나 봉건제후와 농민들의 지지를 얻어 루터파와 황제파가 대립하게 되었습니다. 로마 카톨릭 교회가 중세 말에 이르러 세속화되고 부패하자, 교회에 대한 비판과 개혁을 요구하는 소리가 높아졌다. 이 무렵, 왕권을 강화한 각국의 군주들도 교황의 간섭에서 벗어나려 하였다. 교황과 독일 황제는 루터에게 그의 주장을 철회하도록 요구하였으나, 루터는 굽히지 않았다. 결국 대립이 지속되자 독일 황제 카를 5세는 아우크스부르크 회의에서 루터파를 정식 승인함으로서 루터가 승리했다(1555). 많은 제후와 농민들이 루터를 지지 하였다. 그 후, 황제와의 오랜 싸움 끝에 루터파는 정식으로 승인을 받았다.[42)]

1603년 튜더왕조의 엘리자베드 1세가 후손없이 사망함으로써 뒤를 이은 스튜어트왕조하에서도 제임스 1세-찰스 1세와 의회와의 팽팽한 대립이 지속되었다. 1628년 찰스1세 하에서 권리청원(Petition of Right)이 승인되어 왕권에 상당한 제약을 가했다. 그러나 대주교 로드는 영국국교회주의자로서 청교도를 박해하였고 이들은 신대륙으로 이주하였다.

결국 1640년 의회가 해산되었고 왕에게 충성을 바치는 왕당파(Tory당)와 의회파(Whig당)로 대립하여 의회파가 승리함으로써 왕권의 약화를 가져왔다. 1653년 다시 의회가 해산되고 올리버 크롬웰이 호국경(Lord Protecter)이

---

41) 김범수, 전게논문, p.177.

42) 구학서편저, 전게서, pp.42-57.

되어 엄격한 도덕정치와 전제정치를 행하여 또다시 왕정체제로 복귀되었다. 1685년 왕위에 오른 제임스 2세는 가톨릭교도로서, 가톨릭교 부활정책과 전제주의를 강력히 추진하였다. 종래의 심사율(審査律)을 무시하고 가톨릭교도를 문무관리로 등용하여 국민들이 싫어한 상비군을 설치하였다. 제임스 2세의 왕권신수설에 입각한 전제 정치는 결국 영국 의회의 반발을 가져왔다.

1688년 네덜란드의 총독이자 메리 공주의 남편이었던 오렌지공 윌리엄이 영국 의회의 지원을 받아 제임스 2세를 퇴위시키고 새로운 국왕으로 즉위하는 명예혁명이 일어났다. 결국 1688년 무혈혁명에 의하여 입헌군주정으로 자리 잡았다. 이로써 영국의 의회만능주의, 의회민주주의의 전통이 오늘날까지 지속되었다.[43] 이 후 영국은 입헌군주제를 도입하게 된다. 따라서 왕에 대한 인종(忍從)의 의미가 없어지자, 의회에서는 토리당·휘그당의 양대 정당지도자가 협의한 끝에 6월 말 네덜란드 총독 오렌지공 윌리엄과 메리 부처에게 영국의 자유와 권리를 수호하기 위하여 군대를 이끌고 귀환하도록 초청장을 보냈다. 국내 귀족의 반란으로 소란한 가운데, 11월 윌리엄·메리 부처는 1만 5000명의 군대를 이끌고 영국 남서부에 상륙하여 런던으로 진격하였다. 국내 귀족과 지방호족들도 잇달아 윌리엄·메리 부처의 진영에 가담하였다. 이들을 물리치기 위해 왕이 파견한 처칠도 왕을 배반하고 윌리엄 진영에 투항하고, 왕의 둘째딸 앤도 윌리엄군대에 가담하였다.

이렇게 되자 왕은 국외로 망명할 것을 결심하고, 왕비와 왕자를 프랑스로 도피시킨 뒤 자신도 탈출을 기도하였다. 처음에는 실패하였지만 윌리엄 부처의 묵인 하에 12월 도피에 성공하였다. 런던에 입성 한 윌리엄 부처에게 1689년 2월, 의회에서는 권리선언을 제출하여 승인을 요구하였다. 부처는 그것을 인정한 다음, 윌리엄 3세, 메리 2세는 공동으로 왕위에 올랐다. 권리선언은 뒤에 권리장전(權利章典)으로서 재차 승인을 받았

43) http://100.naver.com/100 (2009.8.11) 1687~1688년에 선왕과 같이 신앙자유선언을 발표하였다. 그러나 이 선언은 실제로는 가톨릭교를 부활시키려는 의도였고, 1688년의 선언은 교회의 설교단에서 이것을 낭독하도록 명하였다. 이에 대해 캔터베리대주교를 비롯하여 7명의 주교가 반대청원을 하자, 왕은 그들을 투옥하였다. 이같은 폭정에 대해 국민들의 반감이 고조되던 중, 왕자 출생을 계기로 양측의 대립이 표면화하였다. 원래 제임스 2세는 왕자가 없었기 때문에, 왕위는 장녀인 프로테스탄트교도 메리에게 계승되리라고 기대하였으나, 1688년 6월 5일 왕자가 탄생함으로써 다음 치세에는 가톨릭교 정책개혁을 희망한 프로테스탄트교도의 꿈이 일시에 사라졌다.

다. 이 장전의 원칙에 나타나 있듯이, 이 혁명은 17세기의 왕권과 의회의 항쟁에 종지부를 찍게 하였고, 종래 의회의 권리를 수호함과 동시에 왕위 계승까지도 의회가 결정할 수 있게 하여, 그뒤 의회정치 발달의 기초를 확립하였다.

그 이전인 1679년 영국 의회가 찰스 이세의 전제 정치에 맞서, 불법적인 체포와 재판을 금하고 인권 보장의 확립을 위하여 규정한 법률인 인신보호율(인신보호법)이 만들어졌다.

대체로 서양문화사의 흐름을 보면 이집트와 이스라엘(신) – 그리스(철학) – 로마(법) – 중세(신학) – 스페인, 포루투칼 – 영국 – 근대 민족국가 등장이후 – 프랑스 – 1차 산업국가(영국, 프랑스) – 2차 산업국가(독일, 이태리) – 북구복지국가(덴마크, 스웨덴, 노르웨이) 등으로 이어진다. 근대민주주의발전과정을 이해하려면 근대 영국사, 근대프랑스사, 미국사, 사회주의발전사 등을 필히 검토해야 할 것이다.

오늘날과 같은 민주주의의 기원은 17-18세기의 시민혁명이후에 출현하는데 민주주의를 이해하기위해서는 시민혁명의 역사적 배경과 의미를 이해할 필요가 있다. 중세의 암흑시대로부터 벗어나면서 신에게서 인간중심으로 교황권에서 왕권으로 이전되었으나 왕권이 점차 강화되면서 절대왕권체제를 형성하였다. 르네상스(Renaissance)는 화가 바사리(Vasari)가 처음 사용했는데 인간중심의 세계관으로 다시 태어난다는 의미를 갖고 있다. 에라스므스, 토마스모어, 세르반데스, 섹스피어 등의 대문호들이 이시기 등장하여 인간 중심의 문학의 발전을 도모하였다. 이로서 인문주의와 고전주의가 완성 확산되었다. 마틴루터에 의한 종교개혁은 심각한 면죄부(Indulgence)를 폐지하고 성경과 순수 신앙을 우위로한 신앙운동을 전개하였다. 동시에 이 시기는 코페르니쿠스적인 역사의 대전환이 발생하는 시기이기도 하다. 산타마리아호 등 3척의 배를 갖고 1492년 콜럼부스(Columbus:1446-1506)가 신대륙을 발견한 것을 비롯한 지리상의 발견은 근대국가의 의지가 반영된 것으로서 유럽세계의 세계진출의 발판을 만들었다. 그러나 오늘날 이들 유럽국가의 신대륙개척은 신대륙의 발견이라는 서구적 시각이 지나치게 많이 반영된 것으로 제국주의와 식민주의 그리고 토착인과 개척자와 의 착취관계라는 비판적 시각이 상당히 존재하고 있다는 점을 학문적으로 유념해야 한다. 합리성, 논증, 법칙 등의 과학혁명은 과학의 발전을 가져 왔고, 갈릴레이 갈리레오의 지동설, 뉴튼의 만유인력 등으로 자연과학의 발전과 함께, 산업자본주의의 태동의 길을 열어주었다.

이러한 혁명전 변화는 중세와는 다른 것으로 인간사회의 많은 발전적 사건이 만들어졌다. 시민혁명은 이러한 역사적 대전환기에 계몽사상과 산업혁명의 영향으로 인하여 출현하는 것이다.

이러한 체제는 시민혁명전까지는 국왕의 권력이 최절정에 달하였고 유럽의 국가별로 그 권력은 차이가 있었다. 폴란드의 경우 매우 미약하였고 프랑스에서는 17세기부터 강대해진 반면 영국에서는 그 무렵부터 쇠퇴하였다. 이러한 귀족 군주 체제였던 서구는 귀족이 권력을 장악하는 귀족제적 측면과 군주가 권력을 장악하는 군주제적 측면 사이의 내적 모순으로 끊임없이 분열되어 왔으나, 서구체제는 상황에 따라 때로는 귀족을 등에 업고 군주의 세력을 제한하거나 때로는 군주에 기대어 귀족에 대항하며 발전하였다. 서구는 귀족군주체제하에서 점차적으로 산업혁명으로 인해 부르주아가 등장하고 이들이 점차적으로 기존체제를 서서히 변화시켜 나가기 시작한다. 14세기에 들어서 전 유럽에 걸쳐 신분제 의회가 발생하고 여기에 부르주아가 참여하게 되며 대표적으로 프랑스의 삼부회(Etats generaux), 스페인의 코르테즈(Cortez), 덴마크/스웨덴의 다이어트(Diet), 영국의 의회(Parliament)가 있다. 봉건적 의회가 신분제 의회로 변화하게 된 이유는 재정문제 때문에 부르주아를 끌어들여 세금을 부여하고자 했던 것이다. 여기서 부르주아는 기존체제 하에서 자신들의 지위를 확보하기 위해서 취할 수 있는 길이 두 가지 있었다. 첫 번째 방법은 귀족과 결탁해 군주권을 제한하면서 의회를 진정한 의회로 변형시키는 방법과, 두 번째 군주와 결탁하여 귀족적 후견제를 거세하고 절대군주제를 확립하는 길이 있었다. 대체로 전자가 영국의 길이고 후자가 유럽대륙의 길이었다. 이러한 영국의 의회문화는 유럽대륙과 영국의 성향이 반대로 가는 경향이 짙어져서 17세기 이후로는 심화되는 행태를 잠시 보이다가 17세기 후반에 접어들면서 영국은 제한군주제에서 하원(실질적 경제력 장악한 계급을 대표함)의회군주제로 서서히 변화하게 된다. 아직 선거권과 같은 분야에서 덜 민주적이었지만 미국의 독립혁명과 프랑스 혁명이 일어나기 전까지만 하더라도 영국의 서구의 대국 중 그 정치 제도가 세습이 아닌 선거에 기초를 둔 유일한 나라였다. 영국의 웨스트민스터 의회는 19세기 및 20세기 금권 민주주의 모델이 된 하나의 정치체제를 서서히 구축해 나가기 시작한다.[44]

---

44) 모리스 뒤베르제 저(김학준 외 1 역), 『서구 민주주의의 두 얼굴』, (서울 : 문학과 지성사, 1995). p.26-38

2. 시민혁명과 시민사회

민주주의역사에서 매우 소중한 시민사회는 사실상 의회주의의 발전과 함께 해왔다. 의회의 기원은 930년경의 아이슬란드까지 거슬러 올라간다. 영국에서는 의회형태를 띤 기구가 1215년 존왕이 대헌장에 서명한 이후 영국의 왕들은 각군에서 2-4명의 기사들과 각 읍에서 동일한 수의 시민들을 국왕이 거주하는 런던으로 불러 국왕의 통치와 관련된 사항들을 논의하였다.[45] Parliament(의회)라는 말은 국민의 대의체를 의미하는 것으로 영국의 의회민주정치와 연결된다. 서구의 15세기말인 중세말기부터 근대초기에 이르는 영국의 Parliament와 프랑스(신분제의회; 삼부회) 의회는 귀족과 시민계급이 정치적 자유와 권리를 신장시켜 의회에 참여하게 되었다. 그러나 피선출자와 선출자와의 명령위임관계를 가졌던 전근대적인 등족회의(신분제의회)인 의회는 전적으로 군주의 의사대로 운영되었다.[46] 의회는 형식상 국민대표지만 군주의 부속기관이나 자문기관에 불과했다. 1340년경부터 기사들과 시민들은 현재 하원이라고 부르는 평민원(House of Commons)을 구성하였으며 귀족들과 고위성직자들은 상원이라 부르는 귀족원(House of Lords)을 구성하여 테임즈강변의 웨스트민스터궁전에서 회의를 시작했는데 이곳이 바로 근대적인 의회의 산실이 된 것이다.[47]

17-18세기 영국의 청교도혁명과 명예혁명, 1776년 미국의 독립혁명이후, 그리고 1789년의 프랑스 대혁명 등 시민혁명 등에서 보여진 입헌의회의 출현에서 볼 수 있다. 천부인권사상과 삼권분립론 등을 기초로 한 시민혁명 이후 인권과 민권의 보장과 신장을 목표로 하는 의회제도는 정부의 부속기관이 아니고 헌법상의 독립기관으로 입법기관으로 자리잡았다.[48] 국정상의 최고기관으로 단지 선거구만이 아니라 국가를 위해서 존재하는 것이다. 이 시기는 제한된 일부유권자로부터 널리 국민적인 대표에로 확충됨으로써 정치의 실질적 상황이 입헌군주제로부터 의회제민주정치로 전환되는 시기였다. 1832년 영국의 선거법개정으로부터 20세기 초의 보통선거법의 실시에 이르는 동안 프랑스, 미국, 독일, 네델란드, 스웨넨 등 서유럽국가에 점진적으로 확립되었다. 1889년 국제의원연맹(IPU : inter-Parliamentary Union) 창

45) 상게서, p.370.

46) 안성호, 전게서, pp.52-54.

47) Jürg Steiner, *European Democracies*(N.Y.: Longman, 1995), pp.29-30.

48) 안성호, 전게서, pp.52-54.

립시 9개의 회원국이었으나 1995년 129개국으로 증가했으며 170여 개국은 어떤 형태로든 의회가 존재한다.[49] 민주주의가 건전하게 발전하려면 의회의 발전은 필수적인 것이다. 그것은 의회가 바로 주권자의 대표기관이기 때문이다.

이러한 점진적 변화와 함께 시민중심의 민주주의 사회를 만들기 위해서 세계의 역사속의 시민들은 많은 혁명을 시도하였다. 민주주의 3대혁명은 첫째, 1688년 영국의 무혈혁명이 있고 둘째 1776년 미국의 독립혁명 셋째 1789년 프랑스대혁명을 꼽는다. 근대유럽은 물론 비유럽지역에 영향을 준 3대 시민혁명이다. 이러한 3대 시민혁명에 의하여 결국 오늘날의 시민사회 그리고 자본주의사회가 발전되는 전기가 된 것이다. 의회민주주의, 기본권, 국민국가, 시민권, 헌법에서 의무교육, 국경일, 국기, 국민개병제 등의 제도, 시스템, 그리고 좌파와 우파의 이념분화 까지 3대 시민혁명에 빚지고 있다.[50] 민주주의를 위한 가장 기본적인 혁명이 시민혁명이다. 이러한 후기 계몽사상가를 중심으로 하는 천부인권사상과 산업혁명에 의한 사회계급의 변화와 부의 재편과정은 보다 시민 중심의 평등한 사회를 추구하는 기폭제가 되기에 충분하였다. 결국 1688년 영국의 무혈혁명, 그리고 1776년 미국의 독립혁명의 시민사회로의 역사적 변혁은 1789년의 프랑스대혁명에 이르러 절정에 달했다. 이러한 3대 시민혁명으로 귀족의 세계관에서 시민층의 세계관으로 전환되었고 중세봉건적 세계관은 해체되고 근대시민사회가 전개되었다. 이러한 3대 시민혁명에 의하여 결국 오늘날의 시민사회 그리고 자본주의사회가 발전되는 전기가 되었다. 사회적불만을 일으키는 사회경제적 모순, 이러한 갈등을 해결 못하는 구체제의 무능, 새로운 대안을 제시하는 사회세력의 등장이라는 3박자가 결합될 때 혁명은 일어난다.[51] 물론 혁명전개방식이나 내용이 다소 차이는 있어 영국의 경우는 전통과 개혁이 절묘하게 배합된 내각책임제전통의 민주정치로, 미국은 영국으로부터의 독립혁명의 과정과 광대한 대륙을 개척해가면서 만들어진 연방제전통이 혼합된 대통령중심제 민주정치로 그리고 시민계급이 절대왕권을 붕괴시키고 200여 년 간의 다양한 정치제도를 경험한 이원집정제적 대통령중심의 민주정치를 수행하고 있다. 그러나 이들 국가의 시민혁명은 오늘날 전 세

49) 신명순, 『비교정치론』(서울 : 박영사,2001), pp.370-371.

50) 「중앙일보」, 2009.7.18.

51) 박윤덕 역, 데이비드파커외 저, 『혁명의 탄생』(서울 : 교양인,2009), pp.11-20.

계적으로 민주주의와 정치의 시발로서 교과서적으로 회자되고 있다. 토크빌(A.Tocqueville)은 일찍이 미국의 대중민주주의발전을 격찬했고, 바커(Barker)는 민주주의는 여행가방과 같다고 인식하였고, 브라이스(J.Bryce)는 민주정치는 다수의 의견이 반영될 수 있을 때만 참된 의미가 있다고 지적하였다.[52] 3대 시민혁명이후 200여 년 동안 민주주의를 위한 선각자들의 피나는 희생을 알아야한다. 선진산업국은 시민－정치권은 물론 사회경제적 권리를 인식하는데 주목해야하는데 대부분 선진산업국은 민주주의국가라는 점이다.[53]

이어서 오늘날과 같은 민주주의의 기원은 17세기에서 18세기 사이에 일어난 일련의 혁명들을 기반으로 한다. 가장 먼저 영국은 신권에서 절대왕권으로 고착화되다가 1688년 무혈혁명에 의해 입헌군주정으로 자리 잡았다. 그리고 이 외에 시민혁명인 프랑스 대혁명과, 미국의 독립혁명을 들 수 있다. 시민혁명은 중세의 신 중심적 사고에서 인간중심으로 르네상스가 부흥하고 이후 후기 계몽사상가인 존로크, 장자크 루소, 몽테스키외, 볼테르 등에 의해서 천부인권사상의 확산과 산업혁명을 바탕으로 발생하였다.[54] 이러한 역사적 배경과 더불어 민주주의는 자본주의의 특징적 정치형태로 함께 발전해 왔다. 19세기 정치이론의 고전들도 자본주의 발전에 의해 야기되는 변형들이 민주주의를 초래할 것이라는 견해가 주류이다. 이는 민주주의와 자본주의가 병행하는 이유는 민주주의가 다수의 지배를 천명하면서도 자본소유자들의 이익을 보장해주기 때문이라는 레닌의 부르주아 민주주의에 관한 견해에서도 엿 볼 수 있다.[55]

3. 프랑스대혁명이후 민주주의

사실상 3대 시민혁명중 가장 민주주의발전에 영향을 준 혁명은 프랑스 대혁명이라고 할 수 있다. 유럽국가 중 거의 유일하게 왕정이 사라지고

52) A.Tocqueville, *Democracy in America*(N.Y.: Random House, 1963)참조.

53) David P. Forsythe, *Human Rights and Peace : International and National Dimensions* (Buckingham : Open Univ. Press, 1993), p.2.

54) 안성호, 전게서, p.45-50.

55) 뤼시마이어 외, 『자본주의 발전과 민주주의-민주주의의 비교역사 연구』, (서울 : 나남출판, 1997), p.22.

입헌군주제가 아니기 때문이다. 영국, 네델란드, 덴마크, 스웨덴, 노르웨이, 스페인, 포르투갈 등 대부분 은 입헌군주제를 채택하고 있다. 프랑스대혁명이후에도 수많은 정치적 사건이 지속적으로 일어나고 정치제도도 대부분의 모든 제도를 두루 다 경험하였고 이념노선도 극좌에서 극우까지 아주 다양하게 생생하게 적용되고 있다. 그래서 프랑스대혁명이후의 프랑스근대사를 살펴보는 것은 오늘날 서구민주주의를 좀 더 잘 이해할 수 정보를 제공해 준다. 1789년 프랑스대혁명 이전 잘 알다시피 브루봉왕가의 루이 14세-루이15세-루이16세에 이르기까지 절대왕권체제가 절정에 달했다. 제1신분의 승려, 제2신분의 귀족, 제3신분의 평민(민중) 등 3부회를 만들어 각 신분의 대표성을 국정에 반영한다는 왕의 의지는 점차 사라지고 오히려 이것이 신분차별과 탄압에 역이용되었다. 베르사이유궁전에서의 왕가와 귀족의 호화스럽고 사치스러운 파티생활은 일반백성들의 분노를 폭발시키게 하였다. 교황청의 명을 받는 추기경, 주교 등 가톨릭 승려계급들도 수도원을 중심으로 부정과 부패가 심각한 상황에 이르렀다. 시민세력에 의해 삼부회를 반대하여 폐지되고 루이 XVI는 국민의회를 만들지만 인정하지 않는다.

결국 평민계급은 계몽사상의 영향과 신흥자본가들과 일부 진보적인 귀족들과의 협력으로 왕권에 대한 대혁명이 1789년 7월 14일 바스티유 감옥을 습격하면서 발발하였다. 8월 26일 인간과 시민의 권리선언인 인권선언이 공포되었다. 그리고 1791년 9월 3일 삼권분립의 입헌군주제헌법을 채택하면서 제1공화정을 열었다. 그리고 입법의회를 결성하고 1793년 1월 21일 루이16세를 봉건제의 괴수라는 명목으로 단두대에서 처형하였다. 이후 로베스피에르는 입법의회의 후신인 국민공회를 중심으로 구제도(Ancien Regime)의 척결을 선언하고 단두대를 중심으로 공포정치를 행했다. 이러한 정치적 혼란과정에서 등장한 사람이 나폴레옹(Napol éon Bonarparte : 1769~1821)장군이다. 1799년 나폴레옹은 집정관이 되고 종신통령이 되어 마침내 1804년 스스로 나폴레옹 1세(Napoléon I) 황제에 올라 제1 황제정을 열었다. 정복전쟁이 1814년 워터루에서 영국의 웰링턴장군 등 연합군에 의해 참패한 후 비엔나 체제가 형성되고 다시 프랑스는 부르봉왕가의 왕정복고가 채택되어 루이 18세 - 찰스10세로 이어지는 왕정이 계속되었다. 1789년 프랑스대혁명의 고귀한 피의 대가에 대한 강열한 열망으로 시민혁명인 1830년 7월혁명이 재개되어 부르봉왕조를 축출하고 공화정의 과격성을 우려하여 루이필립(Louis Philip)의 입헌군주정을 채택하였다. 그러나 1846년의 선거법을 보면 성년남자의 3%정도만 참정권이 있었고 입헌군주정도 시민계급대신 부유한 은행가, 대상인, 법률가, 귀족 등을 차별대우를 하면서 시민계급의 분노를 자아내어 학생, 노동자들이 참정권확대를 요구하면서 또다시 1848년 2월 혁명이 발발하였고, 입헌군주정을 무너트리고 제2공화정을 열어 보나파르트 나폴레옹의 조카인 루이 나폴레옹(Louis Napoléon : 1808~1873)이 대통령으로 선출되었다. 그러나 그는 1852년 스스로 쿠데타를 일으켜 제2황제정을 열어 나폴레옹 3세(Napoléon Ⅲ)가 되었다. 나폴레옹 3세는 무리한 강압정치를 해했고 1870년에는 프러시아와의 보불전쟁을 일으켜 참패하였다. 이 혼란중 1870년에는 극렬 좌파 프로레타리아트계급이 파리를 장악하고 노동자해방구로 선언하면서 3개월씩 점령하는 파리콤뮨(Paris Commune)이 발생하였고, 1871년에는 국민의회의 임시정부를 설립하였고 마침내 1875년 제3공화정을 전개하였다.

〈표 1-4〉 시민혁명이후 3국의 민주주의 발전

범례	영국(성공회)	미국(개신교)	프랑스(카톨릭)
1. 정체	내각책임제	대통령중심제	준대통령제 (이원집정부제)
2. 정당제	양당제	양당제	다당제
3. 과거와의 연계성	지속성	단절	단절
4. 정치이념성	좌-우 대결	보수-보수	극좌-극우까지 총망라
5. 중앙과 지방과의 관계	왕권존속, 영연방제	연방제	지방자치제
6. 의회	양원제 (하원우월주의)	양원제 (상원우월주의)	단원제
7. 이념특징	보수주의	연방주의	자유주의
8. 헌법	불문헌법	성문헌법	성문헌법
9. 주요 선언문	1688 권리장전	1776 독립선언서	1789 인권선언

〈자료〉 여러 자료참고로 필자작성.

현대 민주정치의 확립과 그 확산이 20세기의 현상이라면 제 1차 대전을 전후해 서유럽에 확립되었던 의회 민주주의는 현대 민주정치의 제도적 원형이다.[56] 서유럽의 의회주의 형성은 17세기 절대주의로부터 20세기 의회주의의 생성까지의 장기에 걸친 정치변화에 기초하고 있다. 유럽에서는 의회 우위론이 발달하였던 이유를 자유민주주의의 형성에 있어서 의회의 역사적인 역할이 막중했던 점도 있었고 의원을 국민 주권의 대의자로 보고 의회를 대중의 압력으로부터 보호할 목적이 보다 크게 적용한 배경에서 발달하였을 것으로 보았다. 1789년 프랑스 제헌의회 의원들은 영국의 버크(E. Burke)의 사상을 기초로 정치권력의 원천은 시민이 아니라 국민(nation) 즉 위회에서 표현되는 신비적, 추상적 실체라는 이론을 확립하였다. 이리하여 인민 주권에서 국민주권으로, 국민주권에서 의회주권으로의 이행이 이루어졌고 이는 곧 인민을 정치권력의 기초로 보는 자유주의 이데올로기와 인민 대중에 대한 부르주아의 공포간의 모순을 수습한 것이었다.[57] 또한 대중으로부터 의회를 보호하는 하나의 수단으로써 양원제가 설립되었으며 이는 금권민주주의 안에 귀족제적 요소를 유지하기 위해 채택되었던 것으로 노르웨이를 제외한 모든 유럽 국가들이 양원제를 채택하기도 하였다.[58] 과거의 자유민주주의 의회는 인민 주권의 표현인 동시에 억압의 수단이기도 했다. 대중의 집요한 요구로부터 부르주아를 보호하여 그들의 권력을 보장해 주는 수단이 되어 억압의 수단이었던 것이다.[59]

이러한 서유럽의 의회주의는 절대주의, 부르주아와 귀족, 그리고 농민 및 노동세력의 길항관계로 설명할 수 있는 것이다. 의회주의는 절대주의에 대한 신흥 부르주아 및 여타 세력의 연합으로부터 발생하였다. 절대왕정에 대한 부르주아의 도전은 이 의회주의 확립에 대한 요구, 즉 궁극적으로 군주가 장악하고 있던[60] 주권자체에 맞추어져 입법, 조세, 정부 구성의 권한을 모두 의회에 넘길 것으로 요구하였다.

서구에서 가장 먼저 의회주의로 조기 이행한 영국은 대륙의 절대주의 국

---

56) 최장집 편, 『유럽민주주의와 노동정치』, (서울 : 법문사, 1997), p.27

57) 모리스 뒤베르제 저(김학준 외 1 역), 『서구 민주주의의 두 얼굴』, (서울 : 문학과 지성사, 1995). p.71-72

58) 물론 미국의 경우는 50개주에 2자리씩 배분하여 정치적 평등권을 주기위한 제도여서 유럽과는 차이가 있다.

59) 모리스 뒤베르제, 전게서, p.73-74

60) 최장집 편, 전게서, p.33

가들에 비해서 관료제의 발달이 미약했고 재정능력의 한계가 뚜렷했으며 상비군을 양성하지 못했다는 근본적인 취약점에 근거해 귀족과 부르주아의 연합 공격에 붕괴되고 말았다. 그리고 귀족과 부르주아가 연합하게 된 배경에는 영국 귀족들의 빠른 상업-농업으로의 전환과 지리적으로 도버해협을 사이에 두고 영국과 마주보고 있는 플랑더스 지방의 중세초기부터의 모직섬유의 생산과 교역을 기반으로 중세 상업의 거점으로 급속히 성장했던 배경이 한 몫 했음을 알 수 있다. 이는 이후 산업혁명이 영국에서 가장 먼저 일어난 발판이 되기도 한다. 결국 이러한 영국의 변화는 계급균열을 기반으로 한 영국의 의회문화를 만들어 낸다.[61]

유럽대륙에서는 대표적으로 프랑스를 들 수 있는데 프랑스는 1500년 이후 거의 모든 기간을 통틀어서 자율성, 분화, 중앙집권, 내적 조정의 면에서 유럽을 선도 했다고 평가된다. 프랑스는 절대왕정을 강화하는데 기여했던 부르주아가 타도하는데도 주축을 이루었다. 앤더슨과 무어라는 학자는 모두 프랑스 대혁명을 부르주아 혁명으로 보기도 한다. 그러나 자발적이고 자율적인 농민 혁명이라고 보는 견해도 있다. 결국 시민들에 의해서 혁명이 일어나고 이후 나폴레옹 쿠데타와 황제등극, 부르봉 복고왕정은 프랑스 권력의 중심을 다시 봉건제도로 돌리기도 하였으나 프랑스 시민들은 혁명을 거듭하고 다양한 정치체제를 이루는 현대 프랑스의 문화를 형성한다.[62] 3대 민주주의 혁명을 통해서 민주주의의 토대를 마련한 서구사회는 미국을 제외하고는 전통적으로 왕정국가였다. 이는 신분제 사회를 그 기반으로 운영되었다. 사실상 서구에서 참정권을 행사할 수 있는 사람들의 범위는 점차 확대되어 영국의 경우 1830년대와 1840년대의 차티스트 운동, 19세기 말과 20세기 초의 여성 참정권운동등을 거치며 노동자와 여성이 새로 참정권을 얻게 되었고 미국의 경우도 1863년 노예해방과 뒤이은 1870년의 제15차 헌법 개정으로 흑인들이 1920년 제19차 헌법개정으로 여성들이 참정권을 획득하게 되었다. 이후 영국과 미국에서는 여러 차례의 법개정과 헌법개정을 통해 인종, 성, 종교, 사회경제적 지위에 상관없이 참정권이 부여되어야 하다는 부통선거(universal suffrage)원칙이 확립되었다. 이 원칙은 오늘날 대부분의 민주주의국가에서 보편적 원칙으로 받아들여지고 있다.[63]

---

61) 상게서, p.33-38

62) 상게서, p.39-41

63) 김범수, 전게논문, p.177 ; Alexander Keyssar, *The Right to Vote : The Contested*

〈표 1-5〉 서유럽의 민주화(참정권)[64)]

국 가	여성 민주주의	남성 민주주의
오스트리아	1918	1907
벨기에	1948	1894
덴마크	1915	1918
핀란드	1919	1907
프랑스	1946	1848
독일	1919	1871
이탈리아	1946	1913
네덜란드	1919	1897
노르웨이	1915	1909
스웨덴	1918	1909
스위스	1971	1880
영국	1928	1918

〈표 1-5〉에서 볼 수 있듯이 민주주의의 발생점인 서유럽에서 1차 대전 이전에 완전한 민주주의라 할 수 있는 여성 참정권이 부여된 나라는 많지 않다. 현대 민주주의가 진정한 의미의 제도화가 확립 된 지는 얼마 되지 않았으며 1870년에서 1920년 동안 진행된 서구 유럽의 초기 민주주의를 통해 이들의 제도화 과정을 중심으로 살펴보고자 한다.

민주화는 권위주의 체제로부터 민주주의체제로 이행하는 과정으로 사회 내의 다양한 정치세력 사이의 타협의 산물이다. 타협은 제도화를 통해서 민주주의로 진행하는 일반적인 통로이며 정치세력 간의 갈등을 경쟁관계를 통해 불확실성을 제도화 해, 자신들의 이익을 보장할 수 있을 때 민주주의가 가능하다고 본다.[65)]

이러한 서유럽의 민주주의 제도화는 유럽 자체의 지역적, 종교적 및 계

History of Democracy in the United States(New York: Basic Books, 2000) ; Colin Rallings and Michael Thrasher, eds., *British Electoral Facts* (Aldershot : Ashgate, 2007)참조.

64) 상게서, p.76

65) 최장집편, 전게서, p.77

층적 균열구조를 기반으로 출발한다. 이탈리아는 통일국가수립과정에서 북부와 남부의 정치적 균열이 일어났고 벨기에는 남북 간 언어차이에 비롯되어 지역균열이, 노르웨이는 절대왕정이 남긴 유산에 의해 지역균열이 발생했다. 이외에 종교세력 간의 갈등 또한 대표적 균열로 이는 프랑스혁명으로 출현한 자유주의와 전통적 중세질서 사이의 갈등이다. 영국과 같이 일찍이 국민교회가 정착한 지역에서는 종교적 갈등이 중대한 균열로 진화하지 않았지만 일반적으로 신구교가 혼재하던 대륙의 경우 종교문제는 곧바로 정치적 마찰을 낳았다. 마지막으로 계급균열은 산업혁명의 산물로써 20세기 농업의 자연스런 쇠퇴와 함께 자본과 노동 사이에서 벌여졌고 이는 보통선거권의 주장과 사회당의 부상을 가져온다. 즉, 서유럽에서 20세기 초의 시기까지 완성되거나 시작된 민주주의 제도화는 정치적 균열구조에 의해 결정된 것이나 다름없다.

서유럽은 최종적으로 보통선거권법에 서명할 때까지 서유럽의 보수 세력은 장벽을 설치하여 저항하여 대중의 압력을 최소화하려고 노력하였다. 예로 독일의 비스마르크는 관료우위지배를 통해 의회민주주의를 무력화시키기도 하였다. 이렇듯 민주주의가 공고화되기 이전의 서유럽의 많은 나라들은 재산 장벽이나 일정한 교육수준을 투표권 자격에 포함시키는 등 하층계급의 정치 시장진입을 봉쇄하려 노력하였었다.[66] 그러나 이러한 과정을 통해 민주주의가 제도화되어 나가고 있었음은 부인할 수 없다. 전통적 보수정당들이 이회제도 내부에서 대중정치가 형성되기 이전에 만들어졌으나 서유럽정치는 투표권 확대와 함께(보통선거권) 다수의 노동자들을 대표하는 사회주의 정당들이 대중정당으로 의회 외부에서 출현한다. 동시에 비례대표제가 서유럽의 많은 국가들에게 도입되었다. 대중정치를 특징짓는 국민통합과정에서 비례대표제는 선거권 확대와 아울러 정치적 안정을 이루는데 기여하였다. 이는 보수당 내지는 자유당의 사회주의 정당의 성장에 대한 대응책으로 소수세력을 보호하여 국민통합의 장치가 되었다.[67]

지금까지 언급한 서유럽의 민주주의 제도화를 요약하면 첫째, 19세기 후

---

66) 최장집 편, 전게서, p.98, 덴마크의 상원선거의 투표권은 재산장벽을 설치하고 벨기에 이탈리아 및 네덜란드에서는 고등교육 받은 남성, 영국의 대학졸업자 남성은 또 하나의 투표권을 행사 할 수 있었다.

67) 상게서, p.115-116

반부터 시작된 선거권의 확대는 1920년대에 걸쳐 거의 모든 나라에서 보통 선거권으로 확립되었다. 둘째, 선거를 통한 대중정당 사이의 정권경쟁을 의미하는 주기적 정권교체의 가능성도 이시기 동안에 확립되었다. 셋째, 다수제를 대신한 비례대표제는 다양한 사회균열이 의회제도 내로 대표되도록 함으로써 다양한 정치적 갈등을 체제 내에 담게 하였다. 이는 서유럽의 정치적 안정이 정치적 균열을 제도화함으로써 가능했음을 보여준다.[68] 즉, 혁명이후 선거권의 확보(프랑스는 급진적 확대, 영국은 점진적 확대), 그리고 경제적 수준향상과 함께 정당정치에 사회균열을 반영하여 서유럽의 민주주의는 점진적으로 제도화되어 정착되기 시작한 것이다.

4. 제2차 대전 이후 민주주의

가장 긴 대통령중심제의 제3공화정은 1939년 히틀러의 나치즘의 유럽침공으로 무너지고 1940년 페텡장군에 의해 나치의 괴뢰정부인 비시(Vichy) 정권이 등장하였고 드골장군은 영국에 망명임시정부를 운용하였다. 2차 대전이 끝나고 프랑스는 1947년 제4공화정을 열고 내각책임제를 채택하였다. 그리고 드골은 조용히 지냈다. 그러나 21번씩이나 내각이 교체되는 혼란스런 정치로 1957년 서구에서는 마지막으로 쿠데타를 일으켜 드골을 대통령으로 영입하고 강력한 신대통령제의 제5공화정을 열었다. 그러나 드골은 독재정치를 행했고 1968년 파리의 100명 정도의 대학생과 노동자의 하야시위로 드골은 하야여부를 국민투표에 붙였고 결국 국민투표에서 불신을 받아 물러나고 뽕피뚜 대통령이 등장하였다. 이후 1980년대 초에는 붉은 장미로 상징되는 좌파의 사회당의 미테랑 대통령이 당선되어 100여년 만에 좌파의 집권성공으로 재선으로 14년간을 집권하였다. 1995년에는 대통령은 민주공화 연립파, 총리는 좌파가 자리를 차지하는 좌우동거체제를 형성하였다. 이처럼 1789년 프랑스대혁명 이후에도 프랑스는 많은 정치적 우여곡절을 겪으면서 전 세계에서 유일하게 모든 정치제도와 이념을 국민이 선택하고 실천한 유일한 민주주의국가가 되었다. 인간이 이념에 종속된 것이 아니고 인간이 이념을 선택하여, 이념의 선택을 국민에게 맡기는 민주정치를 실현하여 평등이 필요하면 좌파로, 자유경쟁이 필요하면 우파를 선택하는 건강한 실질적인 자유민주주의국가를 만들어가고 있다.

68) 상게서, p.79

2차 대전 이후 민주주의는 제도적 절차로서의 민주주의 대 규범적 이상으로서의 민주주의, 직접민주주의 대 대의민주주의, 엘리트민주주의 대 참여민주주의, 자유민주주의 대 비자유－민중(마르크스주의, 급진적 민주주의), 성찰적 민주주의 대 대중민주주의, 정치민주주의 대 사회민주주의, 다수적 민주주의 대 합의적 민주주의, 개인적 권리로서의 민주주의 대 집합적 선으로서의 민주주의, 평등의 실현으로서의 민주주의 대 차이의 협상으로서의 민주주의 등과 같은 대립의 형태를 띠는 양상을 보여 왔기 때문에 민주주의가 무엇인가에 대한 정의는 특정한 역사적, 정치사회적 문제 속에서 충분히 고려되어야 하며 정의하는 것 자체가 이미 이론적 영역을 넘어선 것이다.[69)]

그리고 이 3대혁명은 각 국가별 특성을 반영한 혁명으로 이후 현대 각국의 정치체제를 형성하는 토대가 되기도 한다. 가장 먼저 발생한 영국의 경우 전통과 개혁이 절묘하게 배합된 내각책임제 전통의 민주정치로, 미국은 영국으로부터의 독립혁명의 차원과 연방제전통이 혼합된 대통령중심제로, 마지막으로 프랑스는 시민계급이 절대왕정을 무너트리고 200여 년간 다양한 정치제도를 겪은 후 이원집정부제·준대통령제를 그 특징으로 한다.[70)] 오늘날에는 산업민주주의의 확산으로 마손(Mason)은 미시적 결정체제로 까지 현대 자본주의사회를 평하고 있다. 로버트 달(R. Dahl)은 민주주의본질을 다두정치(Polyarchy)와 정치적 다원주의(Political Pluralism)로 설명하였다. 이는 민주주의는 다양성을 존중하며 다양한 시민사회의 제 집단이 자발적으로 민주정치의 참여함을 보여준다.[71)] 즉 국가는 시민사회의 힘을 존중하고 그 역할이 국가정책에 역행하는 것이 아니고 협조적임을 인정하는 것이다. 서구민주주의에 있어 국가와 시민사회는 본질적으로 정의와 자유를 통해서 볼 때 사실은 하나인 것이다. 양자는 적대관계가 아니며 상호 보완적 협조적 관계인 것이다. 게다가 국가가 추구하는 정의와 시민사회가 추구하는 정의가 다른 것이 아니고 하나일 때 진정한 정의가 구현되는 것이라 본다.

---

69) 이승원, "민주주의헤게모니," 비교민주주의학회, 『비교민주주의연구』, 제4집1호(2008.6), p.85 ; D.Beetham, Democracy and Human Rights(UK : Polity Press, 1999) ;; S.Benhabib, ed., Democracy and Difference(Princeton, NJ : Princeton University press, 1996)참조

70) 안성호, 전게서, p.52.

71) Robert A.Dahl, *Poliarchy : Participation and Opposition*(New Haven : Yale Univ. Press, 1978)

민주화는 혁명이든, 개혁이든 과거와의 일정한 차별성과 단절을 요구한다. 이것이 없으면 세계적 수준으로의 보편적인 민주주의제도화는 어렵다. 이를 우리는 풀뿌리민주주의라고도 한다. 미국을 중심으로 서방국가들은 민주주의라는 가치를 옹립하고 상대진영의 이념이 확산되는 것을 방지하기 위해 트루먼독트린, 마셜플랜, NATO등 다양한 방법으로 공산주의 확산을 방지하기위한 여러 가지 방책을 세웠다. 그러나 냉전의 붕괴이후 세계는 미국을 중심으로 하는 시장자본주의·자유민주주의가 중심적·주도적 기치가 되었다. 우리는 이러한 역사적 사실에 비추어 볼 때 민주주의라는 가치가 우리에게 있어 큰 의미를 지니고 있다는 것을 간접적으로 나마 느껴 보게 된다.

제2장

민주주의의 핵심

제1절 민주주의의 원리와 본질

1. 민주주의 기본원리

오늘날 현대민주주의의 위기를 분석하기위해서는 우선 전통적인 민주주의에 대한 해석과 이해가 먼저 언급되어야할 것이다. 그것은 민주주의가 무엇인지 공통된 합의가 있어야 이에 대한 문제점과 약점을 지적하고 이를 통한 위기의요인도 검토될 수 있기 때문이다. 더욱이 오랜 역사동안 민주주의는 시대마다 학자마다 이념에 따라서 여러 가지로 다양하게 정의되고 해석된 것이 사실이다. 아직도 민주주의는 선진국과 후진국에서의 인식, 그리고 이념적으로는 좌·우 시각에서의 입장이 판이하게 다르게 존재하고 있다. 계몽사상가이며 시민사회와 시민혁명과 직접 관계되는 장자크루소의에 대한 저작에 대한 해석도 학자마다 다른 견해를 보이기도 한다.[1] 다수정으로서의 민주주의(democracy)는 일인이 통치하는 것보다는 보다 많은 다수가 통치하는 것이 공공선에 보다 근접할 수 있다고 보는 까닭에 반대하는 것이다. 다수에 의한 통치로서 democracy는 무엇보다도 일인에 의한 통치인 독재정치를 반대한다.[2]

민주주의란 과두제처럼 소수에게 권력이 가는 것도 아니고, 군주제나 독재처럼 1인에게 권력이 주어지는 것이 아니라, 모든 국민들이 국가권력을 나눠 갖는 체제다. 의회민주주의는 예전 소규모 도시에서의 민주주의는 가

---

1) 강정인, "루소의 정치사상에 나타난 정치참여에대한 고찰," 한국정치학회, 『한국정치학회보』, 43집2호(2009.여름), pp.17-22. ; Jean-Jacques Rousseau, *On the Social Contract with Geneva Manuscript and political Economy*, ed. Roger D. Master and tr. Judith R.Masters(N.Y.: St. martin's, 1978) ; 이환역, 『사회계약론』(서울 : 서울대출판부, 1999)참조.

2) 최정욱, "Democracy는 민주주의가 아니라 다수정이다 : 공화주의와의 차이를 논하며," 비교민주주의학회, 비교민주주의연구, 제5집1호(2009.6), p.50.

능했지만 현대처럼 거대국가의 모든 구성원들이 모든 정치상황에 참여한다는 것이 불가능하기 때문에 의회를 조직하여 그 구성원을 선거를 통해 뽑아 정치활동을 하도록 한다. 민주주의는 인간의 가정, 학급, 소규모단위, 마을공동체, 기초자치단체, 광역자치단체, 국가사회생활의 실천원리이다. 그리고 민주주의도 정치권력관계의 한 모습이다. 민주주의는 인간의 국가사회생활의 실천원리이다. 그리고 민주주의도 정치권력관계의 한 모습이다. 민주주의는 각 개인에게 인격의 자유로운 발전을 위한 조건을 보장하고 그 조건을 발견하기 위해서 개인들에게 허용되는 자유로운 논쟁과 토론이라는 방법을 통하여 합의를 도출하는 원리로 운영되고 있다. 민주주의는 토론에 의한 정치이며 선거민, 정당, 의회, 각종 위원회, 내각 등이 중요한 토의기관이다. 의사의 자율성, 행위의 자기결정성, 행위결과에 대한 자기 책임성은 민주주의의 주요한 인자이다.[3)]

17-18세기에는 절대군주의 강압으로부터 인권을 보호하기 위한 움직임이 일기 시작하였다. 계몽사상가들이 천부인권론을 주장하였고 이를 기초로 프랑스와 미국에서 시민혁명이 일어나게 되었다. 바로 서구민주주의는 계몽사상(The Enlightenment)에서 비롯된다.[4)] 계몽사상은 절대왕정이나 봉건주의 등 전근대적 사상에서 벗어나지 못하고 있는 인간에게 이성의 힘으로써 편견이나 무지로부터 벗어나게 해야 한다는 사상이다.[5)]

즉 민주주의의 보편적 지표는 우리가 이상으로 하는 민주주의이념으로서 그 공통점, 보편적 지표는 다음과 같다. ① 인간의 존엄성(천부인권사상, 일반의사=자유, 평등, 행복, 생명), 기본인권의 존중, 생명존귀사상, 일반의사구현,

---

3) 안성호, 전게서, pp.56-58 ; David Held, *Models of Democracy*(Cambridge : Polity Press, 1987) ; Adam Przeworski, *Democracy and the Market : Political and Economic Reforms in Eastern Europe and Latin America*(Cambridge Univ. Press,1991) ; M.Rejai, *Democracy : The Contemporary Theories* (N.Y.: Atherton press, 1976) ;; Adam Przeworski, *Capitalism and Social Democracy* (N.Y.: Cambridge Univ.Press,1986); Giovanni Sartori, *The Theory of Democracy Revisited: Part two*(N.J. : Chatham Mouse Publishers, Inc., 1987); Council on Foreign Relations,(ed.), *Democracy*(CFR, 1998) 등 참조.

4) 안성호, 전게서, pp.58-59 ; Charles Louis de Secondat Montesquieu, "The Spirit of the Laws," in Arend Lijphart(ed.), *Parliamentary versus Presidential Government*(Oxford Univ. Press,1992) ; John Locke, *Second Treatise of Government*, C.B.Macpherson, ed.(Indianapolis : hackett Publishing Co., Inc., 1980) ; Jean-Jacques Rousseau, *On the Social Contract with Geneva Manuscript and political Economy*, ed. Roger D. Master and tr. Judith R.Masters (N.Y. : St. martin's, 1978) 등 참조.

5) 「한겨레신문」, 2003.3.23.

② 주권재민사상(국민주권주의), 국민적 합의 존중, ③ 법 앞에서의 평등(기회균등, 남녀평등, 인종평등), ④ 사회계약론(국민과 국가와의 계약, 개인과 개인의 약속, 국민적 합의에 의해 권력을 만들어 낸다. 계약은 반드시 이행되어야한다. 입헌주의), ⑤ 삼권분립론(권력분립, 입헌정치, 견제와 균형의 논리로 권력의 소수장악을 제도적으로 방지, 견제와 균형), ⑥ 국민투표제와 국민발의제, ⑦ 국민저항권과 국민소환권, ⑧ 보통선거제(자유총선), ⑨ 다수결원칙 등 이다.

천부인권사상은 모든 사람은 생명유지, 행복추구, 평등, 신체의 자유, 신념에 근거한 의사 결정 및 행동의 권리를 타고났으며, 이는 어떤 권력에 의해서도 침해되지 않을 인간의 기본적 권리라는 점이다. 사회계약론에서는 이러한 천부인권을 확보하기위해 정부가 조직되었고, 국가권력의 정당성은 피통치자의 동의에서 비롯된다고 보는 것이다.[6]

영국에서는 1832년 선거법의 개정으로 투표권이 중산층에게까지 확대되었으나 여전히 투표권을 획득하지 못한 노동자들은 이에 반발하여 차티스트 운동이 일어난다.[7]

여기에 각종 자유권(언론자유 – 공정한 보도, 양심자유, 결사자유, 학문자유, 집회자유, 출판자유), 시장자본주의, 자유경쟁원리, 사유재산권보호, 경제민주주의, 사법부의 독립, 탄핵소추권, 법치주의, 보통선거제도, 다수결원리, 대의정치, 연방주의, 지방자치(지방분권화), 복수정당제 – 다당제도(좌우이념활동), 이익집단의 활성화(시민사회론), 여론정치, 사회보장제(요람으로부터 무덤까지), 계급적 양당제, 반대의 권리(야당 존재 인정)등이 포함되어 보수적 양당제의 복수정당제 등이 추가되어 오늘날 선진민주주의국가에서 채택되고 있는 원칙과 제도가 되었다. 민주적 권력의 창출은 주권자인 국민적 합의에 기초를 두고 있을 때 정당성을 갖게 됨을 보여준다. 이후 유럽과 미국이 이러한 민주주의정신, 논리, 제도, 원칙에 입각하여 현실정치를 운영해오면서 200여 년 동안 민주주의선진국으로 자리 잡게 되었다.

민주정치는 주로 정치의 형태를, 민주주의는 이념 또는 원리적 측면에 중점을 두나 오늘날 별로 구별해서 사용하지 않고 있다. 민주주의는 인간의 국가사회생활의 실천원리이다. 민주주의도 정치권력관계의 한 모습이다. 민주주의는 각 개인에게 인격의 자유로운 발전을 위한 조건을 보장하고 그 조건을 발견하기 위해서 개인들 사이에 허용되는 자유로운 논쟁과 토론이라는 방법을 통하여 합의를 도출하는 원리로 운영되고 있다.

---

6) 상게논문.

7) http://ko.wikipedia.org (2009.8.12)

대표적으로 리조파트, 로버트 달, 사르토리 등이 서구민주주의의 내용을 잘 정리해주고 있다.[8] 17-18세기 민주주의로부터 현대 민주주의에 이르기까지 민주주의의 본질은 변할 수 없다고 본다.

〈표 2-1〉 영국의 선거권 확대 과정

시 기	선거권의 확대 내용
19세기 초까지	귀족, 부자에게 선거권 인정
1832년 선거법	중산 계급에 선거권 인정(총인구의 4.5%인 65만 명 정도가 선거권을 가짐.)
1867년 선거법	도시의 소시민과 노동자에 선거권 인정(총인구의 9%인 200만 명으로 증가)
1884년 선거법	농부와 광부의 선거권 인정(총인구의 19%인 440만 명으로 증가)
1918년 선거법	30세 이상의 부인에 선거권 인정(총인구의 46%)
1928년 선거법	모든 성인 남녀에 선거권 인정(총인구의 62% 보통 선거제 확립)

〈자료〉 http://blog.naver.com//loveleewoo (2009.8.12)

예컨대 영국의 선거권확대과정만 보더라도 민주주의 발전의 하나의 예를 볼 수 있다. 5차에 걸친 영국의 선거법 개정연대 선거권확대대상 전 국민에 대한 유권자 비율을 표에서 보면 영국의 선거권 확대 과정이 잘 나와 있다. 세계최초로 여성에게 투표권을 준 국가는 뉴질랜드로써 1893년이다.

〈표 2-2〉 세계 각국의 보통 선거제 실시 시기

구분	프랑스	영국	미국	독일	이탈리아	일본
남자	1848년	1918년	1870년	1870년	1912년	1925년
여자	1946년	1928년	1919년	1920년	1945년	1945년

〈자료〉 http://blog.naver.com//loveleewoo (2009.8.12)

8) 안성호, 전게서, pp.52-53; Lijphart, Arend, *Democracies: Patterns of Majoritarian and consensus government in twenty-one countries*(New Haven: YaleUniv. Press, 1984); Dahl, Robert A., *Poliarchy: Participation and Opposition* (New Haven: Yale Univ. Press,1978); Sartori, Giovanni, *The Theory of Democracy Revisited: Part two*(N.J.: Chatham Mouse Publishers, Inc., 1987)등 참조.

1776년 전후한 미국의 독립혁명에서의 페트릭 헨리(Patrick Henry)의 '자유아니면 죽음을 달라(Give me liberty or death)'라는 절규로부터 우리는 이미 자유의 가치가 민주주의를 위한 시민혁명에서 매우 소중함을 인식하고 있는 것이다. 물론 자유(freedom)는 추상적 철학적인 말로는 적극적인 상태(...에의 자유 : freedom to)를 의미하며, 다른 한편 자유(Liberty)는 어떠한 통제로부터의 자유(...로부터의 자유 : freedom from)라는 의미를 내포한 소극적인 상태를 의미하는 것으로 알고 있다. 그러나 실제생활에서나 영어적으로도 양자의 개념은 엄밀하게 구분되어 사용하지 않고 병용되어 활용되고 있다.9) 이처럼 민주주의와 자유는 매우 밀접한 관계를 갖고 있으며 자유가 없는 민주주의는 상상하기 어렵게 되었다. 인간에게서 자유, 평등, 박애, 관용, 양보, 인권, 행복이 없다면 그것은 인간답게 살 수 있는 사회는 아니라고 본다. 민주주의가 모든 인류에게 공통되게 바람직한 이념과 제도로 인정받는 것은 바로 그것이 이러한 인간의 속성과 본질을 가장 잘 담보해주는 보장해주는 이념이기 때문이다. 만약에 어떤 국가가 여성, 외국인 노동자, 원주민, 인종적 종교적 소수집단 등에게 다른 집단에 비해 불평등하게 대했을 경우, 개입에 있어 어떤 시도가 국가의 주권과 관련된 부분이나 국가체계 그 자체에 위협을 줄 수도 있을 것이다. 그러나 인권을 근거로 개입을 정당화하는 것은 문화적 상대성이 관련된 문제가 고려될 때에는 더욱 복잡하게 만든다. 보편적 권리의 이념이 지금 확산중에 있을 때에는 주권과 국가체계보존이 좀 더 높은 가치로 여겨진다.10) 민주주의사회는 평화, 합의, 협력, 대화, 정의, 공정, 공개와 직결된다. 민주주의는 정의사회구현이라고 할 때 정의에 대해서도 고전적 학자들의 견해, 현대학자들의 견해가 다양하고 자연법학자들간에도 의견이 분분하며 분배의 정의냐, 공평한 것이냐, 동등한 대우이냐, 상응한 상이나 벌이냐, 어떤 일을 공정하게 다루는 것이냐, 사회적 목표나 관습에 좌우하는 것이냐, 아니면 인간에 대한 신의 섭리 등과 같은 보다 우주적이고 큰 개념이냐 등이다.11) 로버트 다알(R.Dahl)은 오래된 선진민주주의국가에서도 국민들이 민주적 제도와 체제에 대하여 신뢰를 점점 상실하고 있음이 조사에서 나타남에도 불구하고 역설

9) 안성호, 전게서, pp.57-59.

10) Anthony McGrew(ed.), *The transformation of Democracy? : Globalization and Territorial Democracy*(Cambridge : Polity Press, 1997), pp.144-145.

11) Robert C.Solomon & M.C. Murphy, (eds.), *What is Justice? : Classic and Comtemporary Readings*(N.Y.:Oxford Univ. Press,2000), p.5.

적으로 민주주의에 대한 가지치는 여전히 중요한 것으로 생각하고 있다고 민주주의 장래에 대한 패러독스한 점을 지적하고 있다.[12]

일반적으로 민주주의국가의 시민들은 민주적 정치체를 위한 대의제 선거에 참여하고, 광범위하게 표현의 자유, 토론의 자유, 염려의 자유, 그리고 정치적 행위와 요구를 위하여 타인과 조직을 결사하는 자유, 시민권에 대한 권리와 기회를 갖는다.[13] 민주주의에 대해서는 이미 규범적 논의와 경험적 논의, 진보적 시각과 보수적 시각, 이론과 실천, 이상주의와 현실주의등 다양한 논의가 진행되고 있다.[14] 그리고 민주주의적 정당성이 누구에게 있고, 민주주의적 정당성은 어떻게 실현되며, 그리고 민주적 정당성은 어디에 존재하는 가등의 논의가 지속되고 있다. 적어도 민주주의의 주인은 국민이고, 자유롭게 의견이 표출되고 그리고 자유로운 시민사회와 국가에 존재한다고 보는 것이다.[15] 파이엘벡(Katherine Fierlbeck)은 철학적 논의로 해석적 민주주의(Interpreting democracy), 인과관계의 논의로 설명적 민주주의(Explaining democracy), 그리고 정치적 논의로 추구하는 민주주의(Pursuing democracy)로 구별하여 설명하고 있다.

해석적 민주주의에서는 책임과 인권의 문제가 중요하게 언급되며 자유민주주의에 대한 논의에서 개인주의, 합리주의, 경제적 발전, 관용의 정신이 기초하고 있음을 지적한다. 설명적 민주주의에서는 시장의 문제와 시민사회의 문제로 접근하여 설명하고 있다. 그리고 추구하는 민주주의에서는 범세계적 차원에서의 민주주의에 대한 합의를 논의하고 있다.[16] 헌팅톤은 공개, 공정, 자유를 민주주의 기초로 설명한다.[17]

미국에서는 미국의 가치가 뭐냐를 중심으로 개인주와 공동체주의 그리고 고전적 자유주의 입장의 자유시장 민주주의와 참여주의적 민주주의의

---

12) Robert A.Dahl, "A Democratic Paradox?", in *Political science Quarterly*, Vol.115, No.1(Spring 2000), pp.35-39.

13) *Ibid*, p.38.

14) Ricardo Blaug, *Democracy, Real and Ideal : Discourse Ethics and Radical Politics*(Albany : State Univ. of New York Press, 1999), pp.8-17.

15) *Ibid.*, pp.41-51.

16) Katherine Fierlbeck, *Globalizing democracy : Power, legitimacy and the interpretation of democratic ideas*(Manchester : Manchester Univ. Press, 1998). pp.13-26.

17) Samuel p. Huntington, *The Third Wave : Democratization in the Late Twentieth Century*(Norman and London : Univ. of Oklahoma Press, 1991), p.9.

논쟁이 진행되고 있다.[18] 과거 50년대와 70년대에 걸쳐 미국의 민주주의는 엘리트주의민주주의고 과두지배의 철칙이 적용된다고 하는 주장과 다원주의적 다두체제라는 주장의 논쟁처럼 진지하게 논의 되고 있다.

참된 민주주의하에서는 논쟁은 몇 년에 한 번씩 오는 선거 때만 있는 것이 아니다. 논쟁은 매일같이 일상적 생활 속에서 던져지고, 텔레비존 스튜디오에서 저녁식탁에까지, 상점에서 교실까지 어디에서도 가능한 것이다. 정치적 논쟁은 논쟁자들이 깊이 신념과도 관련되어있기 때문에 과열될 수 있을지라도 민주주의하에서는 불일치의 어떠한 권리도 거부되어져서는 안되는 것이다. 민주주의하에서는 어느 누구도 진실에 대하여 독점해서는 안된다는 점을 인정해야한다. 불일치의 합의(Agreeing to disagree)가 바로 민주주의의 핵심인 것이다.[19]

일반적으로 민주주의가 가장 발달한 미국의 국민들은 민주주의가 최고의 형태의 정부를 구성한다는데 동의하지만 이것이 지닌 의미에 있어서는 엘리트(제한적 : Limited) 민주주의와 대중적(확장적 : Expansive) 민주주의로 대별하여 논쟁을 한다. 또 민주주의에 있어 중요한 가치중하나인 자유에 있어서도 소극적 자유(Freedom from)와 적극적 자유(Freedom to)로 구분하여 논쟁하며, 민주주의 다른 가치중 하나인 평등에 대해서도 과정 지향적(Process Orientation) 평등과 결과 지향적(results Orientation) 평등으로 대별하여 논쟁한다.[20]

다차원의 심도있는 토론에 의한 정치 즉 심의민주주의(Deliberative Democracy)를 통해서만 자유주의의 관념은 살아날 수 있다. 리조파트, 로버트 달, 사토리 등이 서구민주주의의 내용을 잘 정리해주고 있다.[21] 17-18세기 민주주의로부터 현대 민주주의에 이르기까지 민주주의의 본질은 변할 수 없다고 본다.

민주주의의 다른 가치중 하나인 평등에 대해서도 '과정 지향적(Process

---

18) Bruce Miroff, Raymond Seidelman, Todd Swanstrom(eds.), *Debating Democracy : Areader in American Politics*(Boston : Houghton Mifflin Company, 1999), pp.47-48.

19) *Ibid.* p.2.

20) *Ibid.* p.4.

21) 안성호, 전게서, pp.45-57 ; Lijphart, Arend, *Democracies : Patterns of Majoritarian and consensus government in twenty-one countries*(New Haven: YaleUniv. Press, 1984) ; Dahl, Robert A., *Poliarchy : Participation and Opposition* (New Haven: Yale Univ. Press,1978) ; Sartori, Giovanni, *The Theory of Democracy Revisited: Part two*(N.J. : Chatham Mouse Publishers, Inc., 1987)등 참조.

Orientation) 평등'과 '결과 지향적(results Orientation) 평등'으로 대별하여 논쟁한다.[22] 평등에 있어서도 과정지향적 평등은 기본적으로 기회의 평등을 강조하며 정부는 공정한 과정을 조성해주는 것이고, 결과 지향적 평등은 모든 사람이 매우 다른 위치에서 경쟁을 하기 때문에 정부가 모든 사람에게 최대한 평등한 결과가 오도록 관여하는 것을 의미한다. 어느 것이 보다 더 민주주의 가까운지에 대해서도 여전히 논쟁이 가능하다.[23] 전자는 자유민주주의에서 후자는 사회민주주의에서 더 강조되는 경향이 있다. 미국의 민주주의에 대해서도 다원주의의 한계를 지적한다. 즉 백인, 흑인, 히스페닉, 동양인 등 다양한 인종과, 기독교, 가톨릭, 이슬람, 불교 등 다양한 종교가 존재하나 다원주의로 설명하기에는 한계가 있으며 오히려 민주적 다문화주의(Multiculturalism)로 이해해야한다는 것이다. 다양하게 있지만 존재하는 것만으로는 다원주의라고 할 수가 없으며 소수의 무리는 오히려 다수에 의해 무시되고 다원주의하에서도 때론 차별적 대우와 소외를 당할 수 있기때문이다.[24]

다수결원칙의 민주주의도 소수의 문화의 시민들에게 입법과정에서 직접적으로 참여하고 그들사회에서 기여할 수 있는 평등한 기회를 부여하는데 있어서 실패했다는 것이다.[25] 1948년 UN총회에서 세계인권선언이 발표되고 그동안 전 세계국가의 인권문제를 주도해왔다는 점에서 민주적인 범세계적인 정치에 첫 단계의 기초를 만들었다. 'the Covenant on Civil and political Rights(CCPR)', 'the Covenant on Economic', 'Social and Cultural Rights(CESCR)'등과 같은 다양한 헌장, 프로토콜이 만들어졌다. 그러나 UN에 의해서 만들어지는 인권에 대한 국제법 등은 국내적으로 국제적으로도 아직 논쟁중에 있는 상태이다. 오히려 전 세계적인 인권의 문제는 여러 다양한 NGO의 참여를 증대시키고 있다. NGO와 시민단체 등은 인권이 세계질서의 민주화로의 첫 시작이고 범세계 시민사회의 출현의 상징으로 여겨지고 있다.[26]

---

22) *Ibid.* p.4.

23) *Ibid.* pp.6-10.

24) Arthur M. Melzer, Jerry Weinberger, & M.Richard Zinman(eds.), *Multiculturalism and American Democracy*(Lawrence : Univ. Press of Kansas, 1998), pp.47-48 ; pp.116-117.

25) *Ibid.*, pp.116-117.

26) Anthony McGrew(ed.), *op. cit.*, pp.123-133.

93년 비엔나에서 개최된 인권에 대한 세계대회에서 아시아국가들은 인권은 보편적인 것이 아니며 산업화와 경제발전에 기초한 서구선진산업국가의 제3세계와 가난한 국가들을 전세계적으로 경제적인 지배를 위해 모색된 것이 인권이라고 비판했다. 이 회의에서 중국의 강력한 압력에 의하여 티벳의 달라이라마의 연설이 금지되었다.[27]

보편적 인권의 지배적 견해는 서구 자유민주주의적 전통에 근거한다. 이는 시민적 정치적 권리가 경제, 사회, 문화전 권리보다 우선하며 자본주의적 사회관계와 경제적 세계화에 도딕적 정낭성을 제공해준다. 인권에 관한 국제법은 국가사이에 관계를 규제하려고 하지만 그 이행은 국가의 정부 손안에 여전히 머물러 있다.[28]

2. 인간의 존엄성

1) 인권

시민혁명을 통해 선언된 인간 존중 사상을 실현하기위해 많은 나라가 이를 헌법에 명문화 하였고 인간의 존엄성을 보장하기위한 다양한 정치제도를 발달시키게 되었다. 1789년 8월 26일 프랑스 국민의회는 인권선언인 헌법전문을 채택했다. 천부적 인권과 권력분립을 특징으로 하는 근대헌법은 1919년 바이마르 헌법에 의해 현대적인 헌법으로 발전하였다. 바이마르 헌법은 자본주의 아래에서 보장받기 어려운 노동자들의 인권을 보호하는 등 복지 국가헌법의 바탕을 마련하는 계기가 되었다.[29] 제2차 세계대전이 끝난 후에는 전쟁기간 동안의 비인간적인 행위에 대한 반성으로 인권에 대한 관심이 더욱 높아졌다. 1948년 12월 10일 국제연합(UN)에서 채택한 세계인권선언(Universal Declaration of Hunman Rights)은 오늘날 민주주의의 기본 원리중하나로 보편적으로 적용되고 있다.[30] 민주적인 헌법이 인정하는 인간의 주요한 시민적 정치적 권리와 몇 개의 소위 경제적·사회적·문화적 권리에 대한 일반적인 정의가 포함되어 있다. 인간의 시민적·정치적

27) *Ibid.*, pp.135-136.

28) *Ibid.*, p.142.

29) 「한겨레신문」, 2009.3.23.

30) 상게논문. 1948년 6월 국제연합 인권위원회에 의해 완성된후 몇차례의 수정을 거쳐 1948년 12월 10일 파리에서 개최된 총회에서 만장일치(소비에트 진영에 속한 6개국과 사우디아라비아, 남아프리카연방은 기권)로 채택된 선언이다.

권리에는 생명 자유 및 신체의 안전에 관한 권리, 즉 임의의 체포, 구금 또는 추방으로부터의 자유, 독립적이고 공평한 재판소에서 공정하고 공개적인 재판을 받을 권리, 사상과 양심 및 종교의 자유, 평화적인 집회 결사의 자유 등이 포함된다. 국제연합은 회원국에게 인권보장을 준수하도록 의무화 하고 인권보호와 신장을 위한 여러 가지 조약이 채택됨에 따라 인권보장은 인류공동의 문제로 다루어지게 되었다.[31] 한국은 1919년 4월 11일 상해임시정부 출범부터 남녀평등, 민주주의를 내세웠고 대한민국임시헌장 제3조에 보면 인민은 남녀귀천 및 빈부의 계급이 없고 일체 평등함을 기록하고 있다. 또 1941년 9월 28일 대한민국 건국 강령 3장4에서 보면 건국기의 헌법상 인민의 기본권리와 의무는 이하에 의거, 가. 노동권, 휴식권, 피보험권, 면비수학권 ...이 수록되어있다.[32] 대한민국의 인민은 한국도 제헌국회에서 헌법을 제정할 때부터 인권선언의 정신을 반영했고 1987년 개정한 헌법전문에는 자유민주적 기본질서와 국민의 권리와 의무도 인권선언을 구체화한 것이다.[33] 인간은 자유스러운 신분으로 태어나고 자유롭게 살아야하고 권리가 평등해야하고 인간은 재산권뿐만 아니라 압제에 대한 저항권을 갖는다는 것이 들어있다. 국제연합에서 채택한 세계인권선언은 첫째 정치적 시민적 인권이라고 표현되는 인권 카테고리이다. 이것은 17세기 이후 전개된 서구 자유주의에 큰 영향을 받았다. 정치적 인권은 주로 정부의 자의적인 횡포로부터 개인을 보호한다는 의미의 자유, 즉 '소극적 자유'의 정신을 반영하고 있다. 이러한 정신은 전 세계 거의 모든 국가들의 헌법 속에서 보편적 원칙으로 수용되어 있다.[34]

둘째 경제적 사회적 및 문화적 권리로 분류되는 인권 카테고리로 이는 주로 사회주의 운동과 전후 제 3세계 국가군의 등장과 밀접하게 관련되어 있다. 이러한 인권 카테고리는 한편으로는 시장메카니즘의 착취적 기능과 경제-사회적 차별문제, 또 다른 한편으로는 지구적인 차원에서 전개되고 있는 약소국에 대한 구조적 착취, 식민지 혹은 소수민족의 열악한 존재조건 등에 대한 대응으로 이해할 수 있다.[35]

셋째 {세계인권선언} 제 28조는 "모든 사람들은 이 선언에 제시된 권리와

31) 「한겨레신문」, 2009.3.23.

32) 「중앙일보」, 2009.4.13.

33) 「중앙일보」, 2009.4.15.

34) http://www.humanrights.or.kr/HRLibrary/HRLibrary1 (2009.4.13)

35) 상게자료

자유가 완전히 실현될 수 있는 사회적, 국제적 질서에 대한 권리를 갖는다"고 명시함으로서 개별 주권국가의 한계를 넘어선 집단적 연대권을 제시하고 있다. 이것은 경제적 빈곤과 국제 정치경제체제의 구조적 문제에 대처하는 후발 산업국가들의 집단적 요구를 수용할 수 있는 새로운 인권 카테고리로 이해할 수 있다. '연대권(solidarity right)'은 서구의 자연법적 인권이론이 전제하고 있는 개인차원의 인권이 아니라 국제적 불평등문제를 시정하고자 하는 '집단적 인권(collective right)'개념으로 볼 수 있다.[36]

국제사면위원회는 전 세계에서 수 백만 명의 여성들이 매일 고용주나 가족으로부터 고문이나 강간 구타 등을 당하고 있다고 밝혔다.[37] 2001년 3월 8일 세계여성의 날을 맞이하면서 여성인권의 유린 실태를 조사한 국제사면위원회는 부서진 육체, 깨진 마음이란 제목의 보고서를 공개하기도 하였다. 인간존중사상은 오늘날 여성, 어린이, 근로자, 장애인, 난민 등 사회적 약자에 대한 인권보호로 관심이 점차 확대되고 있다.[38]

유엔인구기금 「2000년 연례보고서」에 의하면 남편으로부터 폭행당하는 여성비율이 일본 59%, 인도 40%, 한국 38%,이집트 35%,미국 31%, 캐나다 29%, 멕시코 27%, 그리고 스위스는 21%로 나타났다. 국제사면위원회는 세계은행통계를 근거로 미국에서는 15초 마다 여성 한명이 구타당하고 해마다 70만 명의 여성이 강간당하며 인도에서는 기혼여성들의 40% 이상이 매를 맞거나 성폭행을 당한다고 고발했다. 국제사면위는 당국에 신고를 해도 제대로 조사가 이뤄지지 않는다고 지적하고 특히 사우디아라비아와 같은 나라에서는 여성들이 남자친척을 대동한다 해도 당국에 접근하기 위해 가정을 떠나는 것 조차 허용 받지 못하는 실정이라고 보고 했다. 국가사면위원회는 가정과 지역사회의 폭력은 개인차원의 문제가 아니라 국가적 책임 문제라며 정부 당국의 철저한 대응책 마련을 촉구했다.[39]

2) 시민권

민주주의하에서 시민생활은 인간의 본성이 도덕적 생활이라 부를 수 있는 그것을 실현하려는 경향을 자연스럽게 갖고 있기 때문에 가능한 것이

36) 상게자료

37) AI · www.amnesty.org

38) 「한겨레신문」, 2009.3.23.

39) 「중앙일보」, 2001.3.7.

다.[40] 시민생활에는 기본적으로 시민의식에 따라 다양한 질을 나타낸다. 여기에는 일정한 시민정신이 표출되며 이러한 시민정신은 시민교육을 통해서 세련되어질 수 있다. 우선 시민정신, 시민교육을 보다 더 명확하게 이해하기위해서는 시민권에 대해서 먼저 알아야한다. 일반적으로 시민권에 대해서는 다음과 같이 정리되고 있다.[41] ① 시민권은 일련의 권리이다. ② 시민권은 하나의 관계이다. 시민권은 국가와의 관계이다. ③ 시민권은 기본적으로 법적 관계이다. 법적 관계로서 시민권은 조건과 기회의 만연된 사회적 불평등으로부터의 방해에 의해서 완전히 평등하게 인식하지 않아도 되는 능력을 제공해 준다. ④ 시민권은 법적관계 뿐만 아니라 정치적, 경제적, 사회적 관계에 이르는 다양한 요소와 관계된다. ⑤ 국가와의 관계가 있는 시민권은 국민들에게 상호간의 시민적 관계도 가져다준다. ⑥ 시민권적 관계는 권력관계이다. ⑦ 시민권적 관계는 과정과 변화에 의해 특성이 생긴다. ⑧ 시민권적 관계는 어느 정도까지는 집단 내에서나 또는 집단을 통해서 국민들 사이에서 발생되나 시민권은 본질적으로 항상 개인적인 관계이다. ⑨ 시민권은 개개인으로서의 국민들이 그들이 국가에 의해서 인정되고 보증되거나 시행된 시민권의 완전한 범위에서의 향유를 바탕으로 하여 완전한 정상적인 관계를 지니고 있는 민족국가와의 관계를 갖는 내부적으로 지향하는 관계이다.[42]

인간에게는 경제, 정치, 사회, 문화적 부분에서의 자기결정권, 경제, 사회적 발전에 대한 권리, 인류의 공통된 유산과 정보와 과정에 참여하고 이익을 얻을 수 있는 권리, 평화에 대한 권리, 건강한 환경에 대한 권리, 인도적 신념에 대한 권리 등을 갖는다.[43] 민주주의하에서 주권자로서의 시민은 어느 정도까지 개인의 비밀과 사생활을 보호받을 수 있는가. 이는 우리가 시민권을 잘 알아야하는 근거를 제시해 준다. 즉 건전한 시민은 시민권과 개인사생활과의 관계도 알아야 한다.[44]

특히 민주시민교육으로서의 헌법교육의 내용은 무엇보다도 헌법이 우리

---

40) Sullivan, William M., "A Renewal of Civic Philosophy," in Markate Daly, Communitarianism (Belmont : Wadsworth Publishing Company, 1994), p.193.

41) Paul Close, *Citizenship, Europe and Change*(London: Macmillan, 1995), p.2.

42) *Ibid.*, p.6.

43) Scott Davidson, *op. cit.* p.44.

44) Patrick Birkinshaw, "Citizenship and Privacy," Robert Blackburn(ed.), *Rights of Citizenship*(London : Mansell, 1994), pp.31-55.

모두가 함께하는 공동체의 생활규범임을 인식시키고 생활화시키는 것이어야 한다고 생각한다. 그러므로 개념적으로 민주시민교육으로서의 헌법교육이 시민의 정치사회화의 본질적 내용이어야 한다고 생각하는 것이다.[45] 그리고 왜 규범(법과 도덕)을 지켜야 하는가에 대한 근거와 이유를 충분히 이해할 수 있어야한다. 규범을 준수하지 않았을 때의 결과를 예상해 보도록 하는 것이다. 약속이라는 규범에 대해 이를 지키지 않았을 때 어떤 결과를 가져오는가를 생각해보도록 한다. 그리고 구체적인 생활행동 속에서 이를 알게 하는 것이 명확한 이해에 도움이 된다.[46] 그동안 우리의 시민교육이 실패한 이유 중 하나는 교육자나 공직자가 사회지도층에서의 약속을 이행하지 않고 법을 지키지 않는 반규범적 행위 때문이라는 것을 동시에 알려주어야 성공적인 시민교육이 될 수 있을 것이다. 오히려 시민교육을 받아야할 대상이 가르치는 사람과 지도층에 있음을 모두가 반성해야하는 것이다.[47]

이를 통해서 시민들은 인지적으로 자신의 행동결과와 행동의 대안, 역할 등에 대한 이해를 높이게 될 것이며 정의적으로 타인 배려나 감정이입과 같이 타인의 입장에서 볼 수 있는 능력을 지닐 수 있을 것이며 의사소통기술과 타협능력 등을 지니게 된다. 민주적 대안은 온건, 신뢰, 관용, 타협을 요구하며 민주주의제도와 실천은 사랑과 권위내에 있는 민주적 가치에 사회적으로 닻을 내려야한다. 즉 민주주의를 생활화하는 교육, 가치교육의 강조, 사고 과정의 중시와 고급사고력 함양, 갈등의 평화적 해결능력 및 태도 고양, 민족문화의 동질성 회복과 통일대비 의지 함양 등이 요망된다. 남북통일대비교육, 통일시대의 민주시민, 북한이해교육, 세계화교육, 지방화교육, 민주화교육, 정보화교육, 복지화교육 등이 필요하다. 그리고 민주시민교육은 지속적인 민주화, 세계화, 국제정세의 이해, 개방화, 정보화, 지방화, 지방자치, 통일에 대비하는 범세계 시민교육도 강조되어야한다. 따라서 민주시민교육은 초·중·고·대학교 등을 통하여 단계적으로 민주주의론, 민주화론, 시민사회론, 국가론, 의회정치론, 세계화론, 지방자치론, 서구민주주의발달사,한국현대민주주의과정론,시민운동론, 정치참여론, 선거론, 정당론, 인간관계론, 리더십론, 정치교육론, 정지사회화론, 정치문화론, 통일론등이 정상적

45) 안성호, 전게서, p.67; 최대권, "형법과 민주시민교육," 한국민주시민교육 협의회 학술대회 논문집(1995), p.4.

46) 안성호, 전게서, pp.67-68; 조영달, "공동체의식의 형성과 시민교육," 서울대시민교육학술세미나 (1994.10), pp.109-110.

47) 상게논문, p.110.

인 교육기관에서 철저하게 이루어지지 않고 있다고 본다. 이러한 것이 민주시민교육의 중요한 내용이 되어야 하고 이는 한국정치학연구의 필연적인 과제이기도 한 것이다.

제2절 민주주의에 대한 이념적인 다의적 시각

1. 이념과 정치성

이념(Ideology)은 관념(idee)과 과학(ology)의 합성어로 관념의 학이라 할 수 있다. 이념은 어떤 특정한 성격과 특징을 가진 사상 내지 사상체계를 의미하는 데 머무르고 있다. 이념은 일반적으로 특정한 사회체제를 정당화시키기 위한 이론체계라고 할 수 있다. 이념은 정당성을 제공하는데 주력한다.[48] 또 어떤 개인과 집단 또는 계층과 계급이 사회와 자연에 대하여 품고 있는 어느 정도 체계화되고 일관성 있는 관념형태라고 도 할 수 있다. 정치적 이념은 국가, 계급, 정당 및 사회집단이 국내외 정치에 대해 품는 소망, 확신, 전망, 이해 등의 제 관념의 복합체이다.[49] 전형적인 이념은 통일적이며 체계적인 사회관으로서의 사회사상 또는 정치사상을 들 수 가 있다. 자유주의, 사회주의, 공산주의, 자본주의, 파시즘 등이 그 예이다. 오늘날 이념은 단지 사회를 이해하는 인식방법만이 아니라 자기의 이익에 부합되는 정치방침에 동조하는 다수를 획득하기 위한 유력한 설득방법으로도 되고 있다.[50] 정치적 이념은 누가 지배자가 될 것인가, 지배자는 어떠한 원칙에 따라서 통치하는가 등의 문제점들을 내포하고 있다. 정치이념은 정치에 관계되는 집단의 신념을 구성하며 그 속에서 생활하는 각 개인은 그 집단과 자기를 동일시하며 집단에 동화함으로써 그 신념을 자기 것으로 만든다. 남북통합을 대비한 선진적 정당정치훈련을 조속히 실천해야한다. 한국의 경우 건국이후 족보에 올린 정당이 무려 141개나 된다. 정당역사도 가장 긴 민주공화당으로 18년 정도에 불과하다.[51] 정당이 정당기능과 정당체제의 관점에서 한국의 40여 년 간의 정당정치를 살펴볼 때 여야 관계 등

---

48) William Ebenstein and Fogelman, Edwin, *Today's Ism*(Prentice-Hall, 1985) 참조.

49) R. Dahl, *Modern Political Analysis*,(N.H.: Yale Univ. Press, 1978), p.20.

50) 안성호, 전게서, pp.57-65.

51) 「중앙일보」, 2009.6.15.

다수의 정당이 명멸했으나 사실상 정당기능이 제대로 발휘되지 못했고, 정당체제 또한 숫적 및 외양면에서 양당체제인 듯 보여 졌으나 실제로 제도화, 다원성 및 경쟁성에 의한 변수를 통해 분석해보면 비경쟁적 정당체계인 패권주의적 정당체계임이 확인될 수 있다.[52)]

오늘날 전 세계에는 매우 다양한 정치체제(Political Regime)가 존재한다. 정치체제는 어떤 특정한 정치원리에 기인하여 지배복종관계가 편성되어 있는 상태를 말한다. 정치권력이 어떤 특정한 정치원리에 입각하여 사회 내에서 광범한 복종을 확보함으로써 안정된 지배질서를 지속해나갈 때 그것을 형성하는 여러 가지 제도나 정치조직의 총체를 정치체제라고 한다.[53)] 대표적인 것으로 자유민주주의체제, 공산주의체제, 자본주의체제, 전체주의체제 등이 그것이다. 정치체제의 다양성을 보다 과학적으로 규명하려는 노력은 실증적인 모델로서 정치체계(Political System)이라는 개념을 도입하게된다. 정치체계는 상호간에 서로 관련을 가지고 여러 가지 요소에 의해서 구성된 통일적 전체를 말한다. 정치체계는 상호간에 서로 관련성을 가지고 체계를 구성하고 있는 정치현상의 전체를 지칭하는 개념이라고 할 것이다.[54)] 후에 좀 더 자세히 언급하겠지만 정치체계는 기능적인 개념에 기초하여 투입과정과 산출과정의 관계를 통하여 체계를 제어하려는 이론이다. 여기에는 ① 합리적 모델(rational models), ② 규범적 모델(prescriptive models), ③ 경험적 모델(empirical models) 등이 하나의 기준이 될 수 있다. 그러나 민주주국가형성 배경, 역사가 다르고, 양당제와 다당제, 대통령제와 천황과 내각제, 연방제와 단일민족국가 등 국가마다 그 경험이 각각 다르다. 민주주의만 해도 거기에는 제도적 민주주의, 불완전민주주의, 제휴적 민주주의, 선거민주주의, 과정적 민주주의 등이 있다. 그리고 전통적인 자유민주주의와 부르조아 민주주의는 칼 마르크스의 1848년 공산당선언이후 개념이 양분되어 왔다. 이후 좌파도 사회민주주의, 인민민주주의, 사회주의적 민주주의 등으로 다양하게 분파되어 운영되었다. 좌파노조와 야당의 저항이 거세도 파이는 키워서 나눈다는 자유민주주의와 시장의 철학을 실행하는 데 정치력을 모아야 한다.[55)]

다수결원칙에 있어서도 타협이 없다면 다수결이란 단순한 형식적 행위 또

---

52) 안성호, 『한국 정당체계와 기능, 그 변화에 대한 연구』, 한양대 박사논문(1988), p.5.

53) 상게서.

54) 상게서.

55) 김영희, “중도강화, 내용이뭔가,” 「중앙일보」, 2009.7.18.

는 일방적인 의사표현으로 되어 이른바 다수자의 횡포라는 형상이 보여지게 된다. 진짜민주주의와 가짜민주주의 식별방법은 언론의 자유, 집회결사의 자유, 투표의 자유 등이 참으로 보장되어있는가, 정권의 평화적 교체가 이루어지고 있는가, 권력형 비리와 부정부패가 만연해 있는가, 민주적 선거절차가 확립되어 있는가, 소수파가 국민다수의 지지를 얻어 다수파로 될 경우에도 곧 평화적으로 정권을 인수하느냐 등으로 구별해 볼 수 있을 것이다.

1) 정치적 이념의 구조

정치이념은 정치권력 내지 정치운동의 목표 또는 이상 (궁극적인 가치), 정치상황에 대한 분석과 판단(현실정치사회에 대한 인식), 그리고 자체를 합리화 시키는 철학, 또는 신화(미래사회에 이르는 방법론) 등의 세 가지 구성요소를 갖고 있다. 이러한 세 가지를 전혀 갖추지 못할 경우에는 정치이념으로서 강력할 수가 없다. 정확한 과학적 증명이 불가능한 가치나 신앙과 관련된 부분으로 이성적, 합리적, 과학적 논증을 초월한 신화적 주술적 요소를 갖추고 있다. 절대왕권의 왕권신수설, 민주주의의 국민주권론, 공산주의의 계급투쟁론, 나치즘의 민족과 지도자신화 등이 그것이다. 또한 논리적인 설득력, 합리적·과학적 요소도 갖고 있다. 양자는 상호보완의 관계에 있다. 이념은 항상 전체로서의 통일성, 일관성, 체계성, 완결성을 표출한다. 오늘날 정치권력은 대중의 적극적 이든 소극적이든 지지를 획득해야하고 각종 매스컴의 치열한 선전전이 전개된다. 이념투쟁이 과열화되면 이성적 요소는 잘 못하면 비이성적 요소에 의해서 압도된다. 마치 나치즘이나 일본의 절대 천황제처럼 반이성적 이념으로 전락한다. 그래서 방법론이 가치에 우선하여 현상에 대한 인식을 무시할 경우 마키아벨리즘(Machiavellism)과 모험주의가 만들어진다. 현대의 이념투쟁에 있어서 간과해 버릴 수 없는 문제는 이성적인 부분보다는 오히려 비이성적인 부분이 우세하려는 경향이다. 2002년 대통령선거에서 노무현 후보자는 영남출신으로 전라도 지역에서의 지지를 바탕으로 대통령에 당선되었지만 당선 후에는 지역주의를 해소한다는 명분을 가지고 새로운 정당(열린우리당)을 창당하였다. 하지만 호남지역에서의 지지기반이 잠식되면서 정치적 지지층의 이반현상이 가속화됨에 따라 정권유지에 어려움을 겪게 되자 일부에서는 호남을 정치적 지지기반으로 하고 있는 민주당과의 합당을 추진하는 등 여전히 지역주의의 한계를 벗어나기가 쉽지 않아 보인다.[56)]

여기서 기만적인 이념선전도 감행될 가능성이 만들어진다. 이념의 진실과 기만을 능히 식별할 수 있는 능력을 함양하는 것이 일반시민의 정치교육의 과제이다.

2) 정치적 이념의 기능

이념은 성, 연령, 수입, 직업, 우정 등에 의해서 규정되는 경향을 보인다. 개인적 이념, 사회적 이념 등 모두가 각각의 의미를 갖고 있다. 이는 어떤 개인은 파시즘에 동조하고 어떤 개인은 파시즘을 거부하는 데서도 알 수 있다. 독일중산층의 나치즘동조는 정치적 이념이 개인과 깊은 관계가 있음을 보여준다. 정치적 이념은 옹호 지지하는 가치와 미래사회에의 유토피아상을 제시함으로써 이를 지지하는 집단과 계층, 계급의 연대감을 강화시켜 성원들에게 사명감과 행동의 에너지를 주는 기능을 한다. 이념은 사회적 기능, 통합의 기능, 심리적 기능을 한다. 이념은 지배자에의 귀속에 기인되는 안도감을 부여함으로써 통합기능을 수행한다. 이념은 하나의 신념체계로서 격리불안을 막아주는 집단의 구성원을 위한 보호기능을 수행하는 것이다. 그러나 경제발전, 기술발전, 과학의 발전, 전체주의이념의 퇴화 등은 오늘날 급진적 이념의 퇴조를 보이고 있다. 오늘날에는 제3의 길, 제4의 물결, 중도실용, 그리고 문명과 관련된 이념, 종교적 이념, 인종적 이념 등이 더욱 고조되는 추세를 보이고 있다.

2. 우파적 시각

1) 자유민주주의

보수주의적 이념을 구성하는 태도는 국유제는 비능률적이고, 의무적인 종교교육은 바람직하며, 우리들은 다시 종교에로 되돌아가지 않으면 안 되고, 유색인종은 열등하고, 일본사람은 원래가 잔인하다 등과 같은 것이다. 반면 진보는 인간의 자유와 삶의 질 향상을 추구한다는 점에서 보수자유주의자만이 가질 수 있는 단어이며 마르크스레닌주의와 민족주의의 거짓말에 취해 있는 특정 세력이 쓸 수 있는 말이 아니다. 의회주의를 부정하고 거리투쟁을

56) 이상묵, "한국의 정당체제에 대한 뒤베르제 법칙의 적용가능성 : 선거제도와 제도외적 요인분석," 비교민주주의학회, 비교민주주의연구, 제2집2호(2006.12), p.47.

일삼거나 친북노선을 추종하고 북한의 기아와 인권에는 한마디 비판도 안하면서 진보를 자처하는 진보세력들이 오히려 대표적인 수구세력이 아닌가.[57] 우리사회의 친북 반미 좌파세력은 지난 수십 년 동안 진보와 민주세력을 자처하며 용어의 사용에서 심각한 혼란을 불러왔다. 이들 진보세력은 헌법의 기본 정신인 자유민주주의를 부정하는 민중혁명노선을 아직도 끌어안고 3대 권력 세습을 획책하는 김정일 집단에 대한 비판을 금기시한다. 이러한 수구좌파 세력이 진보를 자처하는 건 진정한 진보에 대한 모독이다.[58]

냉전종식으로 세계질서가 개편된 90년대 초반이후 좌파와 우파를 뛰어넘은 중도 또는 제3의 길 프로그램을 가장 먼저 들고 나온 정치인은 빌 클린턴 전 미국대통령이다. 85년 창립된 민주당의 리더쉽협의회(DLC)는 90년 아칸소 주지사 클린턴을 의장으로 회의를 열고 뉴올리언스 선언이라는 것을 채택했다. 이 선언은 결과의 평등이 아니라 기회의 평등, 정부확대가 아니라 기회 확대, 그리고 포용정치를 약속했다.[59] 1992년 뉴올리언스 선언을 핵심내용으로 신민주당 강령을 만들었다. 민주당의 새강령은 서민에 대한 투자를 늘리고 국민을 통합하는 정치를 펼 프로그램을 밝혔다. 경제정책의 기조는 성장으로 못 박았다. 클린턴은 이 강령으로 대통령에 당선됐다. 미국 민주당의 중도 또는 제3의 길은 유럽으로 확산되었다. 영국의 토니블레어와 독일의 게르하르트 슈뢰더가 99년 블레어-슈뢰더 공동선언을 발표하고 중도개혁의 유럽확산을 주도했다. 1999년 국제사회주의 운동인 사회주의 인터내셔널(SI)도 파리대회에서 중도를 중심철학으로 하는 파리선언을 채택했다.[60]

근대민주주의는 대체로 자유주의와 결합하여 자유민주주의(Liberal democracy)로 불리어지고 있다. 따라서 민주주의 정치체제도 자유민주주의체제로 불리어지게 되었다. 자유민주주의체제는 자유주의에 기인되는 민간의 자유로운 활동과 민주주의에 기인되는 국민의 정치참여에 의해서 특징지어지고 있다. 민주주의는 다수 민중의 지배를 의미한다. 민주주의는 만인의 법적 평등과 정치적 평등이고 평등한 권리를 가진 시민에 의한 다수결에 의거하는 자치이다. 민주주의는 누가 정치권력을 장악하는가를 문제로 삼고, 다수의 합의에 의하여 권력을 장악하지 않으면 안된다고 주장한다. 민주주의는 국가속에 다수의 주권자의 권력을 도입하려는 정치이념이다.[61]

---

57) 「동아일보」, 2009.7.17.

58) 상게논문.

59) 이영희, "중도강화, 내용이뭔가," 「중앙일보」, 2009.7.18.

60) 상게논문.

자유주의는 개인의 자유권을 어떻게 확보할 것인가에 관심을 둔다. 자유주의는 국가권력의 자의적인 행사를 억제함으로써 시민적 인간적 자유의 공간을 튼튼하게 보장하려는 정치이념이다. 자유주의는 자유의 유지와 확대를 희구하는 마음의 습성이며 정신적 태도로 이해되고 있다. 자유주의는 인간이 어떤 정체하에 있는가를 별도로 하고 무엇보다도 먼저 개인에게 허용될 수 있는 이성적인 자유의 공간을 확보하려는 정치이념이다. 이러한 목적을 실현하는 방도로 자유주의는 법의 지배, 입헌제도, 삼권분립과 같은 법적 제도화를 희구한다. 자유주의는 개인의 자유권의 옹호에 주력하는 데 대하여 민주주의는 인간의 평등한 권리실현에 관심을 갖는다. 자유주의와 민주주의는 동전의 양면인데 민주주의는 인격의 발전을 최고의 가치개념으로 보고 자유주의와 밀접하게 결합하고 있다. 민주주의는 자유주의와 결합된 민주주의이며 자유주의를 내포한 민주주의라고 볼 수 있다. 토론에 의한 정치 즉 민주주의를 통해서만 자유주의의 관념은 살아날 수 있다.[62] 자유민주주의체제는 그 내용의 특징에 따라 영·미형의 다원주의적 자유민주주의체제, 북구의 복지국가적 자유민주주의체제, 네델란드나 스위스 등과 같은 작은 나라에서 보여지는 협의민주주의, 프랑스 등의 개인주의적 자유민주주의체제 등이 있다.

근대민주주의는 대체로 자유주의와 결합하여 자유민주주의(Liberal democracy)로 불리어지고 있다. 따라서 민주주의 정치체제도 자유민주주의체제로 불리어지게 되었다. 자유민주주의체제는 자유주의에 기인되는 민간의 자유로운 활동과 민주주의에 기인되는 국민의 정치참여에 의해서 특징지어지고 있다. 자유민주주의는 만인의 법적 평등과 평등한 권리를 가진 시민의 다수결원칙에 의한 자치이다. 자유민주주의하에서는 다수의 합의에 의하여 권력을 장악하는 것을 정당한 것으로 인식하며 국가 속에 다수의 주권자의 권력을 도입하려는 정치이념인 것이다.

그래서 다차원의 심도있는 토론에 의한 정치 즉 심의민주주의(Deliberative Democracy)를 통해서만 자유주의의 관념은 살아날 수 있다. 리조파트, 로버트 달, 사토리 등이 서구민주주의의 내용을 잘 정리해주고 있다.[63]

---

61) 안성호, 전게서, pp.87-95.

62) 상게서.

63) 안성호, 전게서, pp.46-55 ; Lijphart, Arend, *Democracies : Patterns of Majoritarian and consensus government in twenty-one countries*(New Haven : YaleUniv. Press, 1984) ; Dahl, Robert A., *Poliarchy : Participation and Opposition*(New Haven : Yale Univ. Press,1978) ; Sartori, Giovanni, *The Theory of Democracy Revisited: Part two*(N.J. : Chatham Mouse Publishers, Inc., 1987)등 참조.

17-18세기 민주주의로부터 현대 민주주의에 이르기까지 민주주의의 본질은 변할 수 없다고 본다. 1776년 전후한 미국의 독립혁명에서의 페트릭 헨리(Patrick Henry)의 '자유아니면 죽음을 달라(Give me liberty or death)'라는 절규로부터 우리는 이미 자유의 가치가 민주주의를 위한 시민혁명에서 매우 소중함을 인식하고 있는 것이다. 그러나 실제생활에서 양자의 개념은 엄밀하게 구분되어 사용하지 않고 병용되어 활용되고 있다. 이처럼 민주주의와 자유는 매우 밀접한 관계를 갖고 있으며 자유가 없는 민주주의는 상상하기 어렵게 되었다.

자유에 있어서도 소극적 자유(Freedom from)와 적극적 자유(Freedom to)로 구분하여 논쟁한다. 소극적 자유는 상대방의 권리를 침해하지 않으면서 외부의 억제로부터의 자유를 의미하며 적극적 자유는 경쟁성을 강조하면서 교육이나 여행과 같이 자신을 위해 무한히 추구할 수 있는 자유를 의미한다. 민주주의의 다른 가치중 하나인 평등에 대해서도 '과정 지향적(Process Orientation) 평등'과 '결과 지향적(results Orientation) 평등'으로 대별하여 논쟁한다.[64] 과정지향적 평등은 기본적으로 기회의 평등을 강조하며 정부는 공정한 과정을 조성해주는 것이고, 결과 지향적 평등은 모든 사람이 매우 다른 위치에서 경쟁을 하기 때문에 정부가 모든 사람에게 최대한 평등한 결과가 오도록 관여하는 것을 의미한다. 전자는 자유민주주의에서 후자는 사회민주주의에서 더 강조되는 경향이 있다. 어느 것이 보다 더 민주주의 가까운지에 대해서도 여전히 논쟁이 가능하다.[65]

인간에게서 자유, 평등, 박애, 관용, 양보, 인권, 행복이 없다면 그것은 인간답게 살 수 있는 사회는 아니라고 본다. 민주주의가 모든 인류에게 공통되게 바람직한 이념과 제도로 인정받는 것은 바로 그것이 이러한 인간의 속성과 본질을 가장 잘 담보해주는 이념이기 때문이다. 민주주의사회는 평화, 합의, 협력, 대화, 정의, 공정, 공개와 직결된다. 헌팅톤은 공개(open), 공정(fair), 자유(free)를 민주주의 기초로 설명한다.[66] 로버트 다알(R.Dahl)은 오래된 선진민주주의국가에서조차도 국민들이 민주적 제도와 체제에 대하여 신뢰를 점점 상실하고 있다는 조사가 있음에도 불구하고 민주주의에 대한 가치는 여전히 중요한 것으로 생각하고 있다고 민주주의 장래에 대한

64) *Ibid.* p.4.

65) *Ibid.* pp.6-10.

66) Samuel p. Huntington, *The Third Wave : Democratization in the Late Twentieth Century*(Norman and London : Univ. of Oklahoma Press, 1991), p.9.

패러독스한 점을 지적하고 있다.[67]

일반적으로 민주주의국가의 시민들은 민주적 정치체를 위한 대의제 선거에 참여하고, 광범위하게 표현의 자유, 토론의 자유, 염려의 자유, 그리고 정치적 행위와 요구를 위하여 타인과 조직을 결사하는 자유, 시민권에 대한 권리와 기회를 갖는다.[68] 민주주의에 대해서는 이미 규범적 논의와 경험적 논의, 진보적 시각과 보수적 시각, 이론과 실천, 이상주의와 현실주의 등 다양한 논의가 진행되고 있다.[69] 그리고 민주주의적 정당성이 누구에게 있고, 민주주의적 정당성은 어떻게 실현되며, 그리고 어디에 존재하는가 등의 논의가 지속되고 있다.[70]

그렇기 때문에 국가와 민주주의에는 엄연한 권위가 있어야한다. 이를 지키지 않으면 준엄한 법의심판을 받아야 한다. 이는 소수의 권력자들을 위한 권위주의와는 전혀 다른 것이다. 파이엘 벡(Katherine Fierlbeck)은 철학적 논의로 '해석적 민주주의(Interpreting democracy)', 인과관계의 논의로 '설명적 민주주의(Explaining democracy)', 그리고 정치적 논의로 '추구하는 민주주의(Pursuing democracy)'로 구별하여 설명하고 있다.

해석적 민주주의에서는 책임과 인권의 문제가 중요하게 언급되며 자유민주주의에 대한 논의에서 개인주의, 합리주의, 경제적 발전, 관용의 정신이 기초하고 있음을 지적한다. 설명적 민주주의에서는 시장의 문제와 시민사회의 문제로 접근하여 설명하고 있다. 그리고 추구하는 민주주의에서는 범세계적 차원에서의 민주주의에 대한 함의를 논의하고 있다.[71]

이 밖에도 제도적 민주주의, 제휴적 민주주의, 선거민주주의, 과정적 민주주의, 합의민주주의(Consensus Democracy), 기독교민주주의(Christian Democracy), 공중민주주의(Public Democracy), 대중민주주의(Mass Democracy), 완전민주주의(Complete Democracy), 협동적 민주주의(Cooperative Democracy), 기능적 민주주의(Functional Democracy), 대의민주주의(Parliamentary Democracy),

---

67) Robert A.Dahl, "A Democratic Paradox?", in *Political science Quarterly*, Vol.115, No.1(Spring 2000), pp.35-39.

68) *Ibid*, p.38.

69) Ricardo Blaug, *Democracy, Real and Ideal : Discourse Ethics and Radical Politics*(Albany : State Univ. of New York Press, 1999), pp.8-17.

70) *Ibid.*, pp.41-51.

71) Katherine Fierlbeck, *Globalizing democracy : Power, legitimacy and the interpretation of democratic ideas*(Manchester : Manchester Univ. Press, 1998). pp.13-26.

의법적 민주주의(Juridical Democracy)등이 있다.

2) 자본주의

군주주권론을 옹호했던 사회계약론자 토마스 홉스, 중국 진나라의 사상적 배경이 된 법가사상 창시자 한비자, 성악설을 주장했던 순자 모두가 인간의 이기적 본성을 전제로 전제군주의 강력한 통치를 역설했으나 애덤 스미스는 정부는 경제활동에 간섭하지 말고 각자 자신의 이기심에 충실하도록 자유방임하는 것이 공익을 실현하는 지름길이라고 하였다. 애덤스미스의 보이지 않는 손이란 시장을 국가의 간섭 없이 내버려두면 자연스레 수요와 공급이 균형을 이루고 적당한 선에서 가격이 결정돼 합리적이고 효율적인 경제 상태에서 자원의 효율적인 배분이 이뤄진다는 이론이다.[72] 그러나 1930년대 세계대공황으로 국가가 적당한 선에서 시장에 간섭해야한다는 존 메이너드 케인스의 이론이 대두돼 성공을 거두어 수정자본의시대로 접어들었다. 케인스는 대공황의 원인을 유효수요의 부족(실질적인 구매력의 부족)으로 보았기 때문에 가계의 소비향상을 위한 정부지출의 중요성을 강조하였다.[73] 한편, 세계는 이러한 민주주의의 그림자에 좌파의 민주주의인 공산주의정신을 설파하는 세력이 부상한다. 중국은 사회주의 혁명을 통해 사회주의국가가 된 이후 G77의 수장국으로 나서며 미국을 중심으로 하는 서구 자본주의국가 진영을 제 1세계, 소련을 중심으로 하는 공산주의 진영을 제 2세계, 그리고 어느 쪽에도 속하지 않는 비동맹, 후진개발도상국을 제3세계로 나누었다. 앞서 언급하였듯이 이념경쟁은 양 강대국을 중심으로 하는 두 줄 서기를 형성했고 비동맹이라는 한 줄을 더 만들었다. 그리고 이러한 이념경쟁 속에서 자본주의진영인 제1세계가 냉전에서 살아남아 현대세계에 지배적인 이념의 위치를 차지한다. 동시에 서구는 자본주의 발전과 민주주의가 밀접하게 연관되어 있음을 주장하고 혹은 동일한 것으로 파악하였다. 이 과정에서 서구 강대국들은 자생적 민주주의, 즉 민주주의의 고향으로써 세계 2차 대전의 신생독립국들에게 민주주의를 이식하였고 냉전붕괴 이후에도 여전히 민주주의를 이식하고 있다. 그리고 90년대 이후 동유럽의 사회주의 체제의 몰락을 자본주의와 민주주의를 동일시하는 주장의 최종적 증거로써 환영하였다.[74]

---

72) 「한겨레신문」, 2009.3.23.

73) 상게논문.

하지만 좌파의 사회주의가 지지받았던 이유가 되는 서구사회의 식민지 정책은 제3세계국가들에서 민주주의가 확산되는데 반작용으로 나타났다. 민주주의국가들의 비민주적인 식민지 탈취, 억압, 종속적인 정책들로 인해 좌파와 공산주의가 환영받았으며 서구 선진국의 수준만큼 민주주의를 끌어올리기 위해서는 민주주의와 밀접한 관련이 있는 경제적인 측면에서의 발전이 필요요소로써 종속이론과 같은 제3세계이론들이 주목받기 시작한다. 이는 제3세계의 민주주의를 서구의 잣대로, 절대적인 기준으로써 평가하는 것에 의문을 품게 하였다. 또한 로버트 달은 조건이 갖추어 진다면 언제라도 민주주의는 독립적으로 출현하며 또 출현될 수 있다고 보았듯이[75] 제3세계국가의 역사적 내용상 민주화의 태동 요소들이 전무하다고 볼 수 없다. 한국사회의 경우도 동학운동과 같은 시민민주주의의 태동이 있었고 향 후 역사적 발전과정에서 민주주의가 발현되었을 수 도 있다. 이에 지금까지 살펴본 점들에 미루어 우리는 민주주의가 발전하는 과정을 기존 절대적인 기준만으로 제3세계의 민주주의를 볼 것인지 아니면 재평가할 부분이 있는지 그리고 서구의 민주주의제도는 어떠한 수준인지, 유럽선진국과 아시아권의 몇몇 나라를 통해 좀 더 연구되어야 한다.

민주주의를 정치적 측면, 제도적 측면으로 이해하고 다른 한 축은 경제적 측면에서 자본주의와 같은 쌍을 이룰 수 있는가 하는 문제가 남는다. 물론 자본주의적 요소와 민주주의요소가 맞는 부분도 있고, 맞지 않는 부분도 있어서 민주적 자본주의(Democratic Capitalism)라고 강조하여 표현하기도 한다. 자본주의 4대정신은 사유재산(Private Ownership), 자유경쟁, 이윤추구, 그리고 합리적 경영이라고 보면 민주주의이념과 상당부분 일치된다고 본다. 민주주의의 기본원칙중 하나인 천부인권사상을 본다면 인간의 존엄성, 행복추구권, 생명의 존귀성 등 정신적 측면이 강조된다. 그러나 인간은 물질이 없다면 행복할 수도 없고 생명을 존속시킬 수도 없다. 더욱이 노동할 에너지도 공급받을 수 없다. 경제적 행위로 얻게 되는 물질은 곧바로 노동의 대가이고 이는 바로 한인간의 에너지, 아이디어, 시간 등 모든 것을 투자한 결과이다.

---

74) 뤼시마이어 외, 『자본주의 발전과 민주주의-민주주의의 비교역사 연구』, (서울 : 나남출판, 1997), p.21.

75) Robert Dahl, 김왕식 외 역, 『민주주의』, (서울 : 박영사, 2004). p.26

〈표 2-3〉 사회 · 경제적 변화 압력 : 네 가지 영향력

1. 인구학적 변동	노령화, 이혼률, 저출산, 혼외출산
2. 경제의 세계화	생산비가 낮을 곳으로의 자본의 이동, 보상 수준이 높은 곳으로의 노동의 이동
3. 예상하지 못한 효과에 대한 지식	근로동기 저하, 의존의 덫(Dependency Traps)
4. 자본주의에 대한 신념	시장경제에 대한 신뢰 증가, 민영화

〈자료〉 닐 길버트 · 폴 테렐, 남찬섭 · 유태균 옮김, 『사회복지정책론』 (서울: 도서출판 나눔의 집, 2007), p.462.

어떤 어머니가 자식을 키우기 위해서 열심히 20년을 일하여 1억을 저축했다고 가정하자. 그런데 이 1억을 도둑맞았다고 한다면 그래서 어머니가 쇼크로 사망했다고 한다면 이 1억의 가치는 어머니의 고귀한 생명이고 어머니의 전 생애 그 자체라고 본다. 따라서 자본주의에서는 개의 재산은 반드시 존중해주는 사적소유권을 기본 원칙으로 하고 있다. 이는 민주주의의 천부인권사상과 맥을 같이한다고 볼 수 있다. 또한 자유경쟁의 원리도 민주주의의 기본원칙인 자유권보장과 맥을 같이 한다.[76] 각자 이 세상에 태어날 때 모든 인간은 저마다의 달란트와 재질을 유전적으로 갖고 태어난다. 복제인간이라면 몰라도 이것마저도 평등으로 만들 재간은 없다. 그렇다면 최소한 인위적 평등보다는 경쟁을 위한 기회균등과 공정한 관리만 갖추어진다면 누구나 자유롭게 창의적인 아이디어로 자기의 재산과 물질을 증대시킬 수 있다고 본다. 다만 어린이, 노인, 장애인들에 대한 기본적인 공정한 경쟁이 보장되지 않는 부류에 대해서는 국가가 배분의 정책을 통하여 당연히 지원과 보완을 해주어야할 것이다. 이것이 바로 행복추구권에 대한 복지적 지원이라고 할 것이다. 그래서 민주주의가 발전된 북구형 국가들은 복지국가로서 모델을 보여주고 있다. 이윤추구도 정당한 방법에 의하여 놀라운 창의성에 의하여 얻게 된다면 그리고 일정한 이윤외에는 사회적 환원을 할 줄만 안다면 빌게이츠와 같은 부자도 대접을 받는다고 본다. 합리적 경영과 심의민주주의를 통하여 노사간의 문제를 원만히 대화로 해결하고 복지부문을 확대하고 환경을 보존하고 쾌적한 공간을 조성하고 문화사업부문에 투자한다면 이는 기업이나 지본주의가 천민자본주의로 전락하지 않고 바람직한 방향으로 발전해갈 수 있다고 본다. 다만 자본주의에도 단점이 지적된다. 빈부의 격차, 물질만능주의(Fetishism), 인간의 물질종속화 등이 그것이다.

76) 안성호, 전게서, pp.95-96.

3. 좌파적 시각

이 시각은 사유재산제는 마땅히 폐지해야한다, 이혼법을 마땅히 개선해야하고, 우리들은 우리나라의 주권의 일부를 포기해 버려야하며, 낙태금지법을 폐지하라, 법률은 유산자를 주로 보호하며, 애국심이란 평화를 해치는 힘이다 등과 같은 것이다.

아이젠크(H.J.Eysenck)는 일찍이 윌리엄 제임스(W.James)의 인간기질을 설명하는 유순한 마음(tender-mindedness)과 강지한 마음(tough-mindedness)을 사용한다.

첫째, 유순한 마음은 합리주의적이고, 주직적, 관념적, 낙관적, 종교적, 자유의지적, 독단적인 경향이 강하다. 윤리적, 도학자적, 초아적, 이타적인 가치에 의해서 지배된다. 내향적 성격은 유순한 마음을 낳는다.

둘째, 강직한 마음은 경험주의적이고, 감각적, 유물적, 비관적, 비종교적, 숙명론적, 회의적인 경향이 강하다. 현실적, 세속적, 이기적인 가치에 의해서 지배되는 경향이 크다. 외향적 성격은 사회적 규범을 거부하고 본능적인 생명의 직접적 표현을 희구한다.

강직한 마음과 유순한 마음의 대립은 그 사람의 사회화의 정도의 차이에서 유래된다고 볼 수 있다. 유년기와 소년기로부터 각 개인의 격렬한 욕구가 사회적인 금지나 제도에 의해서 억압됨으로써 마음속의 갈등이 성격을 형성하는 기본적인 요인으로 된다.

첫째, 내향적 성격은 윤리적, 종교적 교육에 의한 훈육이 장기간에 걸쳐 철저하게 이루어지므로 이런 경우에는 유순한 마음을 낳는다. 유순한 마음은 제도, 전통, 관습, 각종 규칙에 대해서 유화적인 태도와 더불어 동조적인 질서감각을 갖는다.

둘째, 강인한 마음은 훈육과 학습이 불충분한 경우에 생겨지기 쉬운 것으로 상황에 따라서 행동이 좌우되는 이른바 상황적인 인간을 낳는다. 아이젠크(H.J.Eysenck)에 의하면 공산주의자는 강직한 마음의 급진주의적 이념의 보유자이고 파시스트는 강직한 마음의 보수주의 적 이념의 보유자이다. 사회주의자와 보수주의자는 유별나게 강직한 마음을 가진 자도 아니고 특별히 유순한 마음을 가진 자도 아니다. 자유주의자는 이념적으로는 급진주의와 보수주의의 중간에 있으나 가장 유순한 마음에 속한다.[77]

---

77) H.J.Eysenck, The Psychology of Politics(London : Routledge & kegan Paul, 1954), p.131.

1) 공산주의

여기서 우리는 공산주의에 대해서 이해할 필요가 있다. 어원에 있어서는 공산주의는 참으로 좋은 의미를 갖고 있다. 라틴어의 Commus - (공동의)에서 유래하는 것이다. 그러니까 공산주의 = 공동주의 = 공유주의가 한뜻이다. 모두 함께 생산하고 함께 공유하고 함께 소비하는 공동체적인 이상적인 의미를 갖고 있다. 여기까지는 공산주의는 단순히 집단주의와 일맥상통한다. 현실속에서의 공산주의와 마르크스가 이상적으로 언급한 계급없는 사회로서의 공산주의는 전혀 다른 것이다.[78)]

마르크스는 생산관계가 사회의 경제구조(하부구조)를 형성하고 그위에 법률적 및 정치적 제도와 사회의식형태(상부구조)가 조성되는 것으로 보고 이와 같은 상부구조와 하부구조의 전체를 사회구성체로 부르고 있다. 마르크스는 유물론의 입장에서 일원적으로 정치체제 등과 같은 상부구조를 사회의 경제구조로서의 하부구조와의 관련에서 파악하려는 것이다. 그러나 하부구조를 중심으로 한 경제구조로부터 일원적인 자본주의적 정치체제라든가, 사회주의적 정치체제라고 구분하여 규정을 해도 오늘날의 다양한 정치체제의 특질이나 내부의 복잡한 정치과정을 이해하는 데는 완전한 규정이라고는 볼 수 없는 것이다.

공산주의단계에 도달하면 모두다 프로레타리아계급만 남게되어 계급은 소멸하고 자본주의나, 사회주의에서와 같은 계급적 착취관계에 의한 국가는 필요 없어지고 국가는 소멸하며 자치체(Commune)만 남게 된다는 것이다. 여기서 모든 사람은 착취–피착취도 사라지고 지배-피지배 관계도 사라지는 진정한 의미의 인간해방을 성취하며 필요에 따른 분배를 받게 되는 낙원이 만들어 진다는 것이다. 그러나 문제는 현실적으로 이를 도달하기 위해서는 개인주의적인 정신을 포기하고 개인의 자유를 포기하고 개인의 소유를 포기해야하는 등 구체적인 실천을 하는 과정에서 문제가 발생하는 것이다. 과연 이것이 당이나 개인에 의해 무력으로 강제적으로 될 수 있는 것일까. 그것을 강제적으로 실천한 것이 소련, 쿠바, 중국, 북한 등의 공산화인 것이다. 그러니까 공산주의는 마르크스가 어원적으로 의미했던 실현불가능한 파라다이스적인 공산주의와 폭력혁명에 의해서 구소련이나 북한 등에서 현실적으로 존재하는 전체주의적인 공산주의의 전혀 다른 두 가지의 공산주의가 있는 것이다. 현실적으로 시장을 매개로한 경제질서의 형성을 거부하고

---

78) 안성호, 전게서, pp.98-99.

일체를 정부의 강력한 중앙집권적 계획에 의존한다면 공산주의정치에 있어서 강제적 권력발동의 계기는 무한히 증대될 수밖에 없을 것이다.[79)]

이러한 전체주의적인 속성으로 인하여 자본주의체제에서의 교과서에는 공산주의는 반민주적인 것과 동일시되어 왔다. 그러나 민주주의와 공산주의와는 상대적인 개념이 아니고 민주주의와 전체주의가 상대적인 개념이라고 할 것이다. 공산주의는 자본주의와 대립되는 경제적 생산양식의 한 개념인 것이다. 그러나 1989년 이전의 공산주의국가였던 구소련이 행하여온 것을 보면 공산주의는 반민주적이고 전체주의적인 것과 통일시 할 만한 특징을 갖고 있었다.

2) 사회주의

의미상으로 보면 사회주의는 공산주의보다 더욱 포괄적인 의미로 사용되고 있다. 즉 자본주의에 대립되는 개념으로 본다면 사회주의는 공적소유(Public Ownership)를 강조하는 생산양식을 의미하기 때문이다. 자본주의의 장단점이 있듯이 사회주의에도 장단점이 있는 것이다. 공적소유를 기초로 하는 평등을 강조하는 사회주의는 마르크스에 의하면 자본주의를 계급혁명에 의해 타도한 후 만들어진다는 점에 있다. 사회주의는 평등주의확대, 경제의 계획화, 기업의 국유화를 강조한다.[80)]

그러나 사실상 사회주의적인 경제방식을 채택하는 서구의 국가들이 계급혁명을 통해서 사회주의적인 생산양식을 가미한 국가는 한나라도 없다. 이점에 있어 사회주의는 마르크스레닌주의에 의해서 많은 부분 훼손되었다고 할 수 있다. 마르크스에 의하면 사회주의단계는 자본주의단계에서 노동자에 대한 착취를 위하여 부르조아독재가 행하여지듯이 프로레타리아계급독재가 행하여진다고 하였다. 자본주의단계에서는 부르조아독재를 은폐하고 이를 도와주기위해서 국가가 도구로 전락하지만 사회주의단계에서는 자본주의적 잔재를 청산하기위해서 국가가 존재한다는 것이다. 대규모 공장제에 의하여 능력에 따른 분배가 가능하고 풍부한 생산량이 축적되어지면 저절로 공산주의단계로 진행된다는 것이다. 적어도 인간생활에서 부의 불평등이 만족스럽게 해결되지 않는 한 사회주의의 이념은 좀처럼 사라지지 않을 것이다.

---

79) 상게서.

80) 상게서, p.100.

3) 사회민주주의(Social Democracy)

마르크스레닌주의에 충실한 입장을 공산주의라고 한다면 이러한 공산주의 이외의 사회주의는 사회민주주의로 불리우게 된다. 사실상 사회주의는 자본주의의 문제점을 지적함으로써 오히려 자본주의의 내적 문제점들이 잘 치료하고 보완해 나갈 수 있도록 해주었다고 본다. 빈부격차, 복지문제, 평등성 문제 등 자본주의의 불완전성을 보완하기 위해 국가가 사회보장제도를 마련하였고 정치적으로는 노동자중심의 좌파정당의 활동도 허용하였다. 그리고 마르크스 레닌주의적 사회주의와는 달리 의회주의, 참여민주주의, 경제민주주의, 프로레타리아혁명 포기, 점진적 개혁, 사회복지 등을 강조하는 사회민주주의(Social Democracy)가 다양하게 존재하고 있다. 1890년대 말부터 1900 초 마르크스레닌주의와는 달리 덴마크, 스웨덴, 노르웨이 등 스칸디나비아 3국 중심의 북구국가의 사회민주주의가 점차 복지지향적 평화주의적 사회주의운동이 지지를 얻었다. 1930년대에서 90년대에 이르기까지 복지와 평등이 자유와 함께 적절하게 유지되어오면서 노동자의 인권, 권익, 참여가 최대한 반영되었다. 보통선거제도가 확장된다는 것은 노동자가 선거에 참여하여 그들의 권익을 합법적으로 의회에서 관철시킬 수 있음을 의미한다. 복수정당제, 다당제도의 보장으로 노동자중심의 좌파정당이 집권할 수 있는 기회가 확대되었다. 노동자들은 마르크스가 장한 것처럼 혁명을 하지 않아도 얼마든지 의회에서 노동자를 위한 입법활동을 평화적으로 할 수 있게 된 것이다.

최근 제3의 길을 강조한 블레어, 슈뢰더, 죠스펭 등은 지나친 복지가 오히려 국가경쟁력을 약화시킨다는 명분아래 세계화전략과의 좀 더 절충을 위한 정책을 강조하였다. 이들은 이제 이념적인 좌우의 한축만을 강좌는 것이 아니고 계급의 조화와 협력을 강조한다. 그래서 보수쪽과 우파의 논리도 정책에 참고하는 것이다. 이는 최소국가론과 최대국가론의 조화도 포함된다. 과거 철저한 신보수주의인 대처리즘, 레이거노믹스의 지나친 국가의 개입을 방지하고 반대로 재정적자와 복지국가위기로 인하여 작고 효율적인 정부로 되돌아가려는 노력이라고 할 것이다. 물론 시장에 대한 국가개입을 반대하는 신우익(New Right)세력도 있으나 시장이나 경제영역 또한 국가영역내에서 존재하고 적응해야한다는 논리에서 본다면 국가와 시장의 완전한 불리는 어렵다고 본다. 한때 자본주의의 병폐문제를 언급한 네오마르크스주의도 자본주의가 건전하게 발전하는데 많은 기여를 하였다. 그람시, 루카치, 마르쿠제, 에릭 프롬, 호르크하이머, 하버마스, 데이비드 리즈만 등은 사회주의와 자본주의의 장점을 휴매니즘과 함께 정리해준 학자들이다.[81] 라오스,

캄보디아, 베트남, 쿠바, 북한 등 제3세계권에서의 공산주의는 여전히 가난한 나라에서 공산주의의 달콤한 구호가 먹혀 들어감을 알 수 있다. 리즈만은 『고독한 군중』 속에서 타인지향적성격(other-Oriented Character)이 현대인의 불안한 심리를 반영하는 성격으로 분석하였다[82]. 경제적 논리나 좌파적 시각에 의한 민주주의는 경제적 민주주의(Economic Democracy), 산업민주주의(Industrial Democracy), 주식소유민주주의(Share-owning Democracy), 집산주의적 민주주의(Collectivist Democracy), 조직민주주의(Organization Democracy), 지주민주주의(Landlord Democracy), 소비에트민주주의(Soviet Democracy), 진보적 민주주의(Progressive Democracy), 부르조아민주주의(Bourgeois democracy), 프롤레타리아 민주주의(Proletarian Democracy), 일당민주주의(One-Party Democracy) 등이 있다.[83]

4. 민주주의와 반민주주의

1) 개인주의와 집산주의

자본주의와 민주주의가 한 쌍이 될 수 있는 논리는 아마도 개인주의(individualism)라는 공통점을 갖고 있다고 본다. 개인주의는 이기주의(egoism)와는 다르다. 개인주의는 나의 생명이 존귀하듯이 타인의 생명도 존귀함을 인정해주는 것이다. 나의 행복이 소중하듯이 타인의 행복이 소중함을 인정하는 것이다. 즉 개인주의는 일방적인 것이 아니라 상호존중의 정신이기본 바탕을 이루고 있다.[84] 반면에 이기주의는 상호존중이 아니라 언제나 내 자신만을 소중하게 생각한다. 이기적인 삶에는 양보, 타협과 아량이 존재할 수 없다. 천부인권사상의 개인적 가치를 자본주의에서도 중요시하는 것이다. 이러한 점에서 민주주의와 자본주의는 개인주의를 기초로 한다는 점에서 한 쌍을 이룰 수 있다고 본다.

개인주의에 상대되는 것은 집단주의다. 물론 개인이 먼저냐 사회가 먼저

---

81) 안성호, 전게서, 97-98; Robert A., Gorman, *Neo-Maxism : The meanings of Modern Radicalism*(Connecticut : Greenwood Press, 1982) ; G.Esping-Andersen, *Politics Markets : The Social Democratic Road to Power*(Princeton Univ. Press, 1985) 참조.

82) David Riesman, *The Lonely Crowd*(1956)

83) 안성호, 전게서, p.113-114.

84) 안성호, 전게서, p.97.

냐의 논의가 잇을 수 있다. 그러나 민주주의정신에서는 개인이 우선이라고 할 수 있다. 개인주의가 항상 옳다고 해도 인간은 홀로 존재할 수 없고 공동체적인 삶을 향유하고 서로 의지하면서 살게 마련이다. 이점에 있어 개인주의와 집단주의는 좋고 나쁨의 문제가 아니다. 집단주의는 선의의 의미로 본다면 서로 힘을 합하고 협력하는 공동체주의이다. 공동체주의는 더불어 함께 산다는 민주주의와도 일맥상통한다. 문제는 집단주의가 공동체 삶의 방식에서 좋은 점만 부각되는 것이 아니고 때때로 집단이기주의, 그리고 전체주의적인 으로 변질되거나 착각하도록 하는 것이 문제이다. 이점에 있어 집단주의는 전체주의로 전락할 위험을 갖고 있다. 개인보다는 국가가, 개인보다는 민족이, 개인보다는 전체가, 개인보다는 집단이, 개인보다는 이념이, 개인보다는 독재자가, 개인보다는 종교가 더욱 중요한 가치로 인정받게 되면 인간의 자유와 존귀성은 그들 앞에서 의미가 상실된다. 이것이 극단적으로 출현한 것이 바로 극우적인 나치즘(Nazism)과 파시즘(Fascism)이고 극좌적인 마르크스레닌주의(Marxism-Leninism), 스탈린주의(Stalinism), 김일성이즘(Kimilsungism) 등 이다. 이들은 각각 민족, 계급, 이념을 내세워 개인의 자유와 생명과 창의성을 억압하고 심지여는 반동으로 몰아 테러, 살인, 집단학살을 감행하였다. 구소련에서의 공산주의혁명기간(1917-1953)중 3,000천만 명, 2차 대전 중 나치즘에 의한 유태인 학살이 600만 명 등 가공할 만행을 자행했다.[85]

2) 반민주주의와 독재정치

민주주의와 제 이념과 관련하여 설명하면 보다 더 민주주의에 대한 이해가 선명해진다. 기본적으로 다수의 지배로 이해되는 민주주의에 대한 반대는 소수의 지배로 결국 반민주주의라고 말할 수 있다. 역사적으로 볼 때 반민주주의적인 정치제도는 무수히 많이 있다. 예컨대 참주정치(Tyranny), 과두지배체제(Oligarchy), 전제정치(Despotism), 황제정치(Tzarism), 절대왕권(Absolutism), 왕권정치(Kingdom), 군주정치(Monarchy), 군사정권(Militarism), 전체주의(Totalitarianism), 독재정치(Autocracy : Dictatorship) 등이 있다.

의사민주체계 에는 준민주정치(semidemocracy) 및 사르토리 용어로서 상대적으로 제도화된 집권당이 매체를 통제하고 합법적인 야당에게 공정하고 확실한 권력경쟁의 기회를 사실상 부정하는 패권정당체계(고전적 예로 1988

---

85) 상게서, pp.97-98.

년까지 멕시코), 세네갈, 싱가포르 분만 아니라 패권정당 정권을 넘어 집권당의 비민주적 지배가 약화되어(케냐) 경쟁적이 되거나, 고도로 의인화되고 빈약하게 제도화되든가(카자흐스탄) 더 경쟁적 체계로 분해되는 과정에서다당선거체계의 경우도 포함된다.[86] 멕시코 PRI당(실용주의적 패권정당제), 폴란드(이념지향적 패권정당제), 인도의 국민회의파, 이집트의 낫셀당, 인도네시아 수카르노의 당, 브라질 페론당 등이며, 그리고 유신체제하에서의 공화당, 전두환정권하에서의 민주정의당 등이 해당된다. 민주적 정당정치를 기대하기 어렵다. 또한 부동층유권자의 증가에 대한 대안이 필요하다.[87]

중앙독점현상과 민주주의의 왜곡된 현상으로 과기본적으로 다수의 지배로 이해되는 민주주의에 대한 반대는 소수의 지배로 결국 반민주주의라고 말할 수 있다. 기본적으로 다수의 지배로 이해되는 민주주의에 대한 반대는 소수의 지배로 결국 반민주주의라고 말할 수 있다. 이처럼 역사적으로 볼 때 반민주주의적인 정치제도는 무수히 많이 있다. 참주정치(Tyranny), 과두지배체제(Oligarchy), 전제정치(Despotism), 황제정치(Tzarism), 절대왕권(Absolutism), 왕권정치(Kingdom), 군주정치(Monarchy), 군사정권(Militarism), 권위주의(Authoritarianism), 전체주의(Totalitarianism), 독재정치(Autocracy : Dictatorship) 등이 있다. 〈표 2-4〉에서 보듯이 권력주조형태에서조차도 정상적이지 않고 겉으로는 민주적인 것처럼 보였지만 왜곡된 소수 권력집중을 가능케하는 형태로 변형되곤 하였다. 일원적국가관은 민주주의의 적이다. 근대국가출현이후 절대왕권을 옹호한 홉스(T.Hobbes)와 존 보당(Jean Bodin)의 군주주권론은 일원적 국가관의 대표적이다. 헤겔의 국가론도 절대정신을 국가로 상징하여 일원적 국가론을 피력하였고 그린(T.H.Green)도 국가의 윤리성을 강조하여 이상주의적 국가론을 강조하였다. 이러한 일원적국가관은 국가지상주의와 전체주의로 확산되어 나치즘, 파시즘, 공산주의국가 등의 획일적이고 개인의 자유를 유린하고 억압하는 대표적인 일원적국기관의 전형을 보여주었다. 의회제와 대통령제는 권력이 어느 일방에 집중되면서 그에 따른 역기능이 노정되었다. 대표적으로 의회제를 채택하고 있던 프랑스 와 독일에서 특히 정권과 정치의 불안정이 이어졌다. 이를 극복하고자 시도한 것이 프랑스였다. 프랑스는 1958년 개헌을 통해 의회제

86) 최한수, 『대통령 수상 준대통령』(서울 : 인간사랑, 2007), pp.56-57 : Larry Diamond, *Developing Democracy : toward Consolidation*(Baltimore : The John Hopkins University Press,1999), pp.15-16.

87) 이정진, "한국의 선거와 세대갈등 : 제16대 대통령 선거과정분석," 비교민주주의학회, 『비교민주주의연구』, 제3집 1호(2007.6), p.79.

와 대통령제를 접목한 새로운 권력구조의 시험에 들어갔다. 이를 두고 혼합제 또는 준대통령제로 부른다. 프랑스에서 시작된 준대통령제는 권력이 의회나 정부 어느 쪽에 집중되는 것을 피하려 한다는 점에서 20세기 이후에 탄생한 국가들의 여러 복잡한 국내 정치세력들 간에 선호될 수 있는 대상이었다.88)

〈표 2-4〉 권력구조형태분류

<table>
<tr><th colspan="2" rowspan="2">항 목</th><th colspan="2">민주적 정통성(democratic legitimacy)</th></tr>
<tr><th>일일원적(unitary)</th><th>이원적(dual)</th></tr>
<tr><td rowspan="2">국가수반과 행정수반(head of state & head of government)</td><td>일원적 (unitary)</td><td>일원정부제 (unitary executive system)</td><td>대통령제 (presidential system)</td></tr>
<tr><td>이원적 (dual)</td><td>의원내각제 (parlimentary cabinet system)</td><td>이원집정부제 (dual executive system)</td></tr>
</table>

〈자료〉 진영재, 최선, "한국적 구너력구조의 기원적 형태 : 대한민국임시정부 : 1919-1945년의 헌법개정과 권력구조 변천사분석," 한국정치학회, 『한국정치학회보』, 43집2호(2009. 여름), p.31.

(1) 독재정치

독재정치의 하나로 입헌독재체계는 보완장치로써의 대안적 정치체로써 스스로를 민주정치체계로 위장하는 것이 아니라 명시적이고 공개적으로 독재체계를 표방하면서 국민들이 자발적으로 수용하며 다른 독재체계와 달리 입헌독재로 부른다.89)

또한, 권위주의독재정권의 하나로 준 독재개념이 있다. 여기에는 권위주의적 민족주의, 종교적 독재, 과두독재, 공동독재, 인민독재 등이 있다. 그리고 관료적 권위주의, 군부정권, 1당제정권 등도 권위주의 독재정군에 해당된다. 전체주의독재 등이 있다.90)

일반적으로 전체주의의 지배양식은 독재정을 채택하는 것이 보통이다. 독재는 정치적 위기에 있어서 대중의 지지하에 조직되는 합헌법적 또는 초헌법적인 과감한 권력행사를 말한다. 독재(獨裁)는 권력의 집중에 의한 지배이고 전제(專制)는 단독자의 지배를 의미한다.91) 전제는 강제적 권력의 계속적이고

88) 최한수, 『대통령 수상 준대통령』(서울 : 인간사랑, 2007), p.94.

89) 상게서, pp.46-47.

90) 상게서, pp.58-82.

91) 안성호, 전게서, pp.92-93; H.Lasswell and Kaplan, *Power and Society*(N.Y.:

자의적인 행사로 나타난다. 전제는 반드시 권력의 집중을 동반하기 때문에 언제나 독재이지만 독재는 반드시 한사람의 수중에 권력이 집중되는 것만은 아니므로 반드시 전제로 되는 것은 아니다. 독재는 정치적 위기에 있어서의 긴급성, 대중의 지지의 조직화를 한다는 점에서 전제정치와는 다르다.

독재정치하에서는 일체의 정치적 자유는 철저하게 부정된다. 지도자와 대중과의 일체감의 조성, 정치적 적대자에 대한 철저한 공격, 사명감의 고취 등의 구조를 가진다.

첫째, 위임독재는 현행헌법의 존립이 매우 위태로울 경우에 그것을 실질적으로 옹호하기위하여 헌법의 규정에 따라서 형식적 효력을 일시적으로 또는 부분적 내지 전면적으로 정지시키는 현상유지적인 독재이다.

둘째, 주권독재는 체제적 위기에 임하여 헌법을 의식적으로 무시 내지 부정하여 새로운 체제의 수립을 지향하면서 정치통합을 재편, 강화하는 독재이다. 혁명적 주권독재는 구헌법을 폐기하고 신헌법을 제정한다는 점에서 헌법제정적 독재라고 한다.

셋째, 질서독재는 반혁명독재라고도 하며 파시스트독재가 그 예이다. 현존체제를 수호하기위하여 주로 혁명운동의 탄압을 목적으로 하는 독재이다.

넷째, 혁명독재는 새로운 사회체제를 창립하기 위한 독재이다. 프랑스혁명이나 러시아혁명에서 보여지는 독재로 주권적 독재의 경우가 보통이다.

(2) 전체주의

전체주의는 부분에 대한 전체의 선행성과 우월성을 주장하는 이념이다. 전체주의는 일반대중의 뒤떨어진 관념형태가 권력자에 의해서 이용당함으로써 성립된다. 일반대중의 정치적 중립성과 피조작성을 최대한 활용하여 정권을 장악한 나치즘, 파시즘, 군국주의, 스탈린이즘 등이 좋은 예이다. 전체주의적 권력은 거짓을 진리로 마하고 억압을 자유로 주장하고 증오를 사랑이라고 주장한다. 현대의 메스컴, 인터넷, 영화, 신문, 잡지 등은 전체주의통치의 중요한 기반이 된다. 전체주의적 독재는 관세이념 구축, 독재자에의한 단일대중정당, 폭력적 경찰통제제도, 매스컴 독점, 군사력 독점, 비밀경찰강화, 경제의 중앙집권적 통제 등을 구축한다.[92)]

---

free Press, 1957), p.224.

92) 안성호, 전게서, p.92 ; Carl J. Friedrich and Zbigniew K. Brzezinski, *Totalitarian Dictatorship and Autocracy*(N.Y. : Frederick A. Praeger, 1964), pp.9-10.

(3) 파시즘

파시즘을 보수적 극우정당 또는 군부와 관료 중의 반동분자에 의한 정치적 독재라고 본다.[93] 파시즘은 일당독재체제의 수립을 필연적인 속성으로 하고 있기 때문에 입헌주의와 의회주의를 부인한다. 이 경우 민주주의와 자유라는 새로운 옷으로 단장하고 등장하는 파시즘형태의 발전가능성을 과소평가할 위험이 있다. 다른 한편 독점자본의 지배체제로 보는 경우인데 주로 사회주의자들에 의해서 해석된다. 일체의 부르조아 반동에 대하여 무차별하게 파시즘이라고 하는 오류를 범할 수 있다. 파시즘이란 의사의 자율성과 행위의 자기결정성을 근본으로 하는 민주주의원리를 부인하는 전체주의적 지배형태의 하나이다. 파시즘은 자본주의위기상황이나, 전후의 불안한 사회혼란기, 대량적 실업과 만성적인 농업공항상황, 기존정당이나 의회의 부정부패와 무능력 등 의 극도의 혼란상황에서 반체제적인 성격을 띄며 등장하는 경우가 많다. 결국 독접자본에 봉사하는 독재로 떨어지게 된 것이다.[94] 파시즘은 의회정치반대, 일당독재체제수립, 국수주의강조, 국가지상주의, 계급투쟁배격, 군비확장과 침략전쟁, 대중에 대한 정치조작, 전체주의적 세계관수립 등이 특징이다.

파시즘은 첫째, 준비기에는 혁명적 위기와 대외적 위기의 존재, 우파사회민주주의자에 의한 혁명의 좌절과 일반대중의 환멸이라는 정세 등을 배경으로 소파시스트단체가 속출한다. 둘째, 성숙기에는 경제공황에 의하여 소부르조아의 몰락과 침략전쟁의 개시 등을 배경으로 국내혁신을 위한 쿠데타의 음모가 행해진다. 셋째, 완성기에는 반파시즘의 통일전선이 미약한 틈을 타서 군부파시스트를 중심으로 반동적인 관료와 부르조아정당과의 연합이 이루어져 파시스트가 권력을 장악한다. 나치즘의 유태인 학살처럼 파시즘은 다양한 공존과 경쟁을 배제하는 방법으로 적을 만들어 대중의 불만을 적을 공격하는데 집중케한다. 파시즘이 지도자를 신과

---

93) 안성호, 전게서, pp.93-94; Ebenstein, William and Fogelman, Edwin, *Today's Ism*(Prentice-Hall, 1985). 파시즘(Fascism)은 1919년 3월 밀라노시 이탈리아 전투단(Fasci Italiani di Combattimento)이라는 정치단체를 만든 무솔리니가 그의 운동을 파시스모(Fascismo)라고 부른데서 시작된다. 파쇼(Fascio)라는 말은 이탈리아어로 결속을 의미하며 단체 또는 동맹이라는 의미로 사용되었다. 1890년대초 시실리섬에서 노동자와 빈농의 조직인 Fasci Sicilian이라는 명칭이 사용되었다. 파시즘이라는 어원으로 일반적인 파시즘의 뜻을 알 수 없고 다양한 설명이 존재하고 있다.

94) 안성호, 전게서, pp.92-95.

같은 존재로 숭배하고 온갖 선전을 다해도 이는 공포정치이고, 광기의 정치이고, 독재정치이고 전체주의적 속박인 것이다. 주권자들이 자유로부터의 도피의 태도는 파시즘발상의 근원이 된다.[95] 주권자의 주권의식과 권리를 위한 투쟁을 항상 전개한다면 파쇼적 지배나 정치운동은 방지될 것이다.[96]

---

95) Erich Fromm, Escape From *Freedom*(London : Routledge & Kegan Paul, Ltd., 1955) ; E.Fromm, *The Sane Society*(N.Y. : Holt, Rinehart & Winston, 1976) 참조.

96) 안성호, 전게서, pp.92-97.

제 3 장

민주화와 민주주의

제1절 권위주의로 부터의 민주화

역사적으로 볼 때 현재까지 3차례에 걸친 민주화혁명이 있었다. 제1차 민주화혁명은 17-8세기 탈절대왕권(De-Absolutism)으로 절대왕권체제에서 시민사회로, 제2차 민주화혁명은 19세기 초 중남미지역에서의 제국주의 식민지로부터의 독립혁명이후, 1945년 세계 2차 대전이후 아시아권에서, 그리고 1960년대 이후 아프리카지역에서의 제국주의로부터의 독립이후 민주화운동 등 소위 제3세계권에서 발생한 독재정권, 군사정권 등 권위주의 체제에서 민주주의체제로의 이행인 탈권위주의(De-Authoritarianism)을 말한다. 제3차 민주화혁명은 1989년 구소련과 동구권을 중심으로한 전체주의적 공산주의체제에서 벗어난 탈전체주의(De-Totalitarianism)체제에서 민주주의체제로 이행한 변혁 등이 그것이다. 특히 구소련은 15개 국가로 분리 독립했고 유고연방도 5개 국가로 분리 독립했으며, 동독은 독일로 흡수 통일되었다. 이 과정에서 전체주의적 공산주의체제하에서 계급논리 의하여 억눌렸던 소수민족들이 민족국가로 독립하였다. 그러나 민주화혁명은 끝난 것이 아니고 민주화진행은 여전히 계속되고 있다.

민주화는 개혁(Reform), 혁명(Revolution), 변혁(Refolution = Reform + Revolution)등으로 실천되고 있다. 특히 혁명적인 변화 이면서도 동시에 개혁적인 성격을 지속적으로 갖고 있는 정치변화를 경험한 동구사회주의권 붕괴를 특히 변혁이라는 말로 설명하고 있다.

앞 장에서 본 바와 같이 민주주의는 인간의 존엄성, 상호존중의 정신, 삼권분립, 법의 공정한 적용, 법 앞에서의 평등, 공정한 선거, 의회정치, 시민사회의 자율성 증대, 군의 정치적 중립, 언론의 자유, 지방자치의 실시 등을 통하여 주권자인 국민을 존중하는 이념이며 민주주의국가는 이를 실천하는 조직임을 우리는 잘 알고 있다. 신국제질서하에의 우리의 과제는 ① 자유화, ② 제도화, ③ 개방화, ④ 인간화, ⑤ 지방화–분권화, ⑥ 다양화, ⑦ 복지화, ⑧ 국제화 – 세계화, ⑨ 문민화 등을 포용하는 민주화의 지속적 인 실천이다. 더불어 함께 하는 공동체실현, 균등화와 복지화를 통하여 삶의 질의 향상하고, 개방화와 국제화를 통하여 상호협력하고, 공개화를 통하여 모든 일을 투명성 있게 처리하고 제도화를 통하여 절차중시와 법의 통치를 실천하고, 지방화와 분권화를 통하여 주민의 참여를 증대하고, 미래를 대비하는 미래화를 추구하여야 할 것이다. 세계화는 경쟁력 – 일류화 – 선진화 – 기술산업 발전이나 정신적인 발전도 함께 병행되어야 하며 우리보다 못한 세계의 아픔과 고통을 함께 하는 것이 바로 세계화인 것이다. 삶의 질이 향상되도록 하는 것, 균질된 삶을 즐기는 것, 도농갈등이 해소되고 농촌과 도시의 갭이 축소되는 것, 노사 간의 갈등이 축소되는 것, 빈부갈등이 축소되는 것 등이다. 이는 결국 사회간접자본의 투자가 선행되어야 하며, 국가가 배분의 정의 실천하여야하며 세법에 있어서도 형평의 원칙에 맞아야 한다.

민주정치는 주권자의 민주적 합의에 기초하여 협상(Nigotiation), 타협(Compromise), 관용(Tolerance), 논의(Discussion), 토론(Debate), 흥정(Bargaining), 주고받기(Give & Take), 해학(Humor) 등을 통하여 어떤 문제를 평화적으로 실천해결할 때 그 정당성(Legitimacy)을 얻을 수 있다. 앞에서 보았듯이 제1차 민주화혁명은 17-18세기 절대왕권체제에서 벗어나 입헌군주정이나 공화정을 도입하는 시민사회를 만든 시민혁명이었다. 민주주의의 발전과 확산에 대해서는 여러 학자들의 의견이 있다. 그중에서 립셋(S. M. Lipset)은 한 국가의 경제발전 수준이 높아지고 이와 동시에 제반정치제도자체가 적절하고 온당한 가치를 획득하면 할수록 안정된 민주주의의 출현기회는 많아진다고 보았다.[1] 자본주의와 민주주의는 밀접한 관련을 갖고 있다는 것이다. 자본주의 발달에 따른 경제 발전에 수반되어 나타나는 사회의 변형과 민주적 통치형태의 장기적 전망은 서구와 제3세계의 민주주의를 비교함에 있어 중요한 사안이다. 자본주의와 민주주의가 나란히 병행하여 발전해 간다는 것은 널리 견지되고 있는 신념이며 자본주의의 발전이 정치적 자유와 통치행위에의 민주적 참여도 가져올 것으로 보고 있는 게 현대의 주요 흐름이다.[2]

---

1) 김기우, 『정치발전이론』, (서울 : 박영사, 1996), p.17.

2) 뤼시마이어 외, 『자본주의 발전과 민주주의–민주주의의 비교역사 연구』, (서울 : 나남출판, 1997), p.21.

이러한 상황에서 가장 먼저, 민주주의의 등장배경과 발전을 정치발전 및 경제발전적인 측면을 고려하여 통사적인 관점에서 민주주의의 출현 배경을 살펴볼 것이다. 그리고 이를 절대적인 관점에서 보는 것이 아니라 서구와 제3세계권의 정치발전과정을 상대적으로 비교하여 유럽과 아시아의 민주주의 등장에 대해 각각 평가 해 보고자 한다. 민주주의 등장의 환경을 살펴본 이후에 서구와 제3세계권의 민주화 과정에서 나타난 대표적 민주주의의 사례들(서구 - 의회민주정치의 발달, 제3세계-권위주의정권 탈피)을 통해서 민주화 과정을 되짚어 보고자 한다. 이는 각 국별 민주주의 특징을 간단하게 언급하면서 비교할 것이다.

〈표 3-1〉 제국으로부터 국가 : 탈식민화의 물결

탈식민화 물결	주요 제국주의 세력	식민지와 제국 영토의 주요위치	탈식민신생국가의 대강의 수	신생독립국의 예
1810-38년	스페인, 포르투갈	남미	15	아르헨티나, 브라질
1914-18년 전쟁이후	오토만제국, 오스트리아-헝가리제국, 러시아제국	유럽 (서구핵심지역 넘어), 중동	12	오스트리아, 핀란드, 폴란드, 터키
1944-84년	영국, 프랑스, 벨기에, 포르투갈	주로 아프리카, 아시아와 카리브 해 지역	94	알제리, 앙골라, 콩고, 인도, 자메이카
1991년	러시아	소련공화국 (동유럽, 중앙아시아)	15	카자흐스탄, 라트비아, 우크라이나

〈자료〉 Rod Hague & Martin Harrop 저, 김계동외 역, 『현대비교정치론』, (서울: 명인문화사, 2007), p.44.

그리고 서구 유럽의 선진국 중에서 비민주적인 요소를 갖고 있는 나라는 없는지, 이상적인 민주주의 기준에 서구, 제3세계 양측 모두 어느 정도 수준인지 비교 분석이 필요하다.

제3세계라는 말은 정치적으로는 냉전시기 제1세계와 제2세계 어느 쪽에도 속하지 않는 국제관계에 영향력이 적었던 나라들을 말한다. 그리고 동시에 사회 경제적 측면으로 볼 때 모든 국가가 해당하는 것은 아니지만 제3세계 범주에 속하는 국가들은 독립 이후 경제적으로 충분한 성장을 하지 못한 국가들로 받아들여진다. 그리고 정치적으로나 경제적으로 식민지 경험을 하였고 1945년 이후 정치적 독립을 획득한 신생국가들을 의미한다. 여러 학자들에 의해보면 제3세계국가 내부적으로는 민족주의 정치가들의 탈식민지 요구가 점점 확신을 얻었던 데도 기인한다. 1945-1950년 동안 한국, 인도, 부탄, 스리랑카, 미얀마, 라오스, 레바논, 네팔, 이스라엘(팔레스타인), 필리핀, 서파키스탄, 동파키스탄(방글라데시)[3], 인도네시아 등을 포함한 아시아 국가들의 독립이 이루어졌다. [4]

〈표 3-2〉 사뮤엘 헌팅턴의 세 가지 민주화 물결*

물결	기간	예
제1의 물결	1828-1926	영국, 프랑스, 미국
제2의 물결	1943-1962	인도, 이스라엘, 일본, 서부독일
제3의 물결	1974-1991	남유럽과 동유럽, 라틴아메리카, 아프리카 지역

* 제1의 물결은 부분적으로 1922년과 1942년 사이에 반대로 되었고(예를 들어 오스트리아, 독일, 이탈리아), 제2의 물결 역시 비슷하게 1958년과 1975년 사이에 역의 현상이 일어났다.(예를 들어 라틴아메리카의 많은 국가들과 탈식민지 아프리카), 민주주의 지배 후에 권위주의 지배로의 회귀는 나쁜 길로 되돌아간 기간이었다.(역물결)

〈자료〉 Rod Hague & Martin Harrop 저, 김계동외 역, 『현대비교정치론』, (서울 : 명인문화사, 2007), p.79.

이러한 제3세계국가들은 만족스럽고 지속가능한 수준의 경제성장, 빈곤완화를 위한 재분배관련 정부의 실질적 우려, 대표 정부의 정기적 선거로 특징되는 민주정치, 만족할만한 인권표준, 정치 및 발전에 있어 양성의 동등한 위치, 자연환경보호와 관련한 지속 가능한 관심, 교육 및 문맹률 관련 표준 등이 여타 국가들보다 부족하다고 여겨지고 있다.[5]

자유 민주주의와 자본주의 시장경제는 밀접하게 관련되어 있다고 립셋(Lipset)은 말한다. 경제적으로 자본주의 시장경제가 자유로울 때 민주적인 요구도 더욱 늘어날 수 있는 것이다. 그러나 제3세계는 이러한 전제조건에

---

3) 1947년 최초로 파키스탄은 두 부분으로 나뉘어졌다. 동, 서 파키스탄이 그것이며 동파키스탄은 현재의 방글라데시이다. 동파키스탄은 서파키스탄과의 독립전쟁을 수행하여 1971년 독립국가로 등장하게 되었다.

4) Jeff Haynes 저, (장성호 역), 『위기의 제3세계 정치론』, (대구 : 학문사, 2003). p.21-25

5) 상게서.

서선 자유로울 수 없다. 제3세계국가는 식민지 지배를 오래 받아서 경제적으로 서구에 비해 뒤처졌던 것이 사실이며, 서구의 자유민주주의가 발생하게 된 역사와 다른 환경의 역사의 흐름을 걸어왔다. 제3세계의 정치와 사회 경제 변화과정을 어떤 단일한 분석틀에 의해서 규정한다는 것은 지나친 일반화의 위험에 빠질 우려가 있다. 우리는 제3세계의 근대화와 정치 변화를 설명함에 있어 근대화 이론과 종속이론을 통해서도 살펴봐야 한다. 근대화 이론은 민족국가를 기본단위로 하여 저발전의 내생적 요인을 중시하는 데 비해서 종속이론은 세계적 차원의 경제구조를 전체적으로 조망하여 저발전의 외생적 제약 조건을 중요하게 취급한다.[6] 두 번째로, 종속이론은 중남미에서 먼저 발생하였기에 역사적으로나 사회경제구조가 다른 아시아에서는 1960년대 이후 아시아 4개 신흥 공업국이라 불리는 한국과 대만, 싱가포르 홍콩이 급속도의 경제성장을 이룩한다. 또한 아세안(ASEAN)의 국가들도 비교적 높은 정도의 경제성장과 정치안정을 보여 주었다. 하지만 이러한 발전의 양상의 뒷면에는 권위주의적 통치구조의 강화와 소득분배의 불평등과 대외의존도의 심화, 노동계급에 대한 통제강화와 같은 부정적 결과들을 수반하였다.[7]

그리고 무엇보다도 제 3세계에 있어 민주적 정치시스템이 약하고 종종 해체되는 이유는 사회적 긴장과 분리의 결과, 대중에 의한 정치발전이 이루어지는 기간 동안 정치적 통제의 제도화가 미흡했기 때문이다. 이에 대해서는 헌팅턴(1968년)의 군부가 질서를 유지하기 위해 군사력을 사용할 필요를 강렬하게 느끼게 된다는 설명이 설득력을 갖는다. 이를 역물결이라고 부르며 아시아 국가, 제3세계권 국가들은 제3의 민주화 물결의 역물결에 해당했다.[8] 독립 초기 정치, 사회적 분열이 심해 군사정권, 권위주의정권, 독재정권이 들어서는 경우가 대부분이고 이들은 식민지 경험을 바탕으로 이전 식민지 시대의 법제도를 그대로 따르려고 해 권위주의적 통치방식을 시도한다.[9] 여기에는 아시아권 국가들이 식민통치 이전에 서유럽과는 달리 시민사회가 존재하지 않았기 때문에 이런 현상이 두드러진다. 그러나

---

6) 염홍철, 『종속과 발전의 정치경제학』,(서울: 박영사, 1991). p.85

7) Rod Hague & Martin Harrop 저, 김계동외 역, 『현대비교정치론』, (서울 : 명인문화사, 2007), p.87-88

8) 상게서, p,79-85.

9) Jeff Haynes 저, (장성호 역), 『위기의 제3세계 정치론』, (대구 : 학문사, 2003). p.56-57

아시아에서 식민 통치 이후, 국가형성의 배경에는 중국, 인도, 한국, 베트남, 캄보디아를 포함한 대다수의 아시아 국가들이 광범위하고 복잡한 식민지배 이전의 정치 시스템을 가지고 있었다. 아시아 국가에는 영향력이 강력한 시민사회부터 약한 시민사회까지 다양한 시민사회가 존재하는데 이는 국가별 근대화의 수준에 따라 차이가 있다.[10] 1970년대 이후 제3세계에서는 민주화 열풍이 불고 있고 한국에서도 민주주의를 획득하기 위해 많은 노력을 기울이고 있으나 여전히 서구에 못 미치는 민주주의 환경에 대해 다시금 생각해 보아야 한다.

서구적 시각에서 본 제3세계권에 대한 근대화론은 그동안 많은 부문에서 비판받았다. 제3세계권의 발전방향을 근대화, 산업화, 공업화, 도시화 등에서 찾아 마치 발전방향이 서구화로 영미화로 가는 것으로 착각하게 하였다. 그러나 아시아, 아프리카 민주화, 중남미의 민주화 등에서 보는 것처럼 그리고, 중동의 지속적인 갈등 등은 바로 과거에 있었던 불행한 과거인 제국시대의 산물이었고 이후 이러한 역사경험은 정상적인 국가발전에 많은 저해요인으로 작용하여왔다. 민족주의를 가장한 독재정권출현, 권위주의정권, 군사쿠데타, 파쇼적 극우적 정권 등 겉만 그럴 듯한 사이비민주주의가 판을 쳤다.

로버트 달은 최소 민주주의는 외연적 확산, 최소강령적 민주주의로, 비담(D.Beetham)은 최대민주화는 내포적 심화, 최대강령적 민주주의로 설명한다. 여전히 제3세계권국가들은 산업화, 공업화, 근대화, 량적 성장에다가 균등화, 제도화, 지방화, 분권화, 인간화, 국제화, 세계화, 개방화, 미래화, 민주화 등이 요망된다.

제3세계권도 대만, 싱가폴, 베트남, 이스라엘, 브라질 등 다양하다. 중국의 경우 티벳분리주의와 신강위구르분리는 낙관적인 것이 아니다. 자치성의 민족적 특성이 매우 다른 것을 사회주의라는 연대로 단합시키고 있는데 이것이 깨지면 중국도 구소련과 같은 분열의 가능성이 있다고 할 것이다.

민주주의의 외연적 확산에서 국민국가의 형성(민족주의), 자본주의, 자유주의 및 민주주의의 상관관계(민주화, 자유화 등 고전적 민주주의진화고정, 이념목표), 국가와 시민사회(탈군사정권, 주권자의 자율성), 국제관계의 문제(서방선진국과의 경쟁), 정치문화(과거 전통, 종교, 언어, 문화적 특수성),

10) 상게서, p.64-65

계급구성과 경제발전(국가생존방안), 그리고 중국의 사회주의민주(사회주의 노선과 자본주의의 만남)등 이 중요하다.

정치에 갈등은 항상 있지만 민주화로 가는 갈등과 권위주의, 군사정권으로 가는 갈등은 다를 것이다. 주로 과거 냉전체제 때 나타난 갈등은 억압구조의 갈등이었다. 그런데 지금은 억압으로부터 벗어나는 갈등이다. 만약 지금도 권위주의나 군사정권 제국주의적 갈등으로 가는 갈등이 있다면 이는 국가적 손실이 된다. 예컨대 동구권도 헝가리와 유고가 다르고 남북예멘, 르완다가 다르다.

부끄럼 없는 지도자는 후진국이라고 하더라도 단일국가뿐 아니라 세계적으로 인정받는다. 만델라, 아웅산 수지, 아라파트, 바웬사, 하벨, 고르바쵸프, 호지명, 김대중 등은 노벨상과도 관련 있다. 또한 반 기독교적이라고 해서 이슬람권과 중국을 동일시해서는 안되며 문명이나 문화가 확연히 다름을 유념할 필요가 있다. 민주주의의 내포적 심화가 저해받고 있는 서방국가들에게서 뭔지는 모르지만 중동, 이슬람권의 민주화에 대한 영향을 강조하는 오류를 보여주고 있다. 이슬람권의 반미는 친미보다도 더욱 문제가 되는 부분이다. PLO와 이스라엘평화협정에 대한 서방의 역할은 범세계민주화로 본다면 의미가 있다고 본다. 동아사회에 있어서 예외상황으로써 아시아 국가의 예가 요망된다. 싱가폴과 대만의 실용적 권위주의, 깨끗한 정부, 정직한 공무원, 신뢰받는 관료주의, 쾌적한 삶, 균질된 삶의 질, 안정적 경제성장, 배분의 정의, 부정부패척결, 정경유착근절 등 정의가 실천되는 것이 필요하다.

대만의 경우 균형성장, 실용성, 공직자의 정의감이 존재한다. 대만과 한국의 대비를 보면 계급구성과 경제발전에서 볼 때 양국가의 정의와 부패의 차이가 아닌가 한다. 그러나 대만과 싱가폴의 발전도 자본주의발전의 한 예인 것이다. 싱가폴은 3C(Clean water, Clean Road, Clean Government), 철저한 관료의 청렴성, 공직자의 봉사정신과 정의감으로 유명하다.

안정된 국경과 민족적 정체감과 내전은 별개 문제이다. 오늘날에는 순식간에 국가가 형성된다. 이는 이미 과거의 유산을 인정하는 것을 의미한다. 즉 구소련에서의 15개 국가의 분열은 정보, 공동경험, 과학발전, 동일민족이라는 것이 그것이다.

민주주의와 자본주의의 병행은 근본적인 모순을 내제하고 있는 것이 사실이다. 즉 평등, 자유, 다원주의, 경쟁 및 대의제를 정치조직과 경제조직의 기반으로 삼는 자유민주주의는 하나의 일체성을 갖고 있다고 보였으나 실제는 이와 매우 달랐다. 모든 경제의 기초를 이루고 있는 생산수단의 사적소유는 불평등의 요소를 포함하고 있으며 이는 계속해서 확대되었다. 부의 세습과 같이 출발점이 다른 문제와 같이 자유민주주의는 귀족의 특권을 폐기함으로써 정치적 평등을 확립하였으나 이로 말미암아 경제적 불평등이 나타나기 시작하였으며 이는 자본주의적 소유에 기초를 둔 새로운 귀족제를 창출하게 되었다.[11] 이에 반작용으로 사회주의, 공산주의 이론이 발생하는 계기가 되었으며 이는 유럽민주주의에서 소위 평등의 문제에 관심을 갖는 좌파적인 정책이 자유민주주의를 보완하는 행태가 뿌리내리게 한 바탕이 되기도 한다. 이는 또한 봉건제도가 자리 잡고 있던 아시아, 남미, 아프리카와 같은 제3세계권에 대한 식민지 제국주의정책의 피해 당사국들에게 공산주의의 확산을 가져오게 하는 이유가 되기도 하였다. 이는 식민지정책으로 인해 민주주의가 제3세계에 뿌리내리지 못했던 점과 함께 더불어 자유민주주의에 대한 의문을 들게 한 서구의 실수이기도 하다. 아시아권 개도국의 민주주의는 권위주의 체제가 여전히 잔재한다. 이는 과두제라는 용어로 설명할 수 있으며 개발독재 시기에는 독특한 형태의 정치적 독점구조, 즉 정치적 과두제가 존재한다. 또한 이들은 급속도로 경제성장을 하여 남미의 상황과는 차이가 있다. 그래서 이들 국가들은 경제적 발전과 더불어 여기에 그치는 것이 아니라 민주화를 추진하며 변화하려고 하고 있다. 아시아에서 먼저 민주화 운동이 시작된 곳은 필리핀으로, 개발독재를 추진해 왔던 마르코스 대통령은 1986년 대통령 선거에서 재선을 노렸으나 코라손 아키노 여사가 이끈 '황색 혁명' 앞에서 퇴진하였다. 태국에서는 1995년 5월 국회에서 의석을 갖지 않은 군인이 총리로 취임한 것에 대한 시민의 분노가 폭발하였고, 이 시민운동을 군이 탄압하여 피의 민주화 사건을 초래했지만, 군인을 정치의 무대로부터 끌어내리는 데는 성공하였다. 그리고 아시아 경제위기가 도래했던 1997년 태국발 위기 이후로 아시아에선 경제위기가 정치위기로 파급되어 장기정권의 붕괴와 역사적 정권 교체로 이어졌다. 그 대표적 국가가 인도네시아로 1998년 8월 체제 부패에 대한 국민의 분노가 폭발하여 수하르토 독재 체제는 결국 붕괴하고 만다.[12]

11) 모리스 뒤베르제 저(김학준 외 1 역), 『서구 민주주의의 두 얼굴』, (서울 : 문학과 지성사, 1995). p.85-86.

12) 이이와사키 이쿠오 저. (최은봉 편역). 『아시아 국가와 시민사회』, (서울 : 을유문화사, 2002), p.25-26

〈표 3-3〉 정치적 신과두제와 포스트-과두제의 성격 차이

	정치적 신과두제 (neo-oligarchy)	정치적 포스트-과두제 (post-oligarchy)
사례	필리핀, 인도네시아, 타이	대만, 한국
구정치적 독점의 해체정도	구 정치적 독점의 변형적 재편, 구 억압기구의 변형, 분리주의적 '적(的)'에 대응하는 통합,. 구 독재적 독점세력의 국가권력에 대한 실질적인 통제력과 영향력이 신생 민주주의에서도 강력하게 지속됨. '정경유착'적 관계 지속. 구 독점적 세력의 국가 범죄를 처벌하고 정정하는 과거청산의 억압.	구 억압적 국가기구와 정치적 독점의 '해체적 재편'. 국가기구 내의 세력 구성의 다원화, 분화. 극우반공주의적 인식. 구 독재적 독점세력의 국가권력에 대한 실질적인 통제력과 영향력은 신생 민주주의와 긴장을 가지면서 존재. 형식적-절차적인 '정경분리'적 관계 확대. 과거청산의 진전(대만의 49년 2. 27 사건의 재규정이나 한국의 과거청산)
	대중들의 정치적 선호가 금권이나 관권에 의해 왜곡되는 정도가 상당히 큼. 구 정치적 독점의 한 형태로서의 군주제(타이), 가문정치나 군부의 영향력(필리핀)의 영향력이 민주화 이후에도 지속. 엘리트간의 다원 경쟁체제는 불완전하지만 정착되어감.	대중의 정치적 선호가 관건이나 금권에 의해 왜곡되는 정도가 현저하게 낮아짐. 엘리트 간 다원경쟁체제의 정착.
사회경제적 하위주체들의 저항	대중들의 자연발생적-분출적 저항은 강함. 그러나 대중적으로 조직화된 사회운동 형태의 저항은 전개되지 않음. 신생민주주의적 정치가 사회적 요구를 수용하는 정도가 제한되므로 '민중주의'적 지도자(타이의 탁신이나 필리핀의 에스트라다)가 출현.	민주화 과정에서의 구 정치적 독점의 해체로 인한 공간의 확대. 다양한 사회경제적 하위주체들의 저항 분출. 그들의 요구의 부분적인 제도화. 사회경제적 의제들은 쟁투의 소재가 되는 수준이 다름. 구독재적 독점은 완화되지만 새로운 '시장적 독점'이 강화됨
정치 세력간의 관계 (특히 중도 자유주의의 성격과 응전)	반독재 중도자유주의의 자립성 취약. 구 독재적 보수와의 경계 희석화. 다층적인 차원에서의 유착. 사회경제적 진보주의를 표상하는 급진정치세력이 '사회세력'으로 존재(사회경제적 급진세력이 취약한 인도네시아와 타이, 급진세력이 장외세력으로되어 있는 필리핀의 차이). 민주주의적 정치공간에서 사회경제적 진보주의가 취약하게 반영됨.	정치적 독점을 둘러싼 독재적 보수와 중도자유주의의 경계 명확, 후자의 전자로부터의 사립화. 그러나 신자유주의적 의제 등 사회경제적 의제를 둘러싼 차이(경계)가 강력하지 않음. 사회경제적 진보주의를 표상하는 급진정치세력의 제도 정치 세력화의 부분적인 진전(한국) 혹은 지체(대만)

〈자료〉 이이와사키 이쿠오 저. (최은봉 편역). 『아시아 국가와 시민사회』. (서울: 을유문화사, 2002), p.25-26

아시아의 식민지 탈피 이후의 모습은 개발주의, 개발독재의 모습이 주요 흐름이고 앞서 이러한 개발독재에 아시아의 필리핀, 태국, 인도네시아가 탈피하려고 했던 노력의 사건들을 언급했다. 개발이 본격화된 1970년대에는 개발주의 국가가 아시아의 일반적인 국가 형태로 자리 잡아 이것을 축으로 개발이 전개되었다고 보았다.[13] 이러한 개발독재, 권위주의체제는 아시아의 경우도 시민사회의 성장과 함께 극복되기 시작한다. 개발주의 국가 하에서 아시아는 성장을 이루어 풍요로운 계층이 증가하였고 이 계층에 속하는 사람들은 교육 수준이 높아 정치의식도 높다. 따라서 그들이 적극적으로 사회활동에 참여하고 정치적 발언을 하며 권위주의 체제를 비판함으로써 민주화의 추진력이 되었다는 견해가 아시아 정치를 연구하는 학자들 사이에 확산되었다. 이들은 세계의 유래 없는 평화로운 시민계층이 시민사회를 형성하고 아시아의 권위주의 체제 비판이나 민주화 운동을 주도 하여 권위주의를 극복해 가고 있다고 보고 있다.[14] 한편, 이에 대해 아시아 민주화가 신과두제인지, 포스트 과두제인지 나누어 보는 시각도 있다. 신과두제는 변형과두제라고 불리며, 포스트 과두제와 신과두제를 나누는 기준으로 과거 비민주적인 사건들에 대한 과거청산이 이루어졌는가도 중요하다. 신과두제 에서는 과거청산이 더디게 진행되며 잘 이루어지지 않는다고 본다. 그래서 앞의 아시아 민주주의를 보는 시점과는 달리 여기서는 인도네시아와 필리핀의 경우를 정권교체가 되었지만 과거 독재 하에서 이루어졌던 것과 동일한 정치살해가 지속적으로 발생하고 있다고 보고 있다.[15] 포스트 과두제의 경우(한국, 대만)처럼 독재적 독점의 해체적 재편이 이루어지면서 향후 민주주의 발전이 긍정적이던 부정적이던 우선 가능성이 있는 경우가 남아 있듯이 아시아의 민주주의는 무조건적으로 비판 받을 대상은 아니라고 본다. 국제사회가 인정하고 있지만 속으론 골병든 한국민주주의의 병인은 무엇일까. 타임지 1월호엔 아시아 민주주의 관련 기사에서 한국 등을 언급하며 아시아에서 민주주의는 성가시고 무능하거나 부패한 제도라는 개념이 팽배하다고 썼다. 여야가 싸움만 하고 허송할 때가 아닌 것이다.[16] 중요한 것은 바로 국민의 의지가 어디에 있는가이고 이를 정치권이 의회를 중심으로 얼마나 충실하게 국민의 편에 서서 실천하고 있는가에 달려있는 것이다. 비정규직법 개정안이나 미디어법안 등 오랫동안 논쟁이 된 중요한 법안하나 제대로 처리하지 못하는 여·야 모두가 국민의 대표인지 의문된다. 국민과 함께하는 정당은 살고 민심을 떠난 정치권은 국민으로부터 외면당한다는 것을 의회를 중심으로 한 정치권은 분명히 인식해야 한다.[17] 대통령은 국민적

13) 상게서, p.27-30.

14) 상게서, p.32.

15) 조희연 편저 외, 『복합적 갈등속의 아시아 민주주의』, (파주 : 한울아카데미, 2008). p.75-79

16) 허남진, "민주주의 후퇴, 누구책임인가," 「중앙일보」, 2009.7.10.

대표, 국민의 정신적 지도자, 국가적 비전의 제시자, 정당의 지도자가 되지 못할 때 위기가 올 수 있다.[18]

제2절 권위주의로부터의 한국의 민주화

제2차 민주화혁명은 1945년 세계 제2차 대전이후 서구 제국주의국가의 식민지지배로부터 독립하면서 1945년 이후 제3세계권에서 빈번히 발생한 권위주의정권에서 벗어나려는 민주화혁명이었다. 제3차 민주화혁명은 1989년 구소련을 비롯한 사회주의권변혁을 통하여 민주주의와 시장자본주의를 도입한 경우이다. 우리나라도 1960년 419시민혁명, 1980년 광주민주항쟁, 1987년 610 시민항쟁 등으로 민주주의를 쟁취한 바 있다.

〈표 3-4〉반민주주의에서 민주주의로의 이행

<table>
<tr><td rowspan="3">반민주주의, 독재정치, 군사정권, 사이비 민주주의, 불완전 민주주의</td><td>탈 절대왕권
(De-Absolutism)</td><td rowspan="3">시민혁명
민주화혁명
--〉 이행
(이행기)
(Transfer:
Transition)</td><td rowspan="3">과도기적
민주주의
(Transitional
Democracy)
--〉</td><td rowspan="3">민주주의 공고화
(Consolidation)
성숙한 민주주의</td></tr>
<tr><td>탈 권위주의
(De-Authoritarianism)</td></tr>
<tr><td>탈 전체주의
(De-Totalitarianism)</td></tr>
</table>

〈자료〉 안성호, 『신정치학원론』(서울: 교육과학사, 2005), p.117.

지금 세계의 추세는 복지국가 개념에 바탕한 국가권력의 강화로부터 권력의 하부이양을 통한 자치기구의 자율성 확대의 방향으로 나아가고 있으며, 우리도 이러한 추세에 부응하지 않으면 안된다는 것을 절실히 느끼게 하고 있다. 과거 중앙정부간 교섭에 의한 교역이 중심을 이루어 온 무역형태도 이제 지방정부간 교섭의 형태로 빠르게 변화되고 있으며, 나아가서는 지방기업들간의 교역도 점차 확대되고 있다. 이러한 추세가 더욱 확대되기 위해서는 지방정부와 기업, 학계, 언론 등이 함께 참여하는 지역의 '국제교류기획단'등의 조직이 활성화되어야 한다. 현재 각 시·도에 설치되어 있는 국제협력과와 같은 관료조직만 으로서는 소기의 성과를 거두기가 어려울 것으로 보인다. 그러나 그동안 우리나라는 반민주적 권위주의적 군부독재

17) 「중앙일보」, 2009.7.2

18) 최한수, 전게서, pp.166-176.

에 의하여 민주주의가 안정되게 정착하지 못했다. 주인인 국민이 소수의 권력자들의 하수인과 종노릇을 해왔다. 지역내의 중요한 정책결정 및 집행을 지역주민이 배제된 채 중앙의 정치권력과 지방행정기구에 의해 일방적으로 처리되어왔다.[19] 소위 공직자의 윤리가 지켜지지 않았고, 정경유착, 재벌특혜, 재테크, 개발독재 등을 통하여 관과 대기업이 유착되어 외형적인 물량으로 국가발전과 삶의 질의 척도를 삼으려 하였다.[20] 법보다는 총칼이 앞서 법의 권위는 실추된 적이 많았다.

정당에서의 분명한 재정원천이 투명하지 않아서 항상 정당의 위기가 발생하거나 국민의 불신을 받았다. 한국은 1987년 대통령직선제를 채택하며 민주주의가 본 궤도에 올랐다. 이전까지는 막강한 군사력과 자금 조직을 동원한 부정선거가 끊임없었다. 시골에서는 통·반장이 주민들에게 특정후보를 찍을 것을 유도하는 강제투표가 횡행해 여촌야도 현상마저 심각했다.[21] 1987년에 군부에 의한 소수지배가 종식되고 다수정의 원칙이 도입된지 거의 20년이 넘었지만 여전히 우리사회는 다수의 지배원칙이 확립되어 있지않으며 소수자의 주장에 비교적 관대한 편이다. 이러한 소수자가 이른바 사회적인 약자인 경우 더욱 그러하다.[22]

야권이 이런 측면에서 민주주의 후퇴론을 폈다면 그건 틀리지 않다. 우리의 민주주의는 심대한 위기임에 틀림없다. 1987년 629선언으로 민주화는 달성됐는지 몰라도 지금까지 22년 동안 민주주의는 크게 진전되지 않았다. 대의민주주의를 꾸려가는 우리네 정치의 낙후성과 그에 따른 폐해는 언급하기도 지칠 지경이다. 1987년 629이후 지금에 이르기까지 이 나라 정치의 핵심 주체 중 민주화세력이나 산업화세력 양축이 아무리 양보해도 공동책임을 면할 수 없다. 민주주의가 제대로 기능하도록 발전 육성시키지 못한 책임을 통감하고 반성해도 모자랄 판에 민주주의후퇴의 책임을 들어 정부공격에 나서는 것은 가당치도 않다.[23]

어떤 대표자를 선택하느냐는 결국 자신의 미래에 대한 결정이다. 선거로 선출된 사람은 앞으로 일정한 임기동안 개인의 삶과 직결되는 정책들을 대

---

19) 상게서, pp 45-46.

20) Jong-Chan Rhee, *The State and Industry in South Korea*(London : Routledge, 1994), pp.187-199

21) 「중앙일보」, 2009.4.24.

22) 최정욱, "Democracy는 민주주의가 아니라 다수정이다 : 공화주의와의 차이를 논하며," 비교민주주의학회, 『비교민주주의연구』, 제5집1호(2009.6), p.64.

23) 허남진, "민주주의 후퇴, 누구책임인가," 「중앙일보」, 2009.7.10

신 결정하기 때문이다. 후보자의 경력과 자질·비전 등을 통해 과연 그가 나를 대신할 만한 사람인지 부터 검증해봐야 한다. 유권자가 적극적으로 중앙선거관리위원회나 정당 홈페이지 등을 방문해 후보자에 대한 정보를 얻기 위해 노력할 필요가 있다.[24)]

언론의 기회주의와 이중성으로 국민은 판단력을 상실해 갔다. 그러나 문민정부와 국민의 정부는 비정상적인 것을 정상으로 돌려놓는 작업을 지속적으로 추진하지 못했다. 민주화세력도 군사 쿠데타세력이나 차이 없이 부정부패, 지역감정, 제왕적 대통령, 그리고 패거리정치에서 헤어나지 못했다. 정치권이 시민사회와 함께 민주적인 제도개혁과 민주적 정치참여에서 실패하였다. 따라서 민주주의를 항구적으로 정착시키기 위해서는 민주시민의 계속적인 참여와 민주의식의 고양을 실천해야 할 것이다. 정의로운 사회건설, 경쟁력 있는 사회건설, 미래사회에 대한 비전을 확실히 제시하는 것 등이다.[25)] 지방자치를 통한 내부적 민주화를 곧 국제경쟁력으로의 연결, 남·북의 민주화를 통일로 연결, 지방화를 국제화로 연결하여 전국이 골고루 발전하고, 삶의 질이 균질되게 만드는 것 등을 통하여 내부적 건강성과 외부적 적응력과 경쟁력을 키워야 할 것이다.

민주화는 자유화, 균등화, 다양화, 인간화, 민간화, 문민화, 제도화, 분권화, 개방화, 지방화, 국제화, 세계화를 모두 포용할 수 있어야 하는 것이다.[26)] 정의로운 법의 통치, 공직자의 윤리, 공직자 부정축재환수, 군사문화 잔재척결, 국가권위회복 등이 이룩되어야 한다. 과거 국민의 정부가 주장하는 국제경쟁력, 세계화, 일류화도 이처럼 민주화를 실천하는 방안중 하나인 시민단체의 자율적인 참여를 통해서 가능한 것이다. 동서독의 통일도 바로 서독의 완벽한 민주주의제도화에서 비롯되었음을 인식해야 한다. 그것은 바로 건전한 시민사회형성과 시민단체의 활동에 기초하고 있음을 인식해야한다. 일견 세계화와 지방화는 상호모순적인 성격을 갖는 것처럼 보이지만 본질적으로는 동전의 양면과 같은 현상이다.[27)] 지방화가 부족하니 세계화도 성취되기 어려웠던 것이다. 오늘날 우리가 말하는 민주화가 의미있으려면 바로 국제화와 세계화 그리고 지방화 모두를 동시에 꾸준히 실천하는 일인 것이다.

---

24) 「중앙일보」, 2009.4.24.

25) 이남영, 전게논문, pp.14-16.

26) 안성호, 전게서, pp.24-31.

27) 김성국, "국제화-지방화시대의시민문화형성," 한국사회학회편, 앞의책, pp.494-95.

한국 민주주의본질을 제대로 파악할려면 한국사회의 이중성, 한국민주주의의 이중성, 2종류의 시민공존, 한국민주주의의 허와 실, 한국민주화과정의 이중성 등이 시민교육을 통하여 구체적으로 시민 전달되어야 한다.

그리고 서구민주주의와 대비하면서 첫째, 선진국진입의 과정에서 나타나고 있는 과도기적 한국의 이중성 증후군을 알려주어야 하고, 둘째, 우리의 2중적 모습의 문제점이 무엇인지를 설명해야하며, 셋째, 이를 극복할 수 있는 방안으로서 시민사회의 활성화와 시민교육을 제시해 주어야 한다.

이중구조는 해방이후 40여 년간 헌법에 명시된 자유민주주의가 실천되지 않고 화사한 수식어와 함께 사이비자유민주주의가 국민을 기만했다는 점이다. 국가발전이 정치발전, 경제발전 및 사회발전 등의 균형 있는 상호연관 속에서 이루어진다고 볼 때, 한국의 정치발전은 산업화를 통해 이룩한 경제발전에 못 미치는 것으로 인식되고 있다. 이를 정확히 국민들이 인식하고 극복해야한다. 예컨대 경제협력개발기구(OECD) 22개국이 우리의 경제수준과 비슷했던 60년대 GDP의 평균 7%를 사회보장비로 할애한데 반하여 우리는 겨우 1.8%밖에 할애하지 않고 있다.

이처럼 한국사회의 현대병도 권위주의정권과 복합하여 자본주의발전과정에서 나타나는 부패현상이라 보며 이는 건전한 인성교육과 민주시민교육으로 치유될 수 있음을 민주주의론을 중심으로 여러 학자가 강조해야 한다.

그동안 산업화과정에서 물신숭배주의(Fetishism)의 징후가 과잉으로 표출된 것으로 인식된다.[28] 이러한 문제점들은 건전한 시민의식과 권위있는 지도력을 키우는 민주교육에서 비롯되나 그동안 어느 분야에서도 계몽으로서의 산교육이 부재하고 오히려 총체적으로 악화되어 갔다. 우리는 20C 100여 년간을 정상이 비정상으로, 백이 흑으로 둔갑된 요지경세상에서 살아왔다. 이런 가운데서 민주주의가 제대로 꽃필 수 없는 것이다. 게다가 분단갈등, 이념갈등, 지역갈등, 계층갈등, 빈부갈등, 노사갈등, 도농갈등, 세대갈등이 다방면에서 민주화추진의 역작용을 해 온 것이다.

겉과 속이 다른 정상이 아닌 민주주의다. 보편적 원리에 따를 때 민주주의의 세계화가 가능하다고 본다. 특수한 것이 보편적인 것으로 연결된다함은 한국적인 것이 세계적인 것으로 연결되며 이는 곧 특수한 것이 보편화

28) 안성호, 『범세계민주화비교론』(서울 : 교육과학사,1994), pp.131-156.

되는 논리인 것이다.

우리는 분단국가라는 세계적인 특수성에대한 단점과 위기를 기회와 장점(?)으로 승화시키지 못했다. 한마디로 보면 분단국가다운 모습이 결여되어있다. 뭔가 정치지도자의 결연한 의지가 전혀 보이지 않았다. 통일을 그리며 청렴하고 정직하고 애민 애족하는 철학 등이 그 것이다. 그저 외색문화와 퇴폐풍조, 모순된 사회병리현상, 안보, 정경유착으로 부정부패로 놀아났다. 너나할 것 없이 돈만 밝힌다. 수단과 방법을 가리지 않고 돈만 밝힌다. 이것은 우리가 세계화수준에 미흡함을 의미한다. 오히려 북한이 한민족의 민족적 특성을 더 많이 갖고 있는 것으로 대외적으로 보일 수 있다는 점이다. 이미 한국은 부패하는 자본주의에 너무 깊숙이 들어와 있는 것이다. 군사정권이든 문민정권이든 국민의 정권이든 부패의 수준은 마찬가지였다.

철저한 건설, 도로, 교량, 깨끗한 도로, 2중 낭비근절 등 정신무장이 결여되어 있다.

정치도 마찬가지다. 민주적 모습이 결여되어있다. 다수결원리도 수적 논리만 존재하고 의원 꿔주기 의원 끌어오기가 난무했다. 민주주의의 세계적 보편성이 결여되어있다. 매우 이상한 민주주의다. 세계화를 상호교류를 통한 보편화로 볼때 상품, 스포츠, 기술교류가 필요하다. 특히 경제교류인 수입수출은 중요하다. 이는 자본주의 국제화를 의미한다.

그러나 정치를 수입수출 하기는 힘들다. 대통령, 국회의원, 장관은 수입할 수 없을 것이다. 그것은 전쟁 시 자기 민족을 버리고 적군에 참여 할 수 없는 것과 같다. 이제 한국에서도 민주주의이론과 실천의 일치성이 강조되어야한다.

내각책임제, 대통령중심제, 다당제, 양당제, 입헌군주제 등에서 한국적 모델은 무엇인가. 과연 제도만 바뀌면 부정부패는 사라질까. 제도보다는 합의, 대화, 양보, 관용, 상호존중정신이 중요하다. 민주적 보편성을 준수하는 것을 의미한다. 겉은 민주적 속은 권위적인 2중구조 탈피 하고 통합, 조정, 협상, 대화능력은 교육, 훈련, 실천에서 발휘된다. 팀웍은 국가의 힘을 체계적으로 모으는데 중요하다. 이는 제도화를 통하여 가능하며, 법의 원칙과 형평의 원칙하에서 가능하다. 이는 정의실현을 의미한다. 협동, 관용, 양보, 아량 등은 박애와 우정과 관계된다. 이는 또한 민주주의가 세계평화주의와 연결된다고 본다. 민주주의와 민족주의를 가장한 무력과 전쟁을 회피하는 것이 진정한 민주주의정신이다. 세계적인 민주주의 국가란 뭘 의미하나. 정치에 있어서는 민족마다의 고유한 차이와 특성이 있음을 인정할 수밖에 없다.

서구의 민주주의는 과거 역사적 흐름 속에서 자생적인 민주주의 제도가 확립되어온 역사이다. 즉 아시아와 같이 이식된 민주주의가 아니기에 서유럽 국가들은 각 국가에 맞는 적절한 민주주의 제도화를 이룩하고 있다. 또한 식민지 활동과 산업혁명 등을 기반으로 경제적인 발전과 더불어 민주주의가 발전하기에 유리한 환경을 갖추었다. 대표적으로 영국은 명예혁명으로 의회중심의 정체가 확립되기까지 권력을 사회 전반에 서서히 나눠주면서 발전하였고, 프랑스의 경우는 급진적인 혁명정신을 통해, 그리고 실질적으로 수많은 혁명을 통해 자유주의 사상을 반영하여 극좌에서 극우까지 총망라하는 자유로운 사회 정체를 확립했다. 그러나 제3세계의 민주주의는 식민지 경험을 하는 동안에는 경제적으로는 착취, 정치적으로는 억압적인 상황에 놓여 오히려 민주주의보다 공산주의 체제로 나아가기도 하였다.

그리고 냉전붕괴 이후 즉, 민주화의 제3의 물결 속에 많은 나라들은 여전히 격렬한 갈등과 진통을 경험하고 있다. 여기에 아시아권 국가들 중 한국, 대만, 타이는 상대적으로 공고화된 민주주의의 사례로 간주되어 왔다. 그러나 민주정부라고 하는 이러한 나라들 역시 더욱 격렬한 갈등과 위기에 직면하고 있다. 1997년 모범적인 민주적 헌법이 만들어지고 이 헌법에 기초하여 '민선정부'가 출범한 타이에서는 2006년 9월 군사쿠데타가 발생했다.[29] 한국의 경우도 지난 김대중-노무현 정권이 평화적으로 정권교체가 되는 선거민주주의가 정착되었음에도 불구하고 오히려 이후 갈등이 심화 되고 있다. 또한 대만의 경우도 50년 넘는 기간의 국민당 정권이 민진당 정부로 전환되고 민진당 정부가 재집권을 하는 모범적인 민주화 국가로 간주되었음에도 불구하고, 1년도 넘게 지속되는 퇴진시위로 정부 기능이 마비상태에 이르기도 했다. 이러한 현상은 오히려 민주화 이후의 민주주의의 갈등과 위기에 대한 새로운 접근법이

29) 박은홍 외, 『평화를 향한 아시아의 도전-아시아민주화 운동사』, (파주 : 나남. 2008). p.66-68. 쿠데타의 나라인 태국은 92년 전국적 민주화 시위로 군사정권이 퇴진하면서 종결된 것으로 생각되었으나 2006년 9월 쿠데타로 헌정이 중단되고 태국식 민주주의가 다시 부활하여 반 탁신운동을 주도했던 시민사회가 군부를 지지하는 사상 초유의 사태가 벌어지기도 한다.

필요함을 암시한다.

이러한 민주화 후의 민주주의는 서유럽의 경우도 해당하며 민주주의의 위기로는 관객민주주의, 위임민주주의, 과다민주주의, 정치카르텔이 문제가 되고 있다. 즉, 민주주의가 공고화된 서구의 경우 새로이 민주주의에 도전하는 위의 4가지 문제를 해결하는 모범적인 모습을 보여야하고, 아시아의 경우는 우선적으로 민주주의 제도화와 그 이후의 공고화가 필요하다.[30)]

〈표 3-5〉 중앙아시아 5개국의 불공정 대통령 선거 현황

항 목	카자 흐 스탄 (Kazakhstan)	투르크메니스 (Turkmenistan)	타지키스탄 (Tajikistan)	우즈베키스탄 (Uzbekistan)	키르기스스탄 (Kyrgyzstan)
장기집권 대통령	누르술탄 나자르 바예프 (Nazar Bayev)	사파르뮤라트 니야조프 (Saparmurat Nyyazow)	에모말리 라흐모노프 (Emomali Rahmon)	이슬람 카리모프 (Islom Karimov)	아스카르 아카에프 (Askar Akayev)
	91년12월1일 (99%지지) 95(95%지지) 99(81%지지) 2005년12월4일 (91%지지)	90년10월-2006년 12월 21일 사망)	92년11월19일 1994년11월6일 대통령취임. 2006년 11월6일대선 (79.3%)	1990년3월24일 2007년12월23일 대선	1990년 10월 (2005.3.14 하야.민중봉기로 러시아로 망명)
최근 새로 선출된 대통령	-	구방굴리 베르디무하메도우 Gubanguly Berdimuhamedov (2007년2월14일) 89.2%	-	-	Kurmanbek Bakiyev 바키에프(2005.7. 10-8.14) 88.6%
대통령 차점자	자르마칸 (Zharmakhan A. Tuyakbai) 2005년12월4일 (6.6%) NSDP	?	2006년11월6일 Olimzon Boboyev (Party of Economic Reform)6.2%	Aslidden Rustamov (구공산당NDP) 3.2%	Tursunbai Bakir-uulu 3.9%

〈자료〉 CIA-The World Factbook-Uzbekistan(인터넷자료 2008.5.4);「중앙일보」, 2006.12.22; 안성호, "독립국가연합의 민주화과정에대한 비교연구," 한국동북아학회, 한국동북아 논총, 제13권 제3호(2008), p.245.

30) 안성호, 『신 정치학 원론』, (서울 : 교육과학사, 2002), p.71-75.

세계는 냉전의 종식 이후로 미국중심의 자유민주주의-자본주의 이념이 확산되고 공고화 되고 있다. 자본주의와 민주주의는 뗄 수 없는 관계로써 자유민주주의가 태동한 서구유럽의 경우는 고도로 발달된 경제를 기반으로 자유민주주의가 공고화 되어있다. 반면 제 3세계를 비롯한 신생독립국, 개발도상국은 아직 산업발전 단계도 낮은 수준이거니와 식민지 역사를 겪으면서 자본주의에 대해 반감으로 공산주의체제를 받아들였었거나 경제성장이 미흡한 것을 개발독재나 군부정권과 같이 권위주의 체제가 주류이다. 제3세계권은 서구와는 달리 역사적으로도 문화적으로도 다른 형태였고 이들은 자본주의 경제가 발달하지 않은 상태로 식민지국가에서 해방되면서 이식된 민주주의로 인해 제대로 민주주의가 뿌리내릴 수 없었다. 개별 사안으로 보면 서유럽이 밟아온 단계를 제3세계는 현재 밟아가고 있는 과정이라고 볼 수 있다. 서구는 민주주의 위기를 다원민주주의, 참여민주주의, 심의민주주의, 결사체민주주의, 협의민주주의, 직접민주제의 도입, 범세계 민주주의 등 다양한 대안을 활용한 극복을 보여주고 제3세계는 민주주의 공고화를 통해 선진민주주의로 나아가야 할 것이다.[31] 그리고 우리는 제3세계의 민주주의를 비난만 할 것이 아니라 객관적인 시각에서 각국의 민주주의 발전의 흐름을 짚어보고 진정한 민주주의로 나아갈 수 있도록 도움을 주는 것이 바람직하다 하겠다.

제3절 전체주의로 부터의 민주화

민주주의 연구학자인 민츠베르그(Mintzberg)는 사회주의몰락에 대한 평가에서 시장과 국가의 균형파괴를 강조하였다. 마르크스레닌주의에 입각하여 자본주의 세계에 대한 도전과 투쟁으로 발생한 1917년 10월의 볼세비키혁명, 1949년의 중국공산화혁명, 1957년의 쿠바공산화혁명은 우리가 기억하는 3대 공산화혁명이다. 1945년 이후 소련은 공산주의를 확산하여 동구권의 동독, 폴란드, 헝가리, 체코슬로바키아, 불가리아, 루마니아 등을 공산정권으로 전환시키는데 영향을 주었다. 그리고 유고는 독자적인 사회주의노선으로 알바니아는 중국공산주의와의 협력을 도모하면서 89년 사회주의권붕괴까지 서구자본주의 진영과 대립하면서 그들의 이념을 제도화하였다.

---

31) 상게서, p.76-81

〈표 3-6〉 5개국의 의회 및 정당 정치적 상황

항목	카자흐스탄	투르크메니스탄	타지키스탄	우즈베키스탄	키르기스스탄
집권당	2007년8월18일 누르-오탄 (Nur-Otan)당 88.1% (107석중98석)	2003년4월DPT (Democratic Party of Turkmenistan) 50석중 50석	2005년3월25일 (3월13)PDPT (People's Democratic Partyof Tajikistan) 74.9% 34석중29석	2004년12월26일 (2005년1월9일) 모든 정당이 카리모프지지 LDPU 41석 NDP 32석 Fidokorlar 17석	2007년12월16일 AK Jol(71석) 사유화, 정치자유, 부패축소, 국제관계증진, 테러척결강조
야당	NSDP 4.6% (의석0) 7%이상지지 정당만 의석확보	야당불법NDMT (National Democratic Movement of Turkmenistan)의 Boris shikh Muradov 2002년12월25일 니야조프에 의해 체포암살됨	CBT 13.6%(2석) Islamic Revival Party 8.9%	없음	SDP(Social democraic Party) 11석, KCP 8석
정치적 과정	93년1월28일 헌법, 95년8월30일 신헌법(국민투표), 2009년 10월차기총선	2007.2.14 구르방굴리 베르디무하메도 (Gurbanguly Berdimuhamedow)	1992-97 내전1994.11.6 헌법개정 2003년 2020년까지 장기집권 개헌안통과	92년12월8일 헌법 2002년헌법개정 2009년12월 차기총선	헌법93.5.5.헌법개정 (2003년)쿠르만벡 바키예프 (Kurmanbek Bakiyev) 2005년7월10일 대통령선거당선, 2006.12.3헌법개정, 2007.10.21국민투표
시민단체 및 압력단체	몇 개 존재	없음	약간 있음	몇 개 존재	몇 개 존재

〈자료〉 CIA-The World Factbook-Uzbekistan(인터넷자료 2008.5.4) ; 안성호, “독립국가연합의 민주화과정에 대한 비교연구,” 한국동북아학회, 『한국동북아논총』, 제13권 제3호(2008), pp.246-247.

물론 아시아권에서의 중국의 공산화와 함께 제3세계권에서는 베트남, 라오스, 캄보디아, 그리고 북한 등이 공산국가로 존재하고 있다. 그러나 공산주의혁명정신의 약화, 동원적 사회주의 효율성의 약화, 생산성저하, 창의적 사고의 저하, 시장성의 약화, 생필품의 조악성, 군사적 중공업집중주의, 무기산업중심의 군사대국주의 등은 인민의 삶의 질을 저하시켰고 급기야 1989년 동구권민주화변혁과 구소련의 붕괴라는 역사적 사건이 발생하였다. 고르바쵸프의 등장은 소련의 변혁을 암시했고 페레스트로이카(Perestroika : 개혁), 글라스노스트(Glasnost : 개방), 그리고 민주화(Democratization)를 강조하면서 새로운 사회주의의 길을 모색하였다. 고르바쵸프는 인간의 얼굴을 가진 사회주의(Humanitarian Socialism)를 강조하였고 현실적으로 복지국가인 스웨덴 모델(Swedish Model)을 하나의 나아갈 방향의 목표로 설정하였다.

〈표 3-7〉 중앙아시아 5개국의 민주화진행상황

국 명	진 행 상 황	비 고
키르기스스탄 Kyrgyzstan	2005년 2월실시된 총선에서 여당의 대규모선거부정에 항의. 반정부시위확산. 3월 24일 90년부터 15년 장기집권한 아스카르아카예프 대통령하야망명. 2005년 7월 대선에서 쿠르만베크 바키예프 대통령당선으로 정권교체	반정부학생단체가 변화의 상징으로 사용(레몬혁명-튤립혁명) 정권교체(아카예프독재자망명)
카자흐스탄 Kazakhstan	1990년 대통령이 된 누르술탄 나자르바예프와 딸이 양대정당 이끌어. 대통령족벌이 경제도 장악. 2005년 대선.	나지르비예프 1인 독재자 장기집권
타지키스탄 Tajikistan	에모말리 라흐모노프 대통령 1992년이래 장기집권. 2003년 국민투표 통해 2020년까지 장기집권하는 개헌안 통과.	라흐모노프 1인 독재자 장기집권
우즈베키스탄 Uzbekistan	이슬람 카리모프대통령 1989년이래 장기집권. 야당탄압, 언론통제, 인권유린등 국제사회비난. 2007년 총선 예정. 안디잔 2005년 5월 반정부시위 무차별발포. 난민탈출.	카리모프 1인 독재자 장기집권
투루크메니스탄 Turkmenistan	사파르무라트 니야조프대통령이 1991년 집권. 1988년 헌법개정해 종신집권. 2006년 사망으로 베르디무하메도프로 정권교체	정권교체(니야조프 독재자사망)

〈자료〉 CIA- The World Fact book (2008.5);「중앙일보」, 2005.3.26 ; 2005.5.23 ; 안성호, "독립국가연합의 민주화과정에 대한 비교연구," 한국동북아학회, 『한국동북아논총』, 제13권 제3호(2008), pp.246-247.

1990년 동서독은 통일을 성취하였고, 동구권은 민주화혁명이 진행되어 시장자본주의와 민주주의이념을 도입하기에 이르렀다. 공산주의단계의 인간의 삶의 모습은 매우 비참하였다. 관료주의. 일당제독재, 획일적 사회,집단적 생산양식, 감시감독체제, 비밀공포정치 등으로 인간의 자유와 인권은 피폐화되었다. 이는 바로 공산주의실천이 실패했음을 의미하며 바로 공산권변혁으로 연결되었다. 마르크스-레닌주의라는 절묘한 이념으로 무장하여 인민을 강제적 동원적 사회로 변모시켜 동토의 공화국을 만들었고 이는 공산주의이론과 실제의 괴리가 너무나 심대함을 단적으로 보여주었다. 1990년 이후 구공산권에서의 그동안의 공산주의의 허구성은 수많은 자료와 변화에서 입증되었다. 구소련(USSR)이었던 중앙아시아 5개국의 민주화과정을 보면 전체주의로부터 벗어나려는 열망이 얼마나큰지 알 수 있다. 그러나 이들 국가들이 전체주의로부터는 벗어나고 있는 중이지만 또 다른 일인독재체제로 전환하고 있어 전체주의의 폐해가 얼마나 큰 것인지 알 수 있다.[32)]

〈표 3-8〉 정당조직의 유형

범례	엘리트정당	대중정당	포괄정당
등장	19세기	1880-1960	1945년 이후
기원	의회내부	의회외부	현존하는 엘리트 또는 대중정당으로부터 발전
지원주장	전통적인 지도자들의 지위	사회집단의 대표	통치능력
멤버십	작고, 엘리트 중심적	카드를 지니는 대규모 당원	쇠퇴하며, 지도자들이 지배적이 되다
수입원	사적인 계약	당비	국고보조를 포함한 많은 출처들
예	19세기 보수적이고 자유주의적 정당들, 많은 탈공산주의 정당들	사회주의 정당들	서유럽의 많은 근대기독교, 사회민주주의 정당들

〈자료〉 Rod Hague & Martin Harrop저, 김계동외 역, 『현대비교정치론』, (서울: 명인문화사, 2007), p.389.

중국은 다당제는 아니다. 반대당 존재하지 않고 있다. 중국적 사회주의 특색은 시장사회주의(Marketing Socialism)로 설명된다. 만약 중국을 예외로한다면 표방하는 것은 오히려 서구쪽 모델이 될 것이다. 서구는 이들에 대해서 선의로 이쪽으로 오지 말라고 충고할 수 도 있다. 사실상 동구권국가들은 세계체제적인 자본주의, 기술패권주의, 신제국주의와 자본의 힘이 얼마나 중요한 것을 뼈저리게 느끼고 있다. 이는 국제화에서도 나타나고 또 UN, EU, NATO, OECD, IMF 등에서도 계속 위력을 과시할 것이기 때문이다. 세계화에 따른 일국적 차원에서의 민주적 자결권의 위축이 수반될 수 있다.

이러한 점에서 외세배척 자주성과 대외적 의연함의 베트남모델을 배울 필요가 있다. 제국주의를 물리친 베트남의 민족통일도 모델이 될 수 있다고 본다.

첫째, 동구권국가의 변화모델조차도 차이가 있다. 독일은 분단국으로 구체코연방, 구유고, 구소련 등은 연방해체와 민족분규로, 헝가리, 불가리아, 폴란드, 루마니아는 구공산세력의 재집권으로, 체코, 슬로베니아,

32) 안성호, "독립국가연합의 민주화과정에대한 비교연구," 한국동북아학회, 『한국동북아논총』, 제13권 제3호(2008), pp.246-249.

크로아티아는 안정적 자본주의도입 등으로 차이가 있다. 알바니아는 특이하게 베리샤에게 정권이양을 하였고 루마니아만 부정선거라고 규탄했고 또 유고는 내전으로 갔다. 슬로베니아/폴란드/체코/헝가리/크로아티아/알바니아 등은 오히려 정치적으로 문제가 적다. 오히려 동구권국가에서 부정선거나 쿠데타는 없지 않은 점은 시사하는 바가 크다. 결선투표까지 실시하는 등 높은 수준의 민주주의실험을 하고 있다. 다만 정파난립은 그렇게 혼란을 주고 있지 않다. 동구권의 민주화과정을 너무 단순하게 보는 것은 곤란하다. 오히려 러시아의 민주화전망이 불투명하다고 본다.

알렉산데르 크바시니에프스키는 폴란드 구체제에서 출세가도를 달리던 공산당원이었다. 지난 1989년 동유럽 사회주의의 체제가 붕괴한 뒤에도 살아남아 대통령이 되었다. 2002년 그는 사회적 자유주의자(Social Liberal)라고하면서 패자에 대한 배려가 사회적 자유주의자의 간판정책이라고 하였다.[33] 경제성장에서는 패자도 생긴다. 국가가 성장의 혜택에서 소외된 사람들에게 일자리를 만들어주고 좋은 교육을 제공해 빈부격차를 줄여줄 책임이 잇다는 것이다. 크바시니에프스키는 유럽선진국의 사회민주주의의 정부들은 분배의 문제로 고민하지만 폴란드는 성장의 문제로 고민한다고 강조했다. 파이를 키워서 선진국 수준에 접근하는게 중요하며 빈곤의 문제해결에만 관심을 쏟는 정부는 경제를 효율적으로 운용하지 못하고 자유주의원칙만 고집하는 정부는 파티에서 다른 사람들은 남루한 옷을 입고 있는데 혼자만 화려한 옷을 입는 것과 같다고 말했다. 그는 좌파사회주의도 아니고 우파 자유주의도 아니지만 사회적 자유주의 의 입장에서 파이를 키워 그 과실로 사회적인 패자를 지원한다는 분명한 비전을 제시하였다.[34]

인민의 소리를 파악하는 동시에 감시하거나, 감독하는 기능을 하고, 국가조직의 등용을 위한 엘리트의 배양을 하고, 구질서의 파괴 자본주의 잔재를 제거하고, 독재정당을 위한 실질적인 세력의 유성과 확보기능을 하며, 획일적인 강제로 인한 하향식 단일통제로 국가기관의 여러 활동의 성격, 규정, 방향을 당에서 지시한다면 민주적 정당과는 거리가 먼 공산당이나 나치당과 같은 전체주의정당으로 전락할 것이다.

---

33) 김영희, "중도 강화, 내용이 뭔가,"「중앙일보」, 2009.7.18.

34) 상게논문.

제4절 민주화의 가치와 목표

1. 자유화(Liberalization)

민주화는 자유를 떠나서는 생각할 수 없다. 천부인권사상에서 이미 강조한 인간의 자유는 양심의 자유, 종교의 자유, 학문의 자유, 집회의 자유, 거주이전의 자유 등 가장 기본적인 인권과 관계된다. 따라서 민주화의 목표는 모든 면에서의 자유화와 연결된다. 인간의 삶의 전 영역에 걸쳐 모는 억압과 통제로부터 벗어남을 의미한다. 이미 존재하는 정치주체들이 보다 개방되고 경쟁적인 정치과정에 참여할 수 있게 되는 과정을 의미한다.

로버트 다알(R. Dahl)은 다양성, 공정한 경쟁성, 자유화 및 야당의 허용성 등을 패권체제에서 다원체제 즉 민주정치로 지향하는 중요 요소라 보았다.[35] 라스키(Laski)와 카알 만하임(Mannheim)은 자유를 위한 계획화가 실시되는 계획적 민주주의(Planned Democracy)속에서만 찾을 수 있다고 강조한다. 사회구조의 변혁, 경제문제논의, 군사력통제, 행정과 관료제문제논의, 메스미디어통제문제, 개인에 마음속에 침투하는 민주적 계획 등이 논의되어야한다는 것이다.[36]

2. 평등화(Equalization)-균등화

민주화는 평등과 분리되어서는 생각할 수 없다. 인간에 대한 차별적대우, 인종, 국적, 종교, 연령, 성별, 학력에 따른 불평등이 존재할 수 없다. 다만 유전인자적인 각각 인간이 갖고 있는 개성과 특성, 성격에 대한 차이는 존중할 수밖에 없다. 따라서 모든 인간에게는 자기의 개성에 맞는 직업, 교육, 결혼 등의 선택의 기회균등이 보장되어야한다. 즉 공정한 경쟁이 보장되어야한다. 법 앞에서의 평등은 바로 민주화의 목표인 것이다. 모든 인간은 신 앞에서 평등하듯이 법 앞에서도 평등한 것이다. 부의 크기, 연려의 차이, 직업의 차이, 성별의 차이를 극복하는 만인에게 정의롭게 적용되고 처벌하는 기준 잣대가 똑같은 정의의 구현이 바로 평등개념인 것이다.

---

35) 안성호, 『신정치학원론』(서울 : 교육과학사, 2005), pp.127-128 ; R.Dahl, *op. cit.*, pp.15-20.

36) H. Laski, *The Dilemma of Our Times*(London : George Allen & Unwin, Ltd., 1952) ; Karl Mannheim, *Freedom, Power and Democratic Planning* (N.Y. : Oxford Univ. Press, 1950) 참조.

모든 사람이 똑같아지는 절대적 평등이 아니고 능력에 따라 공정한 기회를 부여받고 공정한 경쟁을 통하여 개인의 선호를 반영하는 것이다.

3. 인간화(Humanitarianization)

민주화는 인간이 가장 소중하다는 인식의 확산운동이다. 어떠한 공권력으로부터도 인간의 생명과 행복을 빼앗길 수 없는 것이다. 따라서 가장 인간답게 살 수 있는 공간과 장을 보장해야한다. 민주화는 시민이 주인이고 주권자라는 기본적 원칙하에서 권력으로부터의 억압과 구속, 강제적인 압력과 협박이 없이 인권이 보장받는 사회를 추구한다. 고르바쵸프 가 지적한 인간의 얼굴을 가진 사회주의(Humanitarian Socialism)에서도 강조한 것처럼 그동안 구 소련에서도 인간다운 생활, 인권이 보장되지 않았음을 반증한 말이다.[37)]

4. 문민화(Civilianization)-민간화

정치세력이 군부로부터 민간정치인이나 민간집단으로 이행되는 과정을 일컬으며 정치엘리트의 충원과정에 있어 비군사화(Disengagement)와 군의 중립성(Neutrality)에 상응하는 의미이다. 군이 탱크를 몰고 민간정치에 자꾸 개입하는 것은 바람직하지 않다. 과거 군사정권하에서의 군사적 잔재, 군사문화를 제거하는 과제도 민주화의 실천의 한 부문이다.

5. 복지화(Welfare) -복지국가정책(Welfarism)

사적인 부분의 경쟁으로 인하여 배분의 혜택에서 소외되는 부류에 대하여 물질적 부의 균등한 배분과 삶의 질을 높이기 위하여는 국가와 정부가 공적인 부분을 정책적으로 활용하는 일이 필요하다. 그러나 경쟁에서 낙오되었거나 경쟁대열에 기본적으로 참여할 수 없는 장애인, 소년소녀가장, 무의탁 노인 등은 국가가 지원하는 것 등이 평등화와 복지화의 내용이 될 것이다. 그래서 장애인, 무의탁노인, 소년소녀가장, 실업자, 기초생활보호대상자 등이 함께 더불어 행복한 삶, 적절한 수준의 생할을 보장해 주는 일련의 과정을 의미한다. 더불어 함께 사는 민주적 공동체도 민주화와 부합되는 내용이다.[38)]

---

37) 안성호, 전게서, p.128.

6. 다양화(Diversification)-다두체제(Polyarchy)

사회의 제 계층의 다양한 색깔과 주장들을 자유롭게 표출할 수 있도록 보장하고 이러한 여러 소리들을 다양한 이념을 표방하는 정당들이 수집하고 이를 정책화하여 국가정책에 반영하는 일들과 관련된다.

7. 제도화(Institutionalization)

특정의 질서가 그 가치와 안정성을 비교적 장기간에 걸쳐 향유, 영속적인 메카니즘으로 정착되는 것을 의미한다. 법에 의한 통치, 법치주의가 제도화의 한부분이다. 법 앞에서의 평등은 빈부의 격차, 지위고하를 막론하고 독같은 법적용을 받는다는 원리이다. 통치와 정치에는 규칙과 원칙이 지켜져야 한다. 헌팅톤(S. Huntington)은 근대화의 3요소로써 합리화, 전문화, 분화를 들고 있다.[39)]

8. 개방화(Openness: Glasnost)

폐쇄적인 것 보다는 개방적인 정치가 보다 더 민주적인 것과 연관된다. 국제화시대에 국가간의 교류에 있어 상호 개방적으로 가는 것은 자국민에게 상품, 예술, 문화, 관광 등에서 더 많은 것을 선택할 수 있는 기회를 보장한다. 개방적인 것은 자유로움, 객관적인 경쟁, 공정한 경쟁을 보장한다는 것을 의미한다. 개방하는 것은 내적인 자신감과도 연결된다. 국가기관의 모든 일이 국민에게 투명하게 보여져야한다. 국가기관, 국회, 사법부에도 투명성(Transparency)이 있어야한다.[40)]

9. 정보화(Information)

정보화는 선진된 첨단 산업부분의 자유로운 확산과 인간의 삶의 질을 높여준다는 점에서 민주화와 관련된다. 정보를 상호교류하고 공유함으로써

---

38) 상게서, p.129.

39) Samuel P. Huntington, *Political order in Changing Societies*(New Haven : Yale Univ. Press, 1968), pp.53-56.

40) 안성호, 전게서, p.130.

정보로부터 오는 유익함을 모두가 나눌 수 있다. 정보화는 다수의 시민이 정치에 참여할 수 있고 위와 아래의 쌍방향 의견과 논의를 교환할 수 있다. 짧은 시간 내에 시민들의 정치에 대한 의식과 관심을 알 수 있고 옳고 그름에 대한 다양한 민초들의 소리를 파악할 수 있다. 정치권으로서는 정보화가 반드시 좋은 것으로 생각하지 않겠으나 정보화는 무능하고 부정부패하고 권력형 비리와 연관된 정치인을 알 수 있게 해주고 민주주의를 사수하는데 좋은 무기가 될 수 있다. 이점에 있어 정보화는 민주화의 중요한 내용이 될 수 있다.

10. 지방화(Localization)-분권화(Decentralization)

지방화는 균등화로 복지화로 연결되고 이는 민주적 조건이 된다고 본다. 지방화는 탈중앙화로 어디서도 경쟁력이 있음을 의미하며 이는 국제화 세계화로 연결된다.

지방자치는 중앙집권에서 탈피하여 분권정치와 시민의식을 증대시킨다. 청주와 서울의 시민의식이 균질될때 민주적 경쟁력이 증대된다. 지방의회와 단체장이 같은 특정당이면 어떻게 지방자치단체를 감독, 견제할 수 있을까. 권역별 정당명부식비례대표제나 중대선거구, 석패률 적용 등을 활용해서라도 지역감정을 종식시켜야 한다. 권역별 3:3:4정도로 각각의 정당이 점하고 있어야 다양성과 경쟁성을 반영하지 않을까. 걸핏하면 보도블럭이나 교체하고 교통신호판을 아무 이유없이 갈아놓고 1년 이상이나 다리 공사를 중단한 채 내버려두고 쓸데없이 삼삼오오 짝을 지어 외유나 하는 지방자치단체를 어떻게 주민자치라고 할 수 있겠는가.[41]

지역의 생산성과 특산물을 개발하여 전국 어디에서도 독특한 문화와 상품을 개발한다면 그것이야말로 글로벌시대에 고수익을 올릴 수 있는 아이디어가 아닌가. 전 지구적 수준의 지방화(Global Localization)라는 용어가 잘 지칭하듯 세계화와 지방화는 수레의 두 바퀴와 같이 서로 보완적 관계에 있다.[42] 지방화는 세계무대에서의 경쟁주체가 국가에서 지방으로 전환하고 있는 현상이며, 경쟁의 주체가 정부에서 민간으로, 정부안에서도 국가보다는 지방자치단체로 전환하는 것이 바로 지방화의 핵심인 것이다. 이는 전국적으

41) 상게서, p.131.

42) 안성호, 전게서, pp.132-133 ; 강명구, "지방화와 정보화," 한국정치학회, 『한국정치학회보』, 제29집1호(1995), pp.76-77.

로 도시와 농촌의 차별 없이 정치적 민주화의 실현, 주민의 적극적인 참여, 그리고 삶의 질이 균질 되게 실현됨을 의미한다. 결국 지방화는 도시는 도시답고 농촌은 농촌답게-자연보존, 전통보존, 문화보존 – 등을 통하여 개발해야 한다. 이를 위해서 지방정부도 적극지원하고 기업도 지역경제를 위하여 성실하게 임해야하며 온주민이 참여해야하는 실천의 삼각체계가 절실한 것이다.

지방재정자립도의 불균형이 시정되고 전국지역이 고른 발전을 꾀하는 것이 지방화이고 세계화인 것이다. 민족주의-지역주의 – 국제주의(세계주의) 차원의 신국제질서하 에서의 한국의 위상을 점검하고, 이에 적응하기위한 전략으로서 세계화 – 지방화 – 민주화의 상관관계를 분석하고 이를 실천하기위한 주체로서 정부(지방정부) – 기업 – 시민의 삼각관계가 매우 긴밀하게 네트워킹으로 연결되어야 한다. 글로벌시대 국가들은 총알 없는 경쟁속에서 민족국가의 생존을 위해 국가경쟁력강화를 위한 다양한 전략을 분출하고 있음을 인식해야 한다.[43]

11. 국제화(Internationalization)–세계화(Globalization)

국제화와 세계화의 개념적 차이는 어디에 있는지. 국제적 공인과 한국적인 것의 접목에서 세계화의 보편성과 만나는 것인지. 한국적인 특성에 맞는 민주주의(특수성)가 세계적인 민주주의(보편성)과 일치되는 것을 의미하는 것인지와 관계된다.

토머스 프리드먼 뉴욕타임스 칼럼니스트는 세계화는 미국화라는 등식이 지속할 수 없으며 결국 세계화는 모든 국가가 동참하는 진정한 의미의 세계화(worldization)가 된다고 지적하였다.[44]

세계시민과 민주시민교육은 인류보편의 가치를 중심으로 인간중심의 의식을 심고 세계인의 자질을 함양토록 함으로 공동체의식을 배양하여 시민의 배타성을 극복하도록 한다. 이는 제도, 의식, 관행의 개혁으로 나타나 외국문화에 대한 포용, 문화한국인의 자긍심 고취, 세계인으로서의 자신감 확립 및 앞서가는 창의, 질서, 도덕, 윤리함양 등을 통해 개인들이 세계일류시민으로 되도록 해야한다.

---

43) 안성호, 『범세계민주화비교론』(서울 : 교육과학사, 1994), pp.597–605 ; Anthony Giddens, The Consequences of Modernity(Stanford : Stanford University Press, 1990), p.64.

44) 「매일경제신문」, 2002.3.29.

교육개혁을 통해 개인들이 세계일류시민으로 새로 태어나고 한국인의 오랜 배타성과 폐쇄성을 극복하기 위해서는 교육제도, 교육의 의식과 관행을 가정, 학교, 사회가 함께 참여하여 획기적으로 전환하고 혁신해야한다. 정부는 교육개혁에 걸맞는 예산의 배정과 국가지원 동원체제를 포함한 교육내용에 대한 개혁을 혁명적인 발상으로 접근할 필요가 있다.[45]

그리고 현재는 유럽이나 미국처럼 외국이나 이민족, 다인종사회가 아니나 21C는 세계화에 따른 이민족과의 관계가 점점 증대됨으로 새로운 시민적 관계가 발생할 수 있다.[46] 이때 발생할 수 있는 낯설음, 인종차별문제 등도 대비해야한다. 예컨대 국가별 유형군(clusters of countries)도 알아야한다.[47] 우리에게는 다소 생소한 ① 다수결주의(majoritarian) - 뉴질란드, 영국, 아일랜드, 룩셈부르그, 스웨덴, 노르웨이, ② 다수결주의-연방주의(majoritarian-federal)미국, 카나다, 독일, 오스트리아, 호주, 일본, ③ 합의적-단일정부(consensual-unitary)이스라엘, 덴마크, 핀란드, 프랑스(4공화국), 아이슬란드, ④ 합의적 정부(consensual) 스위스, 벨기에, 네델란드, 이태리, 프랑스(5공화국)등의 국가별 특성도 알아야한다.[48] 이는 서구민주주의가 제도보다도 이를 운영하는 사람들의 성실한 실천이 중요함을 말해주기 때문이다.

그리고 국제적 비교연구 모델 결과는 가능한한 효과적으로 학교에서 민주적 시민교육을 만들기 위한 공고하고 기초가 튼튼한 충고가 되어야 한다.[49]

영국모델, 미국모델, 일본모델 등이 서로 다른 민주주의제도를 갖고 있으나 그 본질에 있어 국민에 대한 존중은 공통점으로 갖고 있는 것이다. 권력도 바로 이를 위해서 존재할 때 그 정당성을 얻는 것이다. 어떤 점에서는 제도보다도 인간이 더욱 중요하다. 즉 정치문화, 전통, 관습 등에 따른 제도는 달라도 공통된 수준의 자유민주주의를 구현할 수 있음은 제도이전에 이를 운용하는 통치, 행정, 경영에 있어서의 당사자인 인간의 의지인 것이다. 여기에는 동서양이 따로 없고, 종교적차이, 인종의 차이가 따로 없

45) 안성호, 전게서, p.138 ; 김석준, 「한국의 세계화 비젼」(서울 : 공보처, 1995), pp.20-21.

46) Paul Close, *Citizenship,Europe and Change*(London : Macmillan, 1995), pp.68-74.

47) Arend Lijphart, *Democracies: Patterns of Majoritarian and consensus government in twenty-one countries*(New Haven : YaleUniv. Press, 1984), p.216.

48) Ibid., p.216.

49) Henk Dekker, "Socialization and Education of young people for Democratic Citizenship. Theory and Research," in Romuald Holly(ed.), *Political Consciousness and civic Education during the Transformation of the system*(Warsaw: Institute of Political Studies Polish Academy of Sciences, 1994), p.28.

는 것이다. 그래서 존 록크, 장자크 루소, J.S.밀, 에브라함 링컨, 마틴루터 킹, 바클라프 하벨, 바웬사, 만델라, 아키노, 아웅산 수지 등의 인물을 세계적인 인물로 자유민주주의에서 중요하게 찾아볼 수 있는 것이다. 심화되는 세계화가 국제관계의 민주화로 발전되지 않고 표류하는 한 이는 시민사회와 국가의 이중민주화라는 민주주의의 내포적 심화를 가로막는 암초로서 작용할 것이다. 이명박정부도 글로벌외교, 국제경쟁력, 국제화도 결국 민주화의 지속적인 실천을 통해서 가능한 것이다. 화해, 통합, 소통이 민주주의의 화두이다. 개인의 정치적 목적이 달성되었다고 국가의 민주화 목표가 달성된 것은 아닐 것이다. 그것은 민주화시작의 여러 기본적 준비중 하나에 불과한 것이다. 결국 시민사회의 참여로 모두가 민주주의 파수꾼이라고 인식하는 대전환적 사고가 요망된다.[50]

민주주의도 세계화의 수준으로 가야한다. APEC, ASEM, ASEAN+3, G-2, G-7, G-8, G-20, EU, 그리고 OECD(터키, 멕시코제외)의 회원 국가들을 우리는 세계화된 민주주의 국가로써 모델링을 할 수 있다.

맥그류(Anthony McGrew)도 세계화시대에 있어 경제적 세계화와 자유민주주의, 환경과 민주화, 여성과 민주화, 인권과 민주화, 다국적기업과 민주화, 그리고 EU와 UN에서의 민주주의 등 세계화와 연관된 민주적 이론과 실천에 있어 다양한 부분의 새로운 민주주의 논의가 중요함을 지적하고 있다.[51] 최근 학계에서는 대체로 다음과 같이 세계화에 대한 개념을 정리하고 있다. 정부는 세계화내용은 하나의 사회현상이며, 미래의 세계질서에서 우위를 점하기 위한 전략이며, 국민을 하나로 통합시키는 이데올로기라고 보고 있다.[52] 세계화는 자본축적의 공간적 범위를 범지구적으로 확장하는 새로운 형태의 생산양식과 교환의 체계를 목격하면서 구성되는 인식의 틀이다.[53]

EU, NATO, WTO, IMF, IBRD등 세계경제에 있어 여러 기구들이 세계화와 민주주의에 관한 여러 논의에서 중요하게 자리 잡고 있다. 남과 북의 빈부의 격차가 심화되는 가운데 범세계적 민주주의를 위해서는 부의 재분배와 균형, 지원 등이 적극적으로 논의되어야 한다. 전쟁방지, 세계평화, 환경

---

50) 안성호, 전게서, pp.141-149.

51) Anthony McGrew(ed.), *The transformation of Democracy? : Globalization and Territorial Democracy*(Cambridge : Polity Press, 1997), pp.231-240.

52) 이남영, "세계화의 의미와 개혁의 기본방향,", 민자당편, 『국책연구』(봄호, 1995), pp.11-14.

53) 박재창, "지방화시대의 중앙정치와 지방자치의 역할," 민자당편, 『국책연구』(여름호, 1995), pp.83-84.

보호, 지구보호, 오존층보호, 해양보호, 자연보호 등은 국경 없이 상호 영향을 주며 상호협력하지 않으면 공멸할 수밖에 없음을 일깨워 준다. 궁극적으로는 세계화의 최고이상은 세계가 한 정부 하에서 존재하고 최소한 각 국가의 국민이 직접교류를 함으로써 전통적인 국가 간의 벽을 허물자는 주장도 있는 것이다.[54] 한국이 어느 정도 민주화를 이룩했다는 장점도 있으나 아직도 EU나 일본만큼 선진된 민주주의, 안정된 경제구조, 질서 있는 사회구조를 제도화하고 있지 못하며 내적으로도 많은 민주화과제가 산적해 있기 때문이다.[55]

제5절 민주화후의 민주주의 공고화

1. 절차적 민주화

대체로 민주정치제도화부문에서 국민의 정치참여와 관련된 부문이 민주주의적으로 제도화를 확보해나가는 과정을 말한다. 권위주의체제나 전체주의체제에서 이탈하면서 군부의 정치개입에서 벗어나고 군사정치의 잔재를 제거하고, 군의 정치적 중립이 보장되고, 자유총선, 대통령직선제, 경쟁적 정당제도입, 경선제도입, 대의제도확립, 이익집단의 활성화, 언론자유의 보장 등으로 시민사회의 활성화가 점차 확대되어가는 상황을 말한다.

슈미터(P. Schmitter)는 민주화이후 시민사회, 시민단체 활성화가 무엇보다 중요하며, 자본의 구조적인 힘과 자유주의적 집단조직원리의 패러독스를 강조하였다.

2. 실질적 민주화

민주정치의 제도화수준을 넘어서 국민의 삶의 질이 향상 보장되는 수준으로의 전환을 의미한다. 즉 풀뿌리민주주의제도화, 지방자치확대, 빈부격차의 해소, 생존권의 보장, 복지정책의 확대, 행복추구권 등이 요람에서 무덤까지

---

54) 안성호, 전게서, p.144. 세계주의는 인류가 공동규제할 수 있는 물리적 힘을 키우고, 각국민이 공동으로 혜택을 볼 수 있는 체제를 수립함에 있다. 이것이 성공하면 결국 인류는 한가족이라는 정치적 상징의 능력도 키우게 된다. 그러므로써 인류는 보편적인 가치관에 의해서 행동규범을 결정하게 된다는 주장이다.

55) 안성호, 전게서, p.146.

라는 구호에 걸맞게 정책적으로 보장되는 것을 의미한다. 헬드(D.Held)는 이중민주화(Double Democratization)의 논리를 도입하여 절차적 (형식적)민주주의에서 실질적(참여적)민주주의로의 과정 이것이 민주주의의 공고이다.[56)]

디아몬드(L.Diamond)는 신생국에 경우 통치가능성, 대표성 달성이 우선적인 목표라고 지적한다. 어용단체들이 난무하는 사태를 막아야하고 국가에 의해 간섭을 제거하고 동시에 시민의 이야기를 모아 정치권에 투입하고 정부와 시민들의 이익을 연결하고 국가로부터 떨어져야하지만 너무 멀리 떨어져서는 안 된다. 민주주의공고화를 위해서는 정치개혁이 선행되어야 하고 정치개혁 프로젝트중심은 정치문화가 되어야한다고 강조한다.

오히려 지금은 사회주의권국가들이 자본주의국가, 서구민주주의국가를 모델링으로 하여 개혁을 추진하고 있는 점을 어떻게 이해해야 할까. 특히 고르바쵸프는 인간의 얼굴을 가진 사회주의를 강조했고 스웨디쉬 모델을 추구한다고 했었다.

오늘날은 개별국가차원(일국가 차원)과 국제적 차원이 매우 밀접하게 관계되어 있고 민주주의라는 공통선, 공동의 합의가 묵시적으로 중요한 가치로 자리 잡고 있으며, 통신, 교통의 발전, 정보의 범람으로 오랫동안 폐쇄적으로 국가를 운영하기 힘들며, 선진국, 중진국, 후진국 등이 연결고리처럼 밀접하게 연결되어 있다고 본다.[57)]

3. 민주주의 공고화

민주화를 통해서 절대왕권체제, 권위주의체제, 전체주의체제에서 민주주의로 이행하였지만 얼마 가지 못해서 다시 과거로 회귀하는 국가도 발생한다. 헌팅톤은 70년대 80년대 민주화를 통하여 민주주의를 쟁취한 국가들이 과거 권위주의체제로 회귀하는 국가가 발생하는 것을 지적하고 있다. 예컨대 1984년 나이지리아 1989년의 수단은 다시 과거 권위주의체제로 회귀했다는 것이다.[58)] 민주화이후 과연 얼마나 오랜 기간 민주주의가 지속될 수 있느냐는 민주화운동의 성격과 의미를 분석하는데 중요한 이슈이다. 과거 권위주의정권시기의 민주화운동 희생자에 대한 평가와 학살행위를 감행

56) 상게서, p.147.

57) 상게서, p.148.

58) Samuel P. Huntington, *The Third Wave : Democratization in the Late Twentieth Century*(Univ. of Oklahoma Press, 1991), pp.208-209.

한 군사정권이나 권위주의정권에 대한 처벌 등이 인도적 방식으로 제도적으로 해결되고 있느냐도 민주주의공고화를 위한 중요한 과제이다. 예컨대 아르헨티나에서는 70년대 군사정권시절 보안군대에 의해 학살이 간주되는 9000여명의 실종자들에 대한 진상조사나 처벌 등이 미해결되고 있다. 우루과이, 그리스, 칠레, 루마니아, 브라질, 한국 등도 다소 차이는 있지만 예외는 아니었다는 것이다.[59] 다양한 사회적 정치적 갈등들인 민주-반민주갈등, 노사갈등, 도농갈등, 세대갈등, 빈부갈등, 지역갈등 등 여러 다양한 갈등의 충돌이 제도화된 법, 대화통로, 협상 등을 통하여 평화적으로 해결되고, 정치부문에서 대중폭력시위나 테러행위가 근절되어야할 것이다. 선거를 통하여 다수결원칙이 제도화되고, 이에 대한 결과에 대하여 승자나 패자 모두 승복하고 존중할 줄 아는 공정한 경쟁이 제도화되어야 한다. 민주주의공고화는 과거의 민주화운동가들에 대한 학살, 고문, 납치, 실종 등의 사건을 철저하게 진상규명하고 이에 대한 책임자에 처벌을 법적으로 제도화하고 다시는 이러한 일이 재발되지 않을 때 실현되는 것이다. 이렇게 볼 때 민주주의공고화는 인권에 대한 보장, 평화적인 정권교체의 제도화, 군부의 정치불개입의 제도화, 모든 부문에서의 자유화 실현 등이 지속적으로 실천되고 있을 때 가능할 것이다.[60]

59) *Ibid.*, p.212.

60) 안성호, 전게서, p.149.

제4장

현대민주주의 위기론

제1절 현대민주주의 위기 논쟁

1. 과두지배철칙 논쟁

미국에서는 미국의 가치가 뭐냐를 중심으로 개인주의와 공동체주의 그리고 자유시장 민주주의와 참여주의적 민주주의의 논쟁이 진행되고 있다. 자유시장 민주주의주장자들은 광범의한 대중의 참여보다는 자유로운 경쟁을 통하여 경쟁력이 있는 일부 엘리트중심의 최소한의 정부를 강조한다. 반면 참여주의적 민주주의 주장자들은 가능한 한 광범위한 대중의 정치참여를 통하여 공동체적 정치를 강조한다. 인간은 본래 그들의 공동체와의 사회적 정치적 관계를 자연스럽게 갖고 있는 경향이 있다는 주장이다. 선거를 초월한 민초의 참여가 확대되면 인간의 본성은 활짝 필 수 있다고 믿는다. 과거 50년대와 70년대에 걸쳐 미국의 민주주의는 엘리트주의민주주의고 과두지배의 철칙이 적용된다고 하는 주장과 다원주의적 다두체제라는 주장의 논쟁처럼 진지하게 논의되고 있다.

참된 민주주의하 에서는 논쟁은 몇 년에 한번씩 오는 선거때만 있는 것이 아니다. 논쟁은 매일같이 일상적 생활 속에서 던져지고, 텔레비죤 스튜디오에서 저녁식탁에 까지, 상점에서 교실까지 어디에서도 가능한 것이다. 정치적 논쟁은 논쟁자들이 깊이 신념과도 관련되어있기 때문에 과열될 수 있을지라도 민주주의하 에서는 불일치의 어떠한 권리도 거부되어져서는 안되는 것이다. 민주주의하 에서는 어느 누구도 진실에 대하여 독점해서는 안된다는 점을 인정해야한다. 불일치의 합의(Agreeing to disagree)가 바로 민주주의의 핵심인 것이다.

미국이 정책결정과정에 소수의 엘리트들이 참여한다는 점에서 엘리트민주주의라고 하는 반면, 3권분립, 여당과 야당, 언론, 여론, 선거 등 정책결정에 직·간접으로 국민전체가 참여한다는 점에서 대중적 민주주의라고 주장하는 등 미국민주주의에 대한 논쟁이 여전히 지속되고 있다. 다수결원칙의 민주주의도 소수의 시민들에게 입법과정에서 직접적으로 참여하고 그들 사회에서 기여할 수 있는 평등한 기회를 부여하는데 있어서 실패했다는 것이다.[1)]

과연 미국은 민주주의 국가인가. 무엇으로 미국이 민주주의국가인지를 알 수 있는가.

이에 대해서는 엘리트주의자와 다원주의자의 논쟁이 이미 있었다. 50년대 밀즈(C. Wright Mills)의 파워엘리트(Power Elite)와 70년대 다알(R. Dahl)의 다원주의 논쟁이다. 밀즈는 미국이 사실상 소수의 집단에 의해 움직여지는 비민주적 국가임을 지적한다. 즉 ① 백악관을 중심으로 한 고위 관료, ② 자본주의의 부를 움켜지고 있는 재벌, 그리고 ③ 군부 등이 막강한 권력을 갖고 미국을 움직인다는 것이다. 미국 국민은 선거때만 주권을 행사하고 뒤에는 정치권에서 소외된다는 것이다. 소위 로베르토 미첼(Robert Michels) 이 지적한 과두지배의 철칙(Iron Law of Oligarchy)이 예외없이 미국의 민주주의에도 적용된다는 것이다. 미첼은 전 세계 모든 평등을 강조하는 사회주의정당이든 자유를 강조하는 민주주의 우파정당이든 몇몇 소수의 엘리트에 의해 좌우되고 장악된다고 강조하였다.

반대로 로버트 달(R. Dahl)은 민주주의본질을 다두정치(Polyarchy)와 정치적 다원주의(Political Pluralism)로 설명하였다. 미국이 민주주의국가임을 강조하였다.[2)] 이는 민주주의는 다양성을 존중하며 다양한 시민사회의 제 집단이 자발적으로 민주정치의 참여함을 보여준다.[3)] 즉 국가는 시민사회의 힘을 존중하고 그 역할이 국가정책에 역행하는 것이 아니고 협조적임을 인정하는 것이다. 서구민주주의에 있어 국가와 시민사회는 본질적으로 정의와 자유를 통해서 볼 때 사실은 하나인 것이다. 양자는 적대관계가 아니며 상호 보완적 협조적 관계인 것이다. 게다가 국가가 추구하는 정의와 시민사회가 추구하는 정의가 다른 것이 아니고 하나일 때 진정한 정의가 구현되는 것이라 본다.

첫째, 3권분립이 제도화된 나라여서 견제와 균형의 원리에 의하여 입법부의 견제에 의하여 행정부의 독식은 불가능하다. 입법, 사법, 행정이 철저

---

1) *Ibid.*, pp.116-117.

2) Robert A. Dahl, *Polyarchy : Participation and Opposition* (New Haven : Yale Univ. Press, 1971)

3) *Ibid.*

히 삼권분립으로 독립성이 강하다. 특히 입법부의 상원, 하원은 철저히 행정부를 견제하고 국민의 대표의 기능을 수행한다. 대통령의 비토권을 막을 수 있는 하원상원의 결정의 기회가 있고 당의 소속보다는 국민의 대표라는 의원들의 초당적인 태도와 국민대표성을 보여주는 의원들의 분주함이 바람직스러워 보인다. 특히 교차투표(Cross Voting)을 통하여 당리당략보다는 국가와 국민을 위한 표결을 한다는 점에서 행정부의 들러리라는 소리와는 거리가 멀다.

둘째, 여당(regime)과 야당(opposition)이 대립하고 차기정권경쟁을 하기 때문에 야당이 여당에 대해서 강력한 비판과 견제를 하고, 셋째, 미국의 언론이 가만있지 않는다는 것이다. 언론은 재직중인 대통령도 탄핵으로 몰고 갈 정도로 권력의 속을 파헤쳐 나간다는 것이다.

넷째는 이익집단과 시민단체의 감시이다. 다음번 선거때 집권저지운동을 하거나 상대방 정당을 위해서 선거운동을 하기 때문에 함부로 이익집단이나 시민단체를 무시한 정책결정을 할 수가 없다는 것이다. 미국의 최대 이익집단인 노조인 AFL-CIO는 회원만도 7천 만명에 이른다. 항상 타협, 대화와 흥정이 요구된다는 것이다.

다섯째, 여론이 가만있지 않는다는 것이다. 선진시민의식이 선진국의 모든 것을 결정한다. 선거때 지지하지 않는다는 것이다. 이렇게 다원적 집단과 여러 측면에서 권력층을 견제하기 때문에 미국이라는 나라가 몇몇 소수의 엘리트에 의해서 마구잡이로 움직여 나가기가 쉽지 않다는 것이다. 즉 권력의 다원성을 강조하고 사회의 다두체제를 강조한다.

민주시민의식이 투철하고 이웃과 친목이 강하고 마을공동체에 대한 지킴이 역할을 중요하게 생각하고 컴뮤니티 단위의 문화센터나 공동교육장, 어린이 보육시설이 마을단위로 이루어진다. 그러나 시민들이 약한 것처럼 보이나 문제가 생기면 회의를 소집하고 주민투표, 주민발의, 주민소환, 주민소송을 불사한다. 시민들이 약한 것처럼 있으나 분노하면 집단시위도 하고 정권퇴진운동도하고 선거때는 낙선운동도 한다는 것이다.

다만 폭력적이거나 전투적 방식으로는 해결하지 않는 선진의식을 갖고 있다. 특히 잘못된 당이나 지도자에게는 선거때 지지하지 않는다는 것이다. 이렇게 다원적 집단과 여러 측면에서 권력층을 견제하기 때문에 미국이라는 나라가 몇몇 소수의 엘리트에 의해서 마구잡이로 움직여 나가기가 쉽지 않다는 것이다. 즉 권력의 다원성을 강조하고 사회의 다두체제를 강조한다.

〈표 4-1〉 민주주의 내에서 영역 별 작동 규범과 부패(1)

항목	영역					
	국가			공적영역	시민사회	시장
	행정기관	사법기관	입법기관			
민주적 기능	집단적 대리기관	법의 원리	대표성을 갖는 법률입안	대중적 여론의 형성	규범 및 자발적 동의에 의해 조절되는 집단적 대리기관과 대표성 : 시민의식의 사회화	높은 수준의 복잡성과 효율성
포섭 원리	프로그램의 목적, 임무 및 실행에 내제된 일순위의 규범들 : 효율성	이차적 순위의 규범 : 공정성, 평등 및 진실 추구를 극대화 하는 과정	이차적 순위의 규범 : 개방성, 독립성, 책임성	이차적 순윙의 규범 : 진실과 정직을 말하는 담론세력에 기반한 설득	신뢰와 상호의존에 내재된 일순위의 규범	이차적 순위의 규범 : 기제적 상호의존, 공정한 교환조건, 투자자와 소비자를 위한 정보의 공개
합의 수준	프로그램으로 공식화된 수렴된 이익들 또는 합의	법적 규범에 관한 합의 아래 작동하는 갈등적 이익	정치적 절차에 관한 합의하에 상호작용하는 갈등적 이익	언론의 자유화에 작동하는 갈등적 의견	집단내에서의 수렴된 이익, 집단들간의 갈등적 이익	자원에 관한 상이한 통제에 기반한 갈등적 이익

〈자료〉 M.Warren, "What dose corruption mean in a Democracy?" *American Journal of Political Science* 48권2호(2004), pp.335-336 ; 김유경, "민주적 거버넌스와 반부패 : 국제적 반부패 전략과 다차원적 부패 개념의 필요성," 비교민주주의학회, 『비교민주주의연구』, 제3집1호(2007.6), pp.155-156.

다른 한편 신과두제는 비록 정치적 탈독점화가 진전되지만 구독점적 기득권 세력이 강력한 정치적 권력을 가지고 있는 것을 의미한다.[4)]

정치적 신과두제적 유형에 필리핀, 인도네시아, 타이를 포괄하고 정치적 포스트-과두제 유형에 한국과 대만을 포괄시켜 논의하였다.[5)]

2. 정치카르텔

민주화과도기나 민주화이후 민주주의하에서 엘리트의 단합으로 시민대표의 기능은 저하되고 대의제 민주주의원리가 붕괴되는 경우가 종종있다.

모페(Mouffe)에 의하면 정치는 정치인들의 사익추구로 전락하였다. 현대 민주주의의 문제는 정치사회가 집단적 이익을 추구하는 정치집단들의 장소

4) 조희연・박은홍・이홍균 엮음, 『아시아민주화와 사회경제적 불평등의 동학 : 사회경제적 독점의 변형연구』(성울 : 한울, 2009), p.66.

5) 상게서, p.68.

에 머물고 있는데 기인한다. 의회 상

임위원회, 행정부는 이익집단과의 유착(Iron Triangle)으로 더욱 정치카르텔화는 가속된다. 의회는 추정적 의사를 하고 철새정치인들이 민의를 배신하는 장이 되었다. 수직적 책임성으로 본다면 선거(국민심판)를 통하여 올바른 선택을 해야되는데 이는 또한 지역연고주의에 의해 무참히 짓밟히고 만다. 수평적 책임 또한 입법, 사법, 행정이 견제와 균형관계보다는 오히려 단합하는 형태로 전락하였다.[6]

현대민주주의의 문제는 정치사회가 집단적 이익을 추구하는 정치집단들의 장소에 머물고 있는데 기인한다. 의회 상임위원회, 행정부는 이익집단과의 유착으로 더욱 정치카르텔화는 가속된다. 의회는 추정적 의사를 하고 철새정치인들이 민의를 배신하는 장이 되었다.

올손(M.Olson)에 의하면 의회는 공공재에 대한 이익을 조정하기보다는 파이(pie)의 분배에만 관심이 있다.[7] 메지(Mezzy)는 의회의 분류를 능동형, 참여형, 협의형, 소극형으로 분류하는 데 우리의 경우 제왕적 대통령하에서는 소극형에 머물고 만다. 삼권분립으로서 국민의 대의기관인 입법부가 라이브홀즈(Leibholz)에 의하면 의회과두제 현상이 일어나고 있다고 비판한다. 이제 실질적으로 민주주의가 운영하기보다는 이념화되어 버린 민주주의(Democracy and Its critics)로 전락하였다. 푸트남(R.D.Putnam)은 사회적 합의가 상실되었다고 지적한다.[8]

삼권분립으로서 국민의 대의기관인 입법부가 의회과두제 현상이 일어나고 있다. 전 세계적으로도 세계화의 덫이 존재한다. 초강대국인 미국의 패권주의를 기저로 신자유주의는 선진국의 금융자본과 다국적 기업만을 살찌우고 약소국의 경제를 예속화 시킬 염려가 있다. 시장관계가 사회를 지배할 때 사회관계는 경제의 부속물이 된다. 바다이야기에서 보듯이 여전한 정경유착, 관-정-경-관-언 등 엘리트 부패고리가 상존한다. 이점에 있어 정치카르텔도 철저히 이익중심의 경제논리에 근거하고 있다고 할 것이다. 비효율의 악순환이 초래한다는 효율성 역설(efficiency paradox)처럼 결국 정치카르텔 (Political Cartel)화는 비효율의 악순환이라고 할 수 있다.

---

6) 안성호, 전게서, pp.74-75.

7) Mancur Olson Jr., "Some Social and Political Implications of Economic Development," World Politics, Vol.17, No.3(April 1965) 참조.

8) Robert D. Putnam, *The Comparative Study of Political Elites*(N.J. : Prentice-Hall, Inc., 1976), pp.15-16.

<표 4-2> 민주주의 내에서 영역 별 작동 규범과 부패(2)

항목	영역					
	국가			공적영역	시민사회	시장
	행정기관	사법기관	입법기관			
배제방식에 다른 부패의 규정	사적 이익을 위해 정당하게 결정된 규범에 대한 공직자의 이탈, 대중적 신뢰에 대한 배반	이익에 의해 동기부여된 결정	비밀과 기만: 공적으로 정당화될 수 없는 방식으로 돈이나 권력에 반응하는 결정들	돈이나 권력의 영향으로 인한 기만, 속임수, 위선	특수화한 신뢰와 상호의존	정당하지 않은 독점, 불공정한 부역관행, 시장규범에 대한 다른 영역의 원리개입
민주주의에 대한부패의 부정적 효과	비효율성, 불평등, 임의적 결정, 정부에 대한 신뢰 상실에서 결과한 집단적 대리기관의 군력감소	권리와 보호, 안보의 침해, 위법적인 사법적 결정으로 인한 법의 원리의 손상	실패한 대표성, 신중함의 창조적 범주 상실, 위업적 결정	집단적 결정과 대중의 판단 사이의 냉혹한 관계	비국가적 집단 행동을 위한 능력상실, 국가 통제의 능력 상실, 민주주의의 생성 능력 상실	사적 목적을 위해 사용되는 국가, 시장법칙의 공정성에 대한 확신 상실, 시장 효율성 감소

<자료> M.Warren, "What dose corruption mean in a Democracy?" *American Journal of Political Science* 48권2호(2004), pp.335-336; 김유경, "민주적 거버넌스와 반부패: 국제적 반부패 전략과 다차원적 부패 개념의 필요성," 비교민주주의학회, 『비교민주주의연구』, 제3집1호(2007.6), pp.155-156.

마을단위, 소규모단위로 모임을 만들어 국회의원이나 광역의원이나 기초의원과 사랑방대화를 나누어야한다. 이러한 실천운동이 소홀해지면 수평적 책임 또한 입법, 사법, 행정이 견제와 균형관계보다는 오히려 단합하는 형태로 전락한다.

폴라니(K.Polyani)는 시장관계가 사회를 지배할 때 사회관계는 경제의 부속물이 된다고 보았다. 이점에 있어 정치카르텔도 철저히 이익중심의 경제논리에 근거하고 있다고 할 것이다. 포디즘(Fordism)의 축적체계붕괴, 수인의 궁지(Prisoner's dilemma), 영화게임(zero-sum game) 등 경제적인 논리에 의해 정치현상을 설명하는 주장이 많이 있다. 레바인(C.Levine)은 비효율의 악순환이 초래한다는 효율성 역설(efficiency paradox)을 강조했는데 결국 정치카르텔화는 비효율의 악순환이라고 할 수 있다. 자원동원이론에 의하면 부와 시간을 상대적으로 많이 가지고 있는 자본가들은 정치조직화에서 노동자들을 앞서고 있기에 결국 국가는 시장 대변자일 수밖에 없는 것이다.

밀은 상호양립 가능한 수준에서 지적 전문성을 구비한 숙련된 사람이 최대한 실무를 집행하는 반면에 전 인민의 대의기구가 전반적인 통제권을 행사하는 것이 정치제도의 가장 중요한 목표라는 점을 거듭 강조한다. 밀은 민주정부의 대표적인 강점을 희생시키지 않으면서 이와 같은 폐단을 극복하거나 아니면 적어도 완화하기 위해 숙련민주주의(skilled democracy)에 관한 구상을 하였다. 그러나 밀은 지적 능력이 떨어지는 사람의 정치참여를 배제시키려는 발상에 대해서는 원칙적으로 반대하였다. 참여민주주의자라는 명성에 걸맞게 다양한 형태의 참여가 제도화되면 그들도 자조적 능력을 키워나갈 수 있다고 확신했다. 다만 그때까지는 과도기적 조치로서 등급민주주의(grade democracy)가 불가피하다고 생각했다.[9)]

〈표 4-3〉 정당 유형별 정당조직의 특성

항 목	간부정당	대중정당	포괄정당	카르텔정당
시기	19세기	1880-1960	1945-	1970-
지지경쟁방식	제한된 신분	대표성	정책효율성	운영효율성
조직중점기능	선거	이익표명	엘리트충원-정당화	선거
조직운영특징	-	노동집약적	노동 · 자본집약적	자본집약적
의사소통채널	상호네트워크	고유의 채널	정당이외 채널경쟁	국가통제채널
주요자원	사적접촉	당비 · 기부	다양한 출처의 기부	국고보조금
지도부-당원 관계	지도부=당원	상향식	하향식	계층성구조
당원구조	제한적 소수	폐쇄적 · 동질적	개방적·이질적	조직되지않은 개인

〈자료〉 R. Katz and P. Mair, eds., How parties Organize : change and Adaptation in party organizations in Western Democracies(London : Sage, 1995), pp.21-22 ; 정진민, 『후기산업사회 정당정치와 한국의 정당발전』(서울 : 한울,1998), pp.152-170 ; 박경미, "민주화이후 한국의 정당쇄신," 비교민주주의학회, 『비교민주주의연구』, 제2집2호(2006.12), p.74.

〈표 4-3〉에서 보듯이 정당조차도 카르텔정당으로 전락하는 위기가 발생할 수 있다. 의회는 공공재에 대한 이익을 조정하기보다는 파이(pie)의 분배에만 관심이 있다고 비판한다. 삼권분립으로서 국민의 대의기관인 입법

---

9) 서병훈, 『포퓰리즘: 현대민주주의의 위기와 선택』(서울 : 책세상, 2008), pp.211-212 ; J.S.Mill, On Liberty, *Considerations on Representative Government in Three Essays* (Oxford : Oxford Univ. Press, 1983) ; J.S.Mill, *Collected Works* (Toronto : Univ. of Toronto Press, 1991) 참조.

부가 의회과두제 현상이 일어나고 있다. 이제 실질적으로 민주주의가 운영하기보다는 이념화되어 버린 민주주의로 전락하였다. 사회적 합의가 상실되었다. 바다이야기에서 보듯이 여전한 정경유착, 관-정-경-관-언 등 엘리트 부패고리가 상존한다. 이점에 있어 정치카르텔도 철저히 이익중심의 경제논리에 근거하고 있다고 할 것이다. 비효율의 악순환이 초래하는 것처럼 결국 정치카르텔화는 비효율의 악순환이라고 할 수 있다. 민주화과도기나 민주화이후 민주주의하에서 엘리트의 단합으로 시민대표의 기능은 저하되고 대의제 민주주의원리가 붕괴되는 경우가 종종있다.

〈표 4-4〉 아시아민주주의와 소수자폭력

항목	민주주의점수 프리덤하우스 2006	민주주의점수 Economist intellegence unit 2007	소수자에 의한 국가성에 대한 폭력적 요구 UCDP 2005
인도	자유국가	flawed D(rank 35)	1.Assam, 2.Kashimir, 3.Manipur, 4.Nagaland
인도네시아	자유국가	flawed D(rank 65)	Ac e h
필리핀	부분적인 자유국가	FD(rank 63)	
스리랑카	부분적인 자유국가	FD(rank 57)	Eelam
타이	부분적인 자유국가	Hybrid regimes(rank 90)	Patani

(자료) 조희연·박은홍·이홍균 엮음, 『아시아민주화와 사회경제적 불평등의 동학: 사회경제적 독점의 변형연구』(성울: 한울, 2009), p.148.

한국의 민주주의는 정말로 만족할 만한 수준인가. 프리덤 하우스의 평가는 자유롭고 공정한 선거를 비롯한 절차적 민주주의, 법에 의한 통치, 기본권보장, 언론자유 등을 중점적으로 파악하여 이뤄지고 있다. 형식적 민주주의의 기본 틀은 정착됐다는 평가일 뿐이다.[10)]

만약 민주주의의 작동기제 등 민주주의운영 측면이나 실질적 진전 여부를 평가항목으로 포함시켰다면 한국의 프리덤 하우스 발표 지수는 훨씬 열악한 것으로 나타날 게 틀림없다. 특히 완전히 작동을 멈춘 우리의 국회의사당, 7점 만점은 떼놓은 당상일 것이다. 지난해 말 전기톱과 해머가 등장한 난장판 국회를 보고 중국네티즌들이 쏟아낸 비아냥들을 떠올리면 얼굴이 화끈거린다. 저렇게 하는 게 민주주의인가? 마오쩌둥의 인민민주전정

10) 허남진, "민주주의후퇴, 누구책임인가," 「중앙일보」, 2009.7.10.

(專政 : 독재)만세라고 하였다. 프리덤하우스는 중국을 자유가 보장되지 못한 국가로 분류하고 있다.[11)]

제2절 관객민주주의

이제는 관객민주주의(Spectator Democracy=Observer Democracy), 시간제 민주주의(Part-Time Democracy)라고까지 비판이 제기되고 있다. 시민들이 주기적 선거와 투표를 하지만 선거가 끝나면 대의기관의 통치의 객체로 전락한다. 슘페터(Schumpeter)는 국민이 선거장에서 투표하자마자 정치적 결정권은 끝이 나고 엘리트 손아귀에 모든 권력이 집중되는 엘리트민주주의론를 경계하였다.[12)] 임기동안 항시 대표를 견제할 기제가 부족한 것이다. 바크라흐(Bachrach)와 바라츠(Baratz)는 현상유지토록 하는 권력을 강조한다. 장 자크 루소는 일찍기 국민은 오직 투표일에만 자유로울 뿐이다. 투표일이 지나게 되면 곧 노예로 되기가 쉽다고 지적하였다.[13)] 선거때만 참여하는 주권자로 전락한다. 주권을 가진 국민에 의해서 선출된 대표자들로써 구성된 의회가 행정부의 들러리 격으로 화하는 소위 의회제적 과두정도 출현한다. 이렇게 되면 정치적 결정권의 실질은 의회로부터 행정부로 옮아가게 되고 의회는 행정부의 행위를 정당화시켜 주는 것으로 전락한다. 현대 대중민주주의가 소수의 행정관리에 의해서 움직여져 관료제적 민주주의의 양상을 보이게 된다. 민주주의사회의 주역이 되어야할 대중이 점점 피동적으로 변하며 정치무대의 뒤쪽으로 물러나 앉으려 한다. 이틈을 타 정치적 흥행 기술이 뛰어난 포퓰리스트 정치인들이 기세를 올린다. 이런 현상을 함께 아울러 청중민주주의(audience democracy)라고 이름을 붙이기도 한다. 청중민주주의의 등장이야말로 포퓰리즘 확산의 중요한 변수이다.[14)]

---

11) 상게논문.

12) J.A.Schumpeter, *Capitalism, Socialism and Democracy*(N.Y. : Harper Brothers, 1947), pp.64-67.

13) Jean-Jacques Rousseau, trans., Charles Sherover, *The Social Contrat*(Harper and Row, 1985) ; J.J.Rousseau, *Du Contrat Social*(1792) ; 박옥출역, 『민약론』(서울 : 박영사, 1960), 제3편, 제15장.

14) 서병훈, 전게서, p.187 ; 버나드마넹, 선거는 민주적인가 Bemard Manin, *The principle of Representative* (Cambridge Univ. Press, 1997) 참조.

〈표 4-5〉 역대국회의 정부제출안과 의원발의안비교

공화국	역대국회	의원발의			정부제출		
		제안	가결	가결률	제안	가결	가결률
제1공	제헌	105	51	48.6	143	97	67.8
	제2대	202	80	39.6	218	135	61.9
	제3대	171	71	41.5	239	83	34.7
	제4대	124	32	25.8	201	43	21.4
제2공	제5대	139	25	18.0	159	39	24.5
제3공	제6대	416	178	42.8	242	154	63.6
	제7대	244	123	50.4	291	234	80.4
	제8대	14	7	50	35	33	94.3
제4공	제9대	154	84	54.5	479	460	96.0
	제10대	5	3	60.0	125	98	78.4
제5공	제11대	204	84	41.2	287	257	89.5
	제12대	211	66	31.3	168	156	92.9
제6공	제13대	570	171	30.0	368	321	87.2
	제14대	321	119	37.1	581	537	92.4
	제15대	1144	461	40.3	807	659	81.7
	제16대	1912	517	27.0	595	431	72.4
	제17대	3258	1316	40.4	879	557	63.1

〈자료〉 http://www/assembly.go.kr (2009.8.5) ; 원시연, "대통령과 국회의 제도적 권력관계의 변화: 제1공화국부터 노무현 정부까지," 비교민주주의학회, 『비교민주주의연구』, 제3집1호 (2007.6) p.32 ; 서현진·박경미, "17대 국회 의원발의 법안의 가결 요인 분석," 한국정치학회, 『한국정치학회보』, 43집2호(2009 여름), p.92.

의원들이 국민의 대표로서의 기능을 하기보다는 정책 의제화를 방해하는 등 이기적 행동을 하는 대의제의 모순이 발생한다. 선서는 일종의 조작된 다수(manufactured majority)로 선거후에는 관객으로 전락한다. 애로우(Arrow)는 투표의 역설을 강조하면서 불가능성 정리와 선호의 완전성, 이행성, 비독재성, 독립성, 파레토효율을 만족시키는 사회효용 함수는 존재하지 않음을 증명하여 선호집합적 민주주의실시에 의문을 던진 바 있다. 다수결투표제도의 선택은 사회의 선호집합을 둘 수 있다는 가정하에서 이다.

그러나 애로우는 다수결투표제도 자체가 사회전체의 선호를 효율적으로 대표할 수 없다는 것을 증명하는 것이다.

잘못된 민주주의는 행동하는 소수와 침묵하는 다수에서 나타난다. 결국 탈정치(de-political)와 반정치(anti-political)가 판을 치고 대중조작(public manipulation)까지 횡횡한다. 이럴수록 주인과 대리인 이론(Principal-Agent Theory)은 철저히 선거에서도 적용되어 이럴수록 유권자는 합리적 선택을 기본으로 주권자로서의 역할을 다해야한다. 바라츠(Baratz)는 대의기관이 국민을 역으로 조작하는 일까지 벌어진다.

일반대중은 정책결정에의 참가자로서 생산적·능동적으로 되기보다는 정치의 수혜자로서 소비적·수동적으로 되기 쉽다. 지나치게 많은 정보의 전달은 오히려 정보에 대하여 무감각하게 만들기 쉽다. 대중들은 유머나 스릴, 서스펜스를 바라는 관객처럼 정치를 흥미본위의 대상으로 받아들인다. 대중에게 정치는 주체적 참여의 문제가 아니라 관객적 흥미의 대상으로 될 때 관객민주주의로 전락할 수 있다.[15)]

포퓰리즘 추종자들은 민주주의를 지지하지만 정치문제로 골머리를 앓는 것은 싫어한다. 그들은 지도자를 원한다. 지도자들에게 자기일을 맡겨 버리려한다. 자신들의 문제를 잘 알고 대신 나서서 해결해줄 사람을 찾는 것이다.[16)]

이렇게 되면 정치적 결정권의 실질은 의회로부터 행정부로 옮아가게 되고 의회는 행정부의 행위를 정당화시켜 주는 것으로 전락한다.

현대 대중민주주의가 소수의 행정관리에 의해서 움직여져 관료제적 민주주의의 양상을 보이게 된다. 일반대중은 정책결정에의 참가자로서 생산적·능동적으로 되기보다는 정치의 수혜자로서 소비적·수동적으로 되기 쉽다. 지나치게 많은 정보의 전달은 오히려 정보에 대하여 무감각하게 만들기 쉽다. 게다가 열린우리당 집권당이 국민의 지지와 책임정치를 외면하고 스스로 붕괴하고 탈당하고 통합등의 명분으로 간판을 고쳐다는 등 민의와는 다른 정치판의 악습을 지속적으로 표출하고 있다.

교수가 정당에 관여하면 정치에 기웃거리는 폴리페서가 된다고 비난한다. 의원들이 국민의 대표로서의 기능을 하기보다는 정책 의제화를 방해하는 등 이기적 행동을 하는 대의제의 모순이 발생한다. 선거는 일종의 조작

---

15) Erich Fromm, *To have or to be*(New York : harper & Row Publishers, 1976), pp.181-182.

16) 서병훈, 전게서, p.186.

된 다수로 선거후에는 관객으로 전락한다. 잘 못된 민주주의는 행동하는 소수와 침묵하는 다수에서 나타난다. 결국 탈정치와 반정치가 판을 치고 대중조작까지 횡횡한다. 대의기관이 국민을 역으로 조작하고, 시민단체가 권력에 접근하는 통로로 시민을 편가르기를 하고 역으로 이용하는 일까지 벌어진다.

대중에게 정치는 주체적 참여의 문제가 아니라 관객적 흥미의 대상으로 될 때 관객민주주의로 전락할 수 있다. 결국 유권자실패는 선거실패-대표자실패-의회실패-행정실패-대통령실패-국가실패-기업실패-시장실패-소비자실패-시민사회실패-국민의실패-유권자실패로 이어져 악순환되고 마는 것이다.

제3절 위임민주주의

최고정치지도자의 책임회피 및 전가이다. 대통령이 의회나 정당에 대해 수평적인 정치적 책임을 방기하고 직접 국민에 대한 국민투표적 권한 행사를 하는 것을 위임민주주의(Delegate Democracy)라 한다. 토론의 의한 정치를 생략하고 대통령이나 행정부는 신속한 결정을 내리는 경우가 종종 있다.

일반적으로 민주주의에 대한 저해요인에는 내적 요인과 외적요인이 있다. 내적요인에는 대규모 선거민 증가로 인하여 매스컴이나 광고에 의하여 조정당하는 비합리적 요인이 점차 증대되는 경우 같은 것이다. 그리고 정당의 정책을 국가의 정책으로 실시함으로 정당이 때로는 국가의 상부기관으로 되고, 심지어 집권당은 권력조직을 집중강화시키고, 정당관계자는 정치직업화로 직업적 정치인이 확립되면서 국가보다는 오히려 정당이익을 위해 활동하게 된다. 다른 한편 행정권의 우월화 경향이 강화되고 행정부 독재로 이어져간다. 게다가 토론의 의한 정치를 생략하고 행정부는 신속한 결정을 내리는 경우가 종종 있다.

또 다른 저해요인으로 민주주이의 외적 지해요인을 예로 들자면 나치즘, 파시즘의 지도자 같은 초인적 독재자 출현이나 독재의 기반이 되는 집단들의 출현, 경제적 계급에 기초한 계급정당화, 그리고 의회 안에서의 계급투쟁의 일상화 등이 이에 해당된다. 과도기적인 상태에 있는 후진국이나 개발도상국에서의 일반대중의 정치적 무관심증대와 권력형 비리의 만연, 부정부패의 일상화도 민주주의 저해요인중 하나가 된다.

국민이 선출한 대의제 기관인 의회를 무시하는 처사이다. 대중조작(public manipulation)도 발생할 수 있다. 과부하 정부(overloaded government)도 생길 수 있다. 제도적 피로(institutional fatigue)도 유발된다. 현대 대중민주주의하에서 잘못하면 위임민주주의나 인민투표적 민주주의(Plebiscitary Democracy)가 실현될 가능성이 많다. 인민투표적 형식으로써 선출된 정치지도자가 마치 제왕과도 같은 존재로 되어 권력을 행사하게 될 가능성이 짙다는 것을 의미한다.[17] 한국에서 말하는 제왕적 대통령은 바로 민주주의가 여전히 권위주의통치로 인하여 흔들리고 있음을 의미하는 것이다.

〈표 4-6〉 정치자금법 주요 개정내용

개정	개정일자	개정된 주요내용
3차	1980.12.31	후원회, 당비, 국고보조금 신설
4차	1989.12.30	후원회확대, 국고보조금 인상 및 기탁금한도규정
5차	1991.12.31	기탁한도인상, 국고보조금인상, 의석 없는 정당에 배분가능 규정
6차	1992.11.11	후원회 확대와 비회원 익명가능(최대1백만원)
7차	1994.3.16	국고보조금 및 후원회 확대, 정액영수증제 도입
8차	1995.12.30	후원회원, 후원금 확대, 후원금 모금방법확대
9차	1997.1.13	후원회원 수 한도폐지, 모금방법 다양화, 사도로 정책영수증제확대
10차	1997.11.14	지정기탁금제폐지, 음성적 정치자금수수 처벌규정 신설, 후원금한도확대, 보조금 중 20%이상 정책개발비 의무적 사용
11차	2000.2.14	상급노조 정치자금기부 허용, 단체의 후원회원 자격 인정, 정당후원금기부한도 조정(사도1억, 지구당 2천만원)
12차	2001.9.27	특정금융거래정보의 조사
13차	2002.3.7	지방선거 여성후보 추천정당에 국고보조금지급, 보조금회계 허위보고서 감액지급
14차	2004.3.9	정당후원회폐지,기업후원금기부금지,후원금 모금한도 축소, 동시지방선거 보조금 800원으로 축소, 고액기부자 명단공개
15차	2005.6.30	전면개정

〈자료〉 박경미, "민주화이후 한국의 정당쇄신: 17대 국회의 정치개혁을 주심으로," 비교민주주의학회, 비교민주주의연구, 제2집2호(2006.12), p.69.

17) W.J.M.Mackenzie, "The Functions of Elections," *International Encyclopedia of the Social Sciences*(New York: The Macmillan Company & The Free Press, 1968), p.5.

〈표 4-6〉의 정치자금법에대한 개정내용만 보더라도 과거 대통령과 국회의원 등 고위정치권의 부정부패를 심화시켰던 정치자금이나 선거자금에 대한 고위 정치권에서의 전행과 책임전가가 얼마나 많이 자행되었는지를 알 수 있다.

민주화이후 민주주의공고화가 정착되지 않고 있을 때 과도한 참여와 집단이기주의, 감성적 정치선전으로 인한 인스턴트적인 선동적 정치, 미숙한 시민단체운영으로 국가권위에 대한 도전 등은 심각한 민주주의의 외적 저해요인이 된다. 대통령의 공무원중립위반 등 선거관리위원회 결정에 대한 불복이나 어깃장은 대표적인 책임회피의 사례이다.[18)]

유권자들의 교육수준이 높아지면서 그들은 정치문제에 대해 자신이 엘리트보다 더 잘 판단할 수 있다는 자신감을 갖게 된다. 이러한 인식변화에 힘입어 대중은 전통적인 역할 구속에서 벗어나게 된다. 유권자들에 비해 현실속의 정치인은 별다른 변화가 없거나 오히려 과거보다 자질이 떨어지고 있다. 기대에 부응하지 못하는 정치인에 대한 유권자들의 실망이 커지는 것이 당연하다.[19)]

제4절 과다민주주의

현대 대중민주주의는 모든 국민을 정치의 주체자로서 또한 권력의 수단이 아니라 목적으로서 간주하게 됨으로써 민주주의이념의 형식적 완성으로서 나타나고 있다. 대중은 법테두리 밖에서 직접적으로 행동함으로써 물질적 압력을 수단으로 하여 자기의 열망이나 욕구를 사회에 강요하고 있다. 오늘날의 이 새로운 사태를 마치 대중이 정치에 염증을 느끼고 정치의 운영을 전문가에게 전적으로 일임하고 있는 것으로 해석하는 것은 잘못이다. 오늘날 대중은 다방에서 주고받는 이야기로부터 얻은 결론을 실사회에 강요하고 그것에 법의 힘을 부여할 수 있는 권리를 갖고 있는 것으로 믿고 있다. 오르테카 이 카세트(Ortega y Gasset)에 의하면 다수자가 오늘날처럼 직접적으로 지배권을 행사하게 된 시대는 아마 역사상 일찍이 없었을 것이다. 중우정치(mediocracy) 등 전자민주주의의 폐해도 가능하다. 인터넷을 통하여 익명의 다수자가 오늘날처럼 직간접적으로 지배권을 행사하게 된 시대는 아마 역사

18) 「중앙일보」, 2007.6.20.

19) 서병훈, 전게서, p.190.

상 일찍이 없었을 것이다. 인터넷을 통한 지나친 논쟁과 논란은 오히려 올바른 정책방향을 모색하는 것을 저해할 수 있다. 일반시민들은 자신에게 유익한 정보를 판단하고 결정할 수 있는 능력을 갖추고 있지 못할 때 여과되지 않는 정보의 홍수는 과다민주주의(초민주주의 : Hyper democracy)를 초래할 위험성을 높인다. 일찌기 파이(L.Pye)는 참여위기를 제기하였다. 안정된 민주정치에는 참여가 적어도 문제고 참여가 많아도 문제가 될 수 있는 것이다.[20]

〈표 4-7〉 결사체의 민주주의적 · 공적 역할

개인(individual)차원	공공영역(public sphere)차원	제도(institution)차원
효능감(efficacy)		대표
정보(information)	공공커뮤니케이션과 토의	저항
정치적 능력(political skills)	차이(difference)의 대표	정책적 위임(subsidiarity)
시민적 덕성(civic virtues)	공유(commonality)의 대표	조절과 협력
비판능력(critical skills)		민주적 정통성

〈자료〉 김의영 · 한주희, "결사체민주주의의실험," 한국정치학회, 『한국정치학회보』, 제42집 제3호(2008년 가을), p.146.

빈번한 시민단체의 시민사회를 빌미로한 국가나 자치단체의 운영을 과도하게 가로막거나 자치단체끼리 지나친 경쟁으로 과도한 갈등을 초래하는 것 등도 문제이다. 이는 상호주의정신에 입각한 민주주의를 잘 못 이해하고 자기 몫을 과도하게 요구하고 양보하지 않음으로써 결국 평화적 합의도출에 이르지 못하게 되며, 정치엘리트는 무기력한 정치력을 보여주게 된다. 과다민주주의(초과민주주의 : Hyper Democracy)가 문제이다.

2008년 4월 소고기광우병 광화문광장시위도 일종의 민의의 과열 과다민주주의(초과민주주의 : Hyper Democracy)의 하나의 예이다.

무절제하고 무질서한 중구난방의 이기적인 민의의 과열도 문제이다. 지난 2007년 5월 22일 이천 비대위가 용산국방부 앞에서 특전사이전반대시위를 하면서 지나치게 과격하고 동네농민 등 1500여명의 시위대를 자극하는 돼지 사지를 찢어 죽이는 퍼포먼스를 실행하였다.[21]

20) Lucian W.Pye, "The Concept of Political Development," in Jason L.Finkle & Richard W.Gable(eds.), *Political development and Social Change*(N.Y. : John Willy & Sons. Inc., 1971) 참조.

21) http://www.hankyung.com/news (2007.5.24) 물론 24일 김태일 신광철 비대위공동위원장 명의로 사과문을 발표하였다.

2009년 7월 13일 쌍용노조의 사내 불법장비와 폭력시위는 민주주의의 도를 넘어서는 과잉된 민의의 표출이다.[22] 이는 전투적 민주주의로 도시게릴라전을 방불케 한다. 이것은 국가권위와 법치주의에 정면도전하는 것으로 민주주의의 심각한 위기가 아닐 수 없다. 또한 인터넷을 통하여 익명의 다수자가 오늘날처럼 직간접적으로 지배권을 행사하게 된 시대는 아마 역사상 일찍이 없었을 것이다. 중우정치같은 전자민주주의의 폐해도 가능하다. 인터넷을 통한 지나친 논쟁과 논란은 오히려 올바른 정책방향을 모색히는 것을 저해할 수 있다. 빈번한 시민단체의 시민사회를 빌미로한 국가나 자치단체의 운영을 과도하게 가로막거나 자치단체끼리 지나친 경쟁으로 과도한 갈등을 초래하는 것 등도 문제이다. 과다민주주의(초과민주주의)가 문제이다. 이는 상호주의정신에 입각한 민주주의를 잘 못 이해하고 자기 몫을 과도하게 요구하고 양보하지 않음으로써 결국 평화적 합의도출에 이르지 못하게 되며, 정치엘리트는 무기력한 정치력을 보여주게 된다. 또한 일반시민들은 자신에게 유익한 정보를 판단하고 결정할 수 있는 능력을 갖추고 있지 못할 때 여과되지 않는 정보의 홍수는 과다민주주의를 초래할 위험성을 높인다. 안정된 민주정치에는 참여가 적어도 문제고 참여가 많아도 문제가 될 수 있는 것이다. 피오리나는 참여의결과가 사회적으로 언제나 최적의 결과를 낳는 것이 아니라고 하였다.[23]

전의경 사랑부모모임 회장 김영태씨는 5월16일 오전 비가 부슬부슬 내리던 날 화물연대 시위가 있어 대전으로 출동한다는 아들의 소식을 듣고 전국의 전의경사랑 부모모임 회원 20여명과 함께 대전으로 향했다. 불법폭력시위를 주도하는 사람들에게 묻고 싶다. 100명이 넘는 경찰, 전의경을 다치게 하고 100대가 넘는 차량을 부수고 당신네 들이 얻은 것이 과연 무엇인가. 당신자식의 몸이라면 그렇게 무자비하게 죽창으로 찔러 댈 수 있겠는가. 목적을 위해서라면 어떤 잔인하고 비열한 행동도 모두 정당화된다고 생각하는가. 그 날 당신들이 휘두른 죽창에 수많은 전의경이 팔다리가 부러지고 각막이 손상돼 몸부림치며 병원에 실려 가는 모습을 당신들도 두 눈으로 똑똑히 보았을 것이라고 김영태씨는 지적한다.[24]

22) 「동아일보」, 2009.7.13.

23) Morris P. Fiorina, "Extreme Voices : A Dark Side of Civic Engagement," in T. Skocpol & Morris P. Fiorina, eds., *Civic Engagement in American Democracy*(N.Y. : Brookings Institution press, 1999), pp.23-24 ; 오현철, "민주주의의 새로운공간 : 한국 공론장의 대안적 발전모델을 중심으로," 한국정치학회, 한국정치학회보, 제41집2호(2007 여름), p.84.

〈표 4-8〉 OECD 사회갈등지수 국제비교

국명	사회갈등지수	국명	사회갈등지수
터키	1.20	체코	0.37
폴란드	0.76	뉴질랜드	0.36
슬로바키아	0.72	독일	0.36
한국	0.71	캐나다	0.34
이탈리아	0.56	호주	0.33
포르투갈	0.53	벨기에	0.32
그리스	0.50	오스트리아	0.31
미국	0.44	노르웨이	0.29
헝가리	0.44	네델란드	0.29
일본	0.42	스위스	0.29
스페인	0.39	핀란드	0.28
영국	0.38	스웨덴	0.25
프랑스	0.38	덴마크	0.24
아일랜드	0.38		

〈자료〉 「중앙일보」, 2009.6.25 ; 삼성경제연구소,「한국의 사회갈등과 경제적 비용」 보고서 (2009.6.24)

죽창까지 등장하는 살벌한 불법 폭력 시위를 방관해야 하는가. 왜곡 과장보도로 엄청난 사회적 혼란을 불러왔는데도 눈감아야하는가. 공권력의 과잉대처로 인한 인권침해적 요소를 일부 인정 하더라도 지금 상황을 고문과 무차별 폭력이 난무하던 군부정권시절에 비유해 독재정권이라고 하는 데는 동의하기 어렵다. 오히려 현 정부는 공권력이 폭력시위에 찔리고 얻어맞는 물렁정부요. 소수야당에 발목 잡혀 아무것도 못하는 약체 정부라고 부르는 게 맞다.[25] 민주화이후 시민사회대표성을 명분으로 강성노조, 전교조, 농민단체 등 이익집단이나 시민단체들에 의해 수시로 거리를 점거하는 장기적인 집단시위, 농성, 가투, 폭력적 사태 등 전투적 민주주의로 전화하는 것은 민주적 평화를 얻지 못한다는 점에서 국가권위 및 경쟁력약화의 우려를 보인다. 오죽하면 엄마들이 과천청사앞 중앙고 연중시위 소음으로 시달려 시험날만 이라도 조용하자고 집회신고 뒤 침묵시위를 했겠는가.[26]

24) 김영태, "제발죽창만은 사용하지말라," 「중앙일보」, 2009.5.26.

25) 허남진, "민주주의후퇴, 누구책임인가," 「중앙일보」, 2009.7.10.

이는 국가의 권위와 공권력마저도 무력하게 만들어 과연 무엇을 위한 법이고 무엇을 위한 민주주의인지를 구분하지 못하게 되고 국가전체가 혼란과 불안정에 빠지고 파괴적 민주주의가 국가경쟁력마저도 약화시키는 정치적 퇴보를 경험하게 된다.

OECD 선진국들의 민주주의 지수는 모두 만점인 10점이기 때문에 그간의 민주주의발전에도 불구하고 OECD 국가중 27위에 불과하다. 한국의 사회갈등지수는 0.71로 경제협력개발기구(OECD) 평균(0.44)을 웃돌았다. 삼성경제연구소는 한국이 사회 갈등 때문에 치르는 비용은 국내총생산(GDP)의 27%에 달한다는 삼성경제연구소 분석은 민주주의위기가 아닐 수 없다.[27) 한국사회 갈등지수가 OECD에서 4위이다. 소득불균형 등 구조적 사회갈등 요인은 비교적 양호하나 민주주의제도의 미성숙과 정부효과성 부족으로 인해 사회갈등지수가 높다. 한국의 소득불균형은 OECD 평균수준이지만 민주주의 성숙도(27위), 정부정책의 효율성 또는 정부효과성(23위)은 OECD 평균보다 낮은 편이다. 민주주의 성숙도 부문에서는 행정권이 다른 헌법기관보다 강하고 정당체계가 불안정하며, 반대집단에 대한 관용이 미흡한 것으로 평가됐다. 한국의 갈등 지수가 높게 나온 것은 민주주의 성숙도가 27위로 꼴찌였고, 정부 정책의 효과성도 23위로 평균을 밑돌았기 때문이다. 행정권이 다른 헌법기관보다 강하고, 정당 체계도 불안정하며, 반대 집단에 대한 관용이 미흡하다는 이유로 민주주의지수가 낮게 나왔다. 정책의 일관성이 부족하고 정부 규제가 세련되지 못해 정부효과성지수도 떨어졌다. 민주주의 · 정부 정책 잘 해야 낮아진다.[28)]

박준 삼성경제연구소 수석연구원은 "갈등을 잘 조정해 사회가 안정돼야

---

26) 「중앙일보」, 2007.5.24

27) 「중앙일보」, 2009.6.25.

28) 「중앙일보」, 2009.6.25. 사회 갈등이 돈 버는 일과 무슨 상관이 있을까. 하버드대 경제학과 대니 로드릭 교수는 1970년대 석유 파동을 겪은 나라들의 다양한 위기 극복을 '갈등의 경제모형'으로 분석했다. 소득 불균형 정도가 낮고 민주주의가 성숙한 나라일수록 사회 갈등이 적었고, 이런 나라일수록 위기에서 빨리 벗어났다. 삼성경제연구소는 이 모델에서 아이디어를 얻어 사회갈등지수를 개발했다. 이 지수는 소득 불균형 정도를 나타내는 지니계수를, 민주주의 성숙도를 나타내는 '민주주의지수'와 세계은행이 측정하는 '정부효과성지수'의 산술 평균으로 나눠 산출했다. 지니계수가 높을수록, 민주주의 성숙도와 정부 효과성이 낮을수록 갈등지수는 높아진다. 소득 분배는 사회 갈등을 일으키는 요인이고, 민주주의와 정부 정책은 갈등을 관리하는 시스템이다. 소득 분배 수준이 크게 움직이지 않더라도 민주주의와 정부 정책을 잘하면 사회 갈등 정도를 낮출 수 있다는 의미다.

그 위에서 시장경제가 꽃필 수 있다"며 "사회갈등지수가 10% 하락하면 1인당 GDP가 7.1% 증가한다"고 했다. 그는 "서로 인정하고 대화와 타협에 나서는 개방적인 정치 체제를 만들어야 한다"며 "미디어와 시민단체도 갈등을 완화하고 여론을 수렴하는 사회적 공기(公器) 역할을 잘해야 한다"고 강조했다. 사회갈등지수가 10% 하락할 경우 GDP가 7.1% 증가하는 효과가 발생하는 것으로 나타났다. 한국의 갈등지수가 OECD 평균수준으로 개선될 경우 1인당 GDP(2002-2005년 평균기준) 는 1만 8602 달러에서 2만 3625달러로 5023달러 증가하는 효과가 나타난다는 것이다.[29] 결국 돈이 되는 지표로서 사회갈등지수를 잘 읽으려면 여야 정치판과 정부 정책의 움직임도 관심 있게 볼 필요가 있다.

정치가 시끄럽지 않고, 정부 정책이 잘 먹혀 국민의 신뢰가 쌓여야 경제도 잘 돌아간다.[30] 사회적 약자를 명분으로 한 집단적 폭력시위 및 너나 할 것 없이 떼법 빈발, 인기유지에 부심하는 것 등 유사 민주적인 요소는 모두 새로운 시대에 있어서의 독재의 존립을 위한 전제조건으로 된다. 중앙독점현상과 민주주의의 왜곡된 현상으로 과열된 자기몫 찾기의 집단이기주의가 팽배하다.[31]

좌파세력은 2008 년 이명박정부 출범후 불법 폭력시위와 친북종북 행위에 대한 경찰과 검찰의 정당한 공권력 집행에 저항하며 최근에는 민주주의 위기론을 제기한다. 자유민주주의를 흔드는 불법폭력시위에 제대로 대응하지 못하는 물러터진 정부가 오히려 문제이다. 종북폭력세력에 진보라는 이름을 붙일 순 없다.[32]

수많은 자발적인 단체를 주축으로 한 자유로운 집단활동에 대한 이해나 가치의 다원성을 보장하는 민주주의이다. 도간(Mattei Dogan)은 일찍이 서구 다원주의적 민주주의의 장래에 대하여 몇 가지로 문제점을 지적한바 있다.[33] 우선 서유럽에서의 사회민주주의의 편재성, 신국가주의적 관료, 인구의 노령화, 출생률의 하락, 실업률증가 등을 지적하였는데 민주주의공고화가 되었어도 민주주의의 위기를 극복해야할 과제가 항상 있음을 볼 수 있다.[34]

---

29) 「중앙일보」, 2009.6.25.

30) 서경호, "돈이 보이는 경제 지표 - 사회갈등지수" (제120호) | 2009년 6월 27일 입력.

31) 상게자료.

32) 「동아일보」, 2009.7.17.

33) Mattei Dogan, *Pathway to Power : Selecting Rulers in Pluralist Democracies* (Boulder : Westview Press, 1981), pp.34-35.

또한 일반시민들은 자신에게 유익한 정보를 판단하고 결정할 수 있는 능력을 갖추고 있지 못할 때 여과되지 않는 정보의 홍수는 과다민주주의를 초래할 위험성을 높인다. 일찍이 파이(L.Pye)는 참여위기를 제기하였다. 안정된 민주정치에는 참여가 적어도 문제고 참여가 많아도 문제가 될 수 있는 것이다.[35] 민주화이후 시민사회대표성을 명분으로 강성노조, 전교조, 농민단체 등 이익집단이나 시민단체들에 의해 수시로 거리를 점거하는 장기적인 집단시위, 농성, 가투, 폭력적 사태 등 전투적 민주주의로 전화하는 것은 민주적 평화를 얻지 못한다는 점에서 국가권위 및 경쟁력약화의 우려를 보인다. 게다가 국가나 자치단체의 갈등관리가 부재한 것이 더욱 문제로 대두되고 있다. 이는 국가의 권위와 공권력마저도 무력하게 만들어 과연 무엇을 위한 법이고 무엇을 위한 민주주의인지를 구분하지 못하게 되고 국가전체가 혼란과 불안정에 빠지고 파괴적 민주주의가 국가경쟁력마저도 약화시키는 정치적 퇴보를 경험하게 된다.

대학교수, 종교계, 전교조까지 가세해 주장하는 노무현 전 대통령에 대한 정치보복, 공권력남용, 집회, 시위, 표현의 자유후퇴, 언론인 탄압 등의 내용이 모두 잘못됐다는 것은 아니다. 최근 국제앰네스티는 한국의 인권상황이 후퇴하고 언론의 자유가 침해받고 있다고 발표해 이러한 주장에 힘을 실어줬다. 앰네스티는 시위대가 폭행당하고 광우병 문제를 보도한 MBC PD 수첩 제작진 등 일부언론인의 체포, 기소 등 구체적 사안들을 언급하기도 했다. 전체상황을 종합적으로 아우른 내용이라고 하기 어렵고 반론도 만만찮다는 점을 인식해야한다.[36]

제5절 과도한 네티즌과 전자민주주의한계

인터넷 사용인구가 전 인구의 반 이상을 넘어서고 있어 사이버공간에 접속이 급격히 늘고 있으며, 정부, 정당, 대표들이 전자민주주의의 가능성과 잠재력을 인식하게 됨에 따라 네티즌들이 사이버공간을 통해 정부, 정

---

34) Mattei Dogan(ed.), *Comparing Pluralist Democracies* (Boulder : Westview Press, 1988), pp.242-256.

35) Lucian W.Pye, "The Concept of Political Development," in Jason L.Finkle & Richard W.Gable(eds.), *Political development and Social Change*(N.Y. : John Willy & Sons. Inc., 1971), pp.123-26.

36) 허남진, "민주주의후퇴, 누구책임인가,"「중앙일보」, 2009.7.10.

당, 대표에 접근할 수 있는 범위도 갈수록 높아지고 있으며 다양한 사이트가 출현하여 네티즌들이 접근할 수 있는 공론장의 메뉴도 다양해지고 있다.

사이버공간을 네티즌(Network + Citizen)들의 공론 심의가 이루어지는 공간으로 자리잡을 수 있도록 정책적 조치가 있어야한다. 무엇보다도 수준 높은 민주시민들의 정치적 역량(political competence)이 중요하다. 이는 전자민주주의 프로젝트 참여를 통해 정치적 능동성을 획득하는 시민들의 기량과 자신감을 말한다. 전자공간에서 가장 기본적인 정보시민권인 보편적 접근(universal access)을 보장해야한다. 보편적 접근이 보장되지 않으면 전자민주주의는 배제적 민주주의(exclusionary democracy)가 되고 만다. 보통, 평등선거권에 기초한 국민주권의 원칙을 위반하는 것이며 위헌의 소지가 있다. 그러나 저급의 시민들의 목소리나 요구가 일반시민의 의사를 대표하는 것처럼 보인다면 발전된 민주주의는 기대하기 어렵다. 이를 판단하고 평가하며 스크린할 수 있는 수준 높은 시민의식이 존재해야하고 량보다는 질적인 민주의식이 더욱 민주주의를 발전시킬 수 있다. 결국 시민들 수준에 맞는 다음과 같은 저급의 민주주의문화가 각 국가에 존재할 뿐이다.

첫째, 패러디나 UCC 등 사이버공간을 통한 정치는 진정한 정책적 논쟁, 정치가들의 식견, 비전, 토론이 무시되고 여론에 편승한 탈렌트같은 정치가들의 외양과 스타일의 중요성이 부각되는 경향이 있다.

둘째, 비정치적 요소가 민주주의에 침투하여 대중의 기호를 만족시키려는 정치가 만연하여 사이버 공간이 진정한 공익을 추구하기 위한 토론의 장이 되지못할 가능성이 크다.

셋째, 디지털시대의 정치문제점은 정보의 부족이 아니라 정보의 양적 과잉이다. 그러나 정보의 양적확대가 반드시 정보의 질적 향상을 가져오지 않는다. 일반 시민들은 정보의 홍수 속에 질식당하지 않고 상호모순된 정보를 자기 것으로 소화해 낼 수 있는 능력이 부족한 것이 현실이다.

넷째, 조지오웰이 지적하는 한 지점에서 내부를 환히 감시할 수 있는 감옥인 전방위 감시체제의 원형감옥(Panopticon)지배체제가 불거질 수 있다. 지배엘리트들은 첨단 디지털장비를 통한 중앙집권적 통제와 감시기제를 이용하여 원형감옥, 조지오웰의 기술지배적인 전제정치를 수립할 수 있다.

다섯째, 디지털혁명은 여론조사 민주주의를 가져오기보다는 국민투표제적(plebiscitarian)인 다중 전제정치를 초래할 위험이 있다. 사이버 공간에서 다중이 지배할 경우, 신중한 토론과 협의의 과정을 거치지 않은 거친 댓글 의견이 난무하고 상호모순적이고 무책임한 언술이 전자공간을 지배하게 된다. 중우정치(mediocracy)의 폐해도 나타날 수 있다.

여섯째, 디지털혁명은 새로운 형태의 불평등을 낳는다. 지식정보의 편중화와 소유와 이용능력의 격차에 따라 국가간 사회집단간에 불평등을 심화시킬 수 있다.

〈표 4-9〉 민주주의기와 위기대안

민주주의위기	민주주의위기 대안
1. 관객민주주의로의 전락	1. 절제된 참여민주주의
2. 파트타임민주주의	2. 전자민주주의의 선별적 활용
3. 위임민주주의	3. 상호존중의 다원민주주의의제도화
4. 정치카르텔	4. 균형있는 결사체민주주의
5. 정치지도자와 일반시민과의괴리	5. 갈등치유의 협의민주주의
6. 민의의과열	6. 동네공동체, 마을공동체
7. 초과 민주주의	심의민주주의의 할용
8. 과도한 네티즌과 전자민주주의의 한계	7. 가정, 학급 등 소집단 민주주의교육

〈자료〉 안성호, "한국민주주의위기와 마을공동체민주주의 활성화방안," 충북대, 사회과학논총, 제24권 제2호(2007), p.103.

그러나 전자민주주의도 다음과 같은 한계와 과제를 던져 준다.

인터넷 사용인구가 전 인구의 반 이상을 넘어서고 있어 사이버공간에 접속이 급격히 늘고 있으며, 정부, 정당, 대표들이 전자민주주의의 가능성과 잠재력을 인식하게 됨에 따라 네티즌들이 사이버공간을 통해 정부, 정당, 대표에 접근할 수 있는 범위도 갈수록 높아지고 있으나 검증되지 않은 다양한 사이트가 출현하여 공론장을 언어폭력의 장으로 만드는 문제가 있다.[37] 게다가 북한과 연계하여 왜곡되거나 북힌찬양의 공산이 되고 있는 것을 방치하는데 심각한 문제가 존재한다. 무책임한 네티즌의 인신공격과 근거없는 주장들이 판을 치는 한 전자민주주의는 민주주의위기에 일조하고 만다.

---

37) 오현철, 전게논문, p.85.

제6절 후진국형 사이비 민주주의

각 종 사이비 민주주의(Pseudo-Democracy)가 판을 친다. 현대사회는 개개인으로 하여금 독자적인 개성과 인격의 통일성을 상실시켜 비정치화된 모래알과도 같은 대중을 끊임없이 배출시킬 위험성을 내포하고 있다. 이러한 대중이 행사하는 투표권에 의존하는 현대민주정치는 잘 못하면 형식적으로는 민주주의형태를 취하면서도 실질적으로는 민중적 독재와 별로 다름이 없는 현상을 보일 위험성을 내포하고 있다.

기본적으로 다수의 지배로 이해되는 민주주의에 대한 반대는 소수의 지배로 결국 반민주주의라고 말할 수 있다. 역사적으로 볼 때 반민주주의적인 정치제도는 무수히 많이 있다.

반대의 경우도 있다. 민중적 독재(popular dictatorship)가 대중민주정치의 시대에 등장한다. 들러리의회, 의회의 행정부시녀화, 입법기능의 저하, 관료세력의 지나친 증대현상, 선거의 교묘한 부정, 선거제에 대한 외견상의 존중, 정당의 이익집약기능의 저하, 정당의 기능저하(여당의 대통령시녀, 들러리 야당), 공권력의 눈치보기-권위상실 및 약화, 사회적 약자를 명분으로 한 집단적 폭력시위 및 떼법 빈발, 인기유지에 부심하는 것 등 유사민주적인 요소(quasi-democratic existence)는 모두 새로운 시대에 있어서의 독재의 존립을 위한 전제조건으로 된다. 중앙독점현상과 민주주의의 왜곡된 현상으로 과열된 자기몫 찾기의 집단이기주의가 팽배하다.[38] 아르헨티나의 경우 포퓰리즘 공약을 통해서 집권에 성공한 메넴은 집권직후 과거와는 철저하게 단정되는 탈규제, 민영화, 개방화로 대표되는 신자유주의 개혁정책으로 전환하였다. 개혁정책은 강도 높은 구조조정, 세금인상, 사회적 지출의 대폭 삭감 등을 수반하기 때문에 다수의 국민들의 반대와 저항을 초래한다. 따라서 선거를 통해서 정권을 획득하고 유지하는 민주주의체제에서 국민들에게 높은 고통과 비용을 강제하는 개혁정책은 정치리더에게는 위험을 감수한 정치적 도전이라고 할 수 있다.[39]

현대사회는 개개인으로 하여금 독자적인 개성과 인격의 통일성을 상실시켜 비정치화된 모래알과도 같은 대중을 끊임없이 배출시킬 위험성을 내포하고 있다. 이러한 대중이 행사하는 투표권에 의존하는 현대민주정치는

---

38) 안성호, 『신정치학원론』(서울 : 교육과학사, 2005), p.75 ; Sigmund Neumann, Permanten Revolution(New York : Frederick A. Praeger, Inc., 1965), p.4

39) 손혜현, "메넴 개혁정부시기(1989-1999) 페론당(PJ)의 안정적인 지지요인 분석," 한국정치학회, 『한국정치학회보』, 43집2호(2009 여름), p.152.

잘못하면 형식적으로는 민주주의형태를 취하면서도 실질적으로는 소수의 독재 또는 민중적 독재와 별로 다름이 없는 현상을 보일 위험성을 내포하고 있다. 각종 사이비 민주주의가 판을 친다.

〈표 4-10〉에서 보듯이 심지어 민주정치의 아주 중요한 행사 중 하나인 대통령선거조차도 민주적인 룰을 지키지 못한 경우가 허다하다. 이처럼 사이비민주주의가 판을 친 그러한 예들을 보면 다음과 같다. 불완전 민주주의(Incomplete Democracy)는 삼권분립, 인권, 다원주의 등이 보장되지 않는 민주주의 가 있고, 지도적 민주주의(Leading Democracy)는 소수엘리트에 의한 민주주의이고, 계획적 민주주의(Planned Democracy)는 소수가 이끌어 가는 대로 갈수밖에 없고, 가두민주주의(Street Democracy)는 주로 폭력적 전투적 민주주의이고, 대통령민주주의(Presidential Democracy)는 입법부가 행정부에 종속되고. 행정부에 대한 견제가 안 되는 민주주의다.

〈표 4-10〉 대선 과정에서 나타난 가장 큰 문제점

대선과정의 문제점	2007년 대선	2002년 대선
흑색선전, 비방	54.5	30.4
정책경쟁의 부재	12.1	-
비현실적인 공약	9.4	18.5
지역감정 유발	8.6	38.2
정당 후보 경선의 과열	7.8	-
기타	7.6	12.8
합계	100.0(1187)	100.0(1485)

〈자료〉 강원택, "2007년 대통령 선거와 네거티브 캠페인의 효과," 한국정치학회, 『한국정치학 회보』, 43집2호(2009 여름), p.132.

그리고 교도민주주의(Guided democracy)는 소수의 엘리트 민족주의자들이 주도하는 민주주의이며 이념적이고 독재적인 모습이며 김일성, 호메이니옹 같은 독제자가 대표적이다. 기초민주주의(Basic Democracy)는 초보적 수준에서 머물고 있고, 지주민주주의(Landlord Democracy)는 소수 부르조아와 부자중심의 민주주의이고, 교과서 민주주의(Textbook Democracy)는 사문화된 민주주의이며, 실천이 안 되는 민주주의이고, 식민지 말기민주주의(Terminal Colonial Democracy)와 후견민주주의(Tutelary Democracy)는 독립후 소수의 민족주의자나 엘리트에 의하여 주도되는 민주주의이며 일반국민을 보호하고 이끌어가는 모습이나 소수의 의도대로 정치가 움직여갈 수 있다.

그리고 신민주주의(N세대-Decmocracy), 선진국형과 다른 왜곡된 민주주의를 은폐하기위한 민주주의이며, 행정적 민주주의(Administrative Democracy) 등은 전통적 민주주의의 변형으로 이러한 다양한 사이비민주주의는 민주주의위기의 핵심이며 경계대상이 된다.

제5장

민주주의 위기 극복방안

제1절 국민 직접민주주의

1. 국민표결(國民票決 : referendum)

의회를 통과한 법안의 성립여부를 최종적으로 국민에게 표결에 부치는 제도이다. 헌법의 제정과 개정(改正)에 대해서는 헌법국민표결, 일반 법률의 제정과 개정은 법률국민표결로 부른다. 강제적 국민표결은 다른 국가기관이나 국민이 요청하든 안하든 반드시 일반국민의 투표에 부쳐야하며 임의적 국민표결은 의회의 의결을 국민투표로 할 것이냐 말 것이냐를 다른 국가기관의 자유로운 결정에 일임하고 또는 국민의 요청이 있을 경우에만 국민표결에 부치는 것이다. 2002년 3월 4일 스위스의 UN 가입여부에서 가입찬성이 58%참여의 54% 지지를 얻어 UN가입을 하게 되었고, 영세중립국에서 탈피하는 여부의 문제가 남게 되었다. 체코슬로바키아연방은 국민투표로 93년 1월 1일 체코와 슬로바키아로 분리 독립되었다. 98년 카나다의 퀘벡주는 분리 독립 주민투표를 했는데 51:49로 부결되었다. 유럽 각 국가는 EU에 가입할 때 국민투표를 통하여 가입여부를 결정하였다.

2. 국민발의(國民發議 : 國民發案 : popular initiative)

어떤 법률의 성립에 대해 국민에게 발의권을 인정하여 그 찬반을 직접 국민에게 묻는 국민투표의 일종이다. 직접발의는 의회에 회부하지 않고 곧 국민투표에 부쳐 법률제정여부를 결정한다. 간접발의는 우선 의회의 의결에 회부하고 의회가 동의하면 법률로 성립하고 의회가 동의하지 않으면 국민투표에 부쳐 결정하는 발의 방법이다.

3. 국민소환(國民召喚 : 해임투표 : recall)

선거민의 일정수의 요청이 있는 경우 공직자의 해임을 선거민의 투표에 부치는 직접민주주의제도이다.

〈표 5-1〉 민주주의기와 위기극복 방안

민주주의위기	민주주의위기 극복방안
1. 관객민주주의로의 전락 2. 파트타임민주주의 3. 위임민주주의 4. 정치카르텔 5. 정치지도자와 일반시민과의 괴리 6. 민의의과열 7. 초과 민주주의 8. 과도한 네티즌과 전자민주주의의 한계	1. 절제된 참여민주주의 2. 전자민주주의의 선별적 활용 3. 상호존중의 다원민주주의의제도화 4. 균형있는 결사체민주주의 5. 갈등치유의 협의민주주의 6. 동네공동체, 마을공동체, 자치단체간9 심의민주주의의 할용 7. 직접민주주의로 보완 8. 가정, 학급 등 소집단 민주주의교육

4. 인민투표(Plebiscite)

국민주권의 논리적 귀결로서 국민이 국가의사결정에 직접 참여하는 제도이다. 특히 영토의 병합이나 변경, 새롭게 권력을 장악한 지배자가 권력의 정통성을 얻기 위해 실시하는 것으로 1802년과 1804년 나폴레옹1세, 1851년 나폴레옹 3세, 1933년 히틀러, 1972년 박정희의 유신체제성립 등이 그 예이다. 일반적으로 인민투표적 독재(Plebiscitary Dictatorship)가 행하여지기 쉽다.

5. 각종 자문기관제도의 실질화

형식화하기 쉬운 자문기관제도를 시정하여 정책결정과 집행과정에 국민의 의사를 실질적으로 반영시켜야한다. 준입법적 권한을 갖고 행정적 통제를 하는 수단으로 행정위원회, 독립통제위원회 등을 채택해 보는 것도 필요하다. 그리고 행정권남용을 방지하기위한 옴부즈만(Ombudsman)제도를 활용할 필요가 있다. 이러한 여러 다양한 자문기관들은 의회의 권위하에서

국정조사권을 대행하는 기관으로 활용될 수 있는 것이다.[1)]

이러한 직접민주주의는 고대 리스 도시국가, 13세기이후 스위스 농촌공동체인 캔톤(Canton)에서 보여졌다. 오늘날 간접민주주의, 의회민주주의, 그리고 대의제 민주정치가 갖고 있는 문제점이나 한계를 극복하기 위해서는 국민소환제, 국민투표제, 국민발안제 등 직접민주주의(Direct Democracy)를 병행해서 활용하는 것이 바람직하다.

제2절 절제된 참여민주주의의 제도화

민주주의위기극복을 위해서는 절제된 참여민주주의 (Participate Democracy)가 필요하다. 정치적 무관심은 정치안전의 안전판이 된다고 하며 지나친 참여를 경계한 바 있다. 맥퍼슨(C.B. Mcpherson)은 대의제의 간접민주주의를 보완하는 것으로서 직접참가나, 시민의 참가를 강조하였다. 이를 위해서는 민중 스스로가 자기 자신의 잠재능력의 행사와 개발의 행사자로 생각하고 행동하는 태도에로 변화해야한다. 또한 사회적 경제적 불평등을 감소시켜야한다고 강조하였다. 매크로스키(MacClosky)는 정치적 무관심은 정치안전의 안전판이 된다고 하며 지나친 참여를 경계한 바 있다. 자유로운 시민, 사익의 공공선으로의 전환, 정치공동체창출 등의 참여민주주의를 실천해야한다.

맥퍼슨은 참여민주주의 철학이론, 공동체이론, 발전이론를 강조했다. 맥퍼슨은 대의제의 간접민주주의를 보완하는 것으로서 직접참가나, 시민의 참가를 강조하였다. 이를 위해서는 맥퍼슨은 민중 스스로가 자기 자신의 잠재능력의 행사와 개발의 행사자로 생각하고 행동하는 태도에로 변화해야 한다고 강조한다. 또한 사회적 경제적 불평등을 감소시켜야한다고 강조하였다.[2)]

하버마스(Habermas)도 참여민주주의의 중요성을 언급했다. 벤자민 바버(Benjamin Barber)는 강한 민주주의(Strong Democracy)를 자유로운 시민, 사익의 공공선으로의 전환, 정치공동체창출 등으로 보고 참여민주주의를 강조하였다. 홀덴(B.Holden)은 참여에 대한 도구이론, 발전이론, 공동체이

1) 이것은 1809년 스웨덴에 설치한 의회에 의한 행정감찰관의 제도이다. 2차세계대전후 덴마크, 노르웨이, 뉴질랜드, 그리고 영국에 도입도면서 관심이 증대되었다.

2) C.B.Macpherson, *The Life and Times of Liberal Democracy*(London : Oxford Univ. Press, 1977), pp.99-109.

론, 철학이론 등의 이론적 근거를 제시하였다.[3)]

민주주의에서의 다수결은 단순히 숫자만을 기준으로 삼지 않는다. 난립한 의견을 토론과 타협을 통해 수렴하고 구체화해 다수가 수긍하는 결정으로 이끄는 절차적인 의미다. 국민의 합의를 받은 대표자는 권력의 정당성을 부여받아 임기동안 저항과 반발을 피할 수 있다.[4)]

민주주의는 국민의 자치, 국민의 참여에 의한 정치이므로 정치참여의 활성화는 계속 되어야하나 즉흥적, 감성적, 선동적인 집단이기적인 제몫찾기식 참여는 오히려 민주주의 실천을 저해할 것이다. 제주도 서귀포 강정마을의 주민총회의 폭력사태는 지나치게 과잉참여를 보여준다.[5)] 이는 민주주의과정 실패를 말해준다. 민주주의는 국민의 자치, 국민의 참여에 의한 정치이므로 정치참여의 활성화는 계속 되어야하나 즉흥적, 감성적, 선동적인 집단이기적인 제몫 찾기식 참여는 오히려 민주주의 실천을 저해할 것이다.

다만 규제일변도로 되어있는 우리나라 선거법이 우리 정치나 선거에 대한 지나친 불신 혹은 우려에 기초해 있다는 사실을 확인해 주는 것으로 볼 수 도 잇을 것 같다는 지적도 있다. 선거경쟁을 바라보는 규범적인 시각이 우리나라 선거에서 자유롭고 창의적인 선거운동을 저해할 수 있다는 문제점도 일깨워 주고 있다고 생각된다.[6)] 2009년 6월 30일의 미디어법문제와 비정규직법안 개정문제로 국회가 파행으로 가버렸다. 이는 결과승복 않고 다수결 무시하는 정치문화의 실종을 단적으로 보여준다.[7)] 의회제도는 국민의 사적 자유의 요구, 공적 영역에의 참여요구, 국민참정의 요구, 그리고 자치의 요구와 결부된다. 국민의 참정이 현실적으로 국민의사의 표현이 국가기관의 구성에까지 구체화되지 못한다면 큰일이다. 의회는 국민의사를 표현하는 기관인 동시에 국가의사를 결정하는 기관이기 때문이다. 의회제도는 대표성, 공개성, 토의성 등의 삼요소로부터 성립되는 것이다. 의회는 여러 정당의 대표자들로써 구성되는 기관으로 입법의 기능을 수행하고 토

---

3) B.Holden, *Understanding Liberal Democracy*(New Jersey : Free Press, 1988), pp.120-131.

4) 「중앙일보」, 2009.4.24.

5) 『한겨레21』, 2007.6.19.

6) 강원택, "2007년 대통령 선거와 네거티브 캠페인의 효과," 한국정치학회, 『한국정치학회보』, 43집2호(2009 여름), p.144.

7) 「중앙일보」, 2009.7.2

론에 의한 전정치과정을 의회주의라고 말할 수 있다. 그래서 민주주의의 제요소 중 대의제는 그 중요한 특징중 하나이기 때문에 의회정치의 실패는 곧 민주주의의 실패로 직결된다. 슈미트는 의회민주주의의 위기(2판 서문)에서 정치적(the political)이라는 개념에 근거하여 민족에 기반한 민주주의에 대하여 설명하고 있다. 슈미트에 의하면 정치적이라는 것은 친구와 적을 구별할 수 있는 가능성의 맥락속에서만 이해될 수 있다. 민주주의가 정치적으로 의미 있는 것이 되기 위해서는 의사결정과정과 심의과정에 동등한 자격으로 참여할 수 있는 친구와 배제되어야할 비동등자로서의 적을 구별하여야한다. 그러한 구별이 없다면 민주주의가 정치적으로 의미 없는 것이 되어버린다고 강조한다.[8)]

오히려 직접민주제의 제도적 회복이 선진국에서 활용된다. 고대 그리스 도시국가, 13세기이후 스위스 농촌공동체인 캔톤(Canton)에서 보여 진다 .여기서는 ① 직접민주주의의 수단(instruments of direct democracy), ② 국민투표활용의 유형(the pattern of usage of referendums), ③ 투표권(The Right to Vote)등이 언급된다.[9)] 오늘날 간접민주주의, 의회민주주의, 그리고 대의제 민주정치가 자리 잡고 있는 상황에서는 국민소환제, 국민투표제, 국민발안제, 주민투표제, 주민발의제, 주민소송제, 주민소환제, 주민감사제 등을 제도적으로 병행해서 활용하는 것이 거리에서의 폭력적 참여를 정제하는데 바람직하다.[10)]

오히려 이것이 주권자의 의사를 최대한 반영하는데 필요한 연구의 주요대상이 된다. 이를 위해서는 국민 스스로가 자기 자신의 잠재능력의 행사와 개발의 행사자로 생각하고 행동하는 태도에로 변화해야한다.

루소는 시민들의 공적인 토론이나 논쟁을 긍정적으로 인정하는 한편 시민들이 그 권리를 남발하는 것을 억제하기 위해 정부가 시민의 발언방식을 규제하는 것을 포함하여 개입할 수 있는 권한을 폭넓게 허용함과 동시에 정부가 개입권을 남용할 위험에 대해서도 강력하게 경고 하고 있다는 것이다.[11)]

---

8) 김범수, 전게논문, pp.180-181 ; Carl Schmitt,, *The Concept of the Political*(New Brunswick : Rutgers University press, 1976) ; *The Crisis of Parliamentary Democracy*(Cambridge : MIT press, 2000)참조.

9) Robert Blackburn (ed.), *Rights of Citizenship*(London : Mansell, 1993), pp.21-25.

10) 「중앙일보」, 2007.5.26. 지난 5월 25일 효력이 발생한 주민투표법도 일종의 풀뿌리민주주의를 제도화하는 좋은 방안이라고 본다.

11) 강정인, "루소의 정치사상에 나타난 정치참여에 대한 고찰," 한국정치학회, 『한

참여민주주의는 국민이 자신의 선호를 직접 표출하기 위해서 의회보다는 직접단체를 구성하여 직접적으로 전달하기 때문에 더욱 효용이 증가된다. 프리만(Freeman)은 국민이 자신의 선호를 직접 표출하기 위해서 의회보다는 직접단체를 구성하여 직접적으로 전달하기에 더욱 효용이 증가된다. 대의제 민주주의하의 국민투표(Referendums in representative democracies)도 참여의 증대를 가져온다. 수준 높은 민주의식이 투철한 선진국에서 참여민주주의가 빛을 발한다.

제3절 균형있는 결사체민주주의

이익집단, 시민단체, 자원봉사단체들의 활동이 민주주의에 중요하다. 균형있는 결사체민주주의 (Associational Democracy)가 필요하다. 살라몬(Salamon)는 결사체적 혁명, 시민사회활성화를 민주주의실천에서 중요한 것으로 강조하였다. 결사체의 기술(Art of Association)이 필요하며 다양한 시민사회, 시민단체 활동이 중요하다는 것이다.

아라토(Arato)와 코헨(Cohen)은 영향의 정치가 필요하며 시민단체, 공익단체가 의회를 외부에서 계속 모니터할 필요가 있다고 한다. 신사회운동을 강조한 잉글하트(Englehart)등이 보여주는 탈물질주의적 가치관의 대두에 대한 대의민주주의하에서 정치권의 무력함에 대한 보완책으로 요구되는 것이 신사회운동이다. 탈물질화 운동도 일종이다.

중앙정부나 자치단체는 시민단체에게 정책에 대한 이해를 돕는 자료들을 제공하여 상호 정보교류를 통한 협력적관계가 필요하다. 시민단체는 정책시행이전에 국가나 자치단체에게 심의민주주의적인 건전한 건의나 대화를 통하여 정보를 제시하고 정책이나 국책사업이 시행된 이후 사업이 중단되는 등 발목 잡는 인상을 주어서는 안 된다. 균형감각을 상실한 시민단체나 NGO가 권력에 무임승차하거나 접근하는 수단으로 전락하는 것을 차단하고 경계해야한다.

폭력적 과도한 참여 및 결사체민주주의를 경계하자. 이제는 폭력은 민주주의의 적이다. 민주주의는 평화와 같이한다. 2만8000여명의 KT 노조가 2009

국정치학회보』, 43집2호(2009.여름), p.23. ; Jean-Jacques Rousseau, *On the Social Contract with Geneva Manuscript and political Economy*, ed. Roger D. Master and tr. Judith R.Masters(N.Y.: St. martin's, 1978) ; 이환역, 『사회계약론』(서울 : 서울대출판부, 1999)참조.

년 7월 17일 민주노총탈퇴여부를 묻는 조합원 찬반투표에서 찬성95%로 민주노총(전국민주노동조합총연맹)을 14년 만에 결별하였다. 극단적 대립과 소모적 대결을 지양하고 조합원의 실익을 중시하는 조합활동과 중도개혁 노선을 따르겠다는 것이다. 평화적인 민주적 노동운동은 민주주의 위기극복에 도움이 되는 것이다.[12)]

영향의 정치가 필요하나 시민단체, 공익단체가 의회나 지방정부의 발목을 과도하게 잡는 것이 아니라 거버넌스적인 파트너십을 활용할 필요가 있다고 한다.

시민단체 자체내의 정책형성과정이나 운영 전반에 대한 투명한 공개와 시민에 대한 보고가 요망된다. 시민단체도 진성회원회비제도가 정착되어야 한다. 시민단체에서 종사하는 간부나 사무직원들의 급여수준, 전직활동내역, 참여자격기준, 참여과정이나 충원과정 그리고 채용통로나 채널이 국민에게 투명하게 공개되어야 한다. 시민들은 균형이 깨진 지나친 시민단체의 권력착근성을 계도 및 견제해야한다. 시민단체(NGO)와 시민사회는 다른 것이고 지나친 시민단체의 시민대표성을 언제나 검증해야한다. 시민단체의 종사자는 더 높은 순수성, 도덕성, 윤리성, 신뢰성과 전문성을 담보해야하고 수시로 시민교육과 민주교육을 학습해야한다.

민간단체 종사자의 투명성과 민주성도 언론과 시민들에 의하여 검증되고 견제되어야 한다. 시민단체는 고도의 도덕성, 순수성과 윤리성에 입각한 전문가들이 참여하는 것으로써 권력이나 기업과의 연계를 통한 후원이나 지원에 대하여 심도 있는 사고가 요망된다. 과도한 시민단체의 권력으로의 접근은 본연의 업무인 자원봉사나 순수성이 약화되어 관변단체나 어용단체로의 전락의 우려를 낳을 수 있다. 시민단체의 현실정치에 대한 객관적, 중립적, 균형 있는 자세가 필요하며 NGO 운영에 있어 민주적 절차와 훈련이 지속적으로 필요하다.[13)] 전문가, 대학, 지식인집단에 의한 NGO 종사자들에 대한 민주시민교육과 지속적인 훈련이 전개되어야 한다. 시민 없는 시민단체의 문제를 해결해야하고 철저한 진성회원제를 통한 정치성 없는 순수한 시민을 위한 단체로 활동하는 것이 바람직하나.

이익집단, 시민단체, 자원봉사단체들의 활동이 민주주의에 중요하다. 각종 이익단체, 민간단체, 시민단체들은 균형 있는 결사체민주주의를 실천해야한다.

---

12) 「중앙일보」, 2009.7.18.

13) 오현철, 전게논문, p.84.

민주주의의 일반적 원칙들 예를 들어 법의 지배, 비폭력적 문제해결, 다수결원칙 등도 정치적 공통성 규정에 필요한 최소한의 정치적 원칙들로 이해될 수 있다는 것이다.[14)]

결사체적 혁명, 시민사회활성화를 민주주의실천에서 중요한 것으로 강조하였다. 결사체의 기술이 필요하며 다양한 시민사회, 시민단체 활동이 중요하다. 영향의 정치가 필요하며 시민단체, 공익단체가 의회나 지방정부의 발목을 과도하게 잡는 것이 아니라 거버넌스적인 파트너쉽을 활용할 필요가 있다고 한다. 자치단체는 시민단체에게 정책에 대한 이해를 돕는 자료들을 제공하여 상호 정보교류를 통한 협력적 관계가 필요하다. 시민단체는 정책시행이전에 국가나 자치단체에게 심의민주주의적인 건전한 건의나 대화를 통하여 정보를 제시하고 정책이나 국책사업이 시행된 이후 사업이 중단되게 하여 발목 잡는 인상을 주어서는 안 된다. 균형감각을 상실한 시민단체나 NGO가 권력에 무임승차하거나 접근하는 수단으로 전락하는 것을 차단하고 경계해야 한다. 시민단체 종사자의 도덕성, 윤리성, 투명성, 민주성과 신뢰성은 누가 검증하고 견제하는가. 사회자본의 주요한 근원으로 알려진 단체는 한국에서 사회신뢰와 시민덕목을 가르치는 학교의 역할을 제대로 못하는 것으로 보인다. 한국인들은 단체참여를 토해 동료시민들에 대한 신뢰, 반대의견에 대한 관용, 의견의 다양성에 대한 존중을 학습하지 못하는 것으로 보인다.[15)]

주권인민의 정체성은 역사적 실정성을 갖는 실재(substance)가 아니라 정체성을 둘러싼 집합적 성찰의 절차에 대한 평등한 참여로부터 도출된다. 소위 탈전통적(post-traditional)집합정체성은 성찰적 형태로만 개념화될 수 있으며 이는 곧 정체성의 형성이 소통적 절차에 대한 보편적이고 평등한 참여를 하고 있다는 의식에 기반하고 있고 따라서 결국 단속 없는 학습의 과정이라는 의미가 된다. 그 집합적 성찰을 유지하는 동력은 동의(consensus)의 형성이 아닌 소통의 유지에 있으며 소위 소통적 행위(communicative action)란 다양하고 이질적인 의견들이 자유롭고 평등하게 교환될 수 있는 공적 영역을 필요로 한다.[16)]

---

14) 김범수, 전게논문, p.191 ; Charles Larmore, *The Morals of Modernity*(Cambridge University Press, 1996)참조.

15) 박종민·배정현, "한국에서 단체는 민주주의 학교인가?," 한국정치학회, 『한국정치학회보』, 제42집 제3호 (2008년 가을), pp.138-139.

16) 김성호, "헌법제정의 정치철학," 한국정치학회, 『한국정치학회보』, 제42집 제3호 (2008년 가을), pp.19-20.

시민 없는 시민단체의 문제를 해결해야하고 철저한 진성회원제를 통한 정치성 없는 순수한 시민을 위한 단체로 활동하는 것이 바람직하다. 수많은 시민단체가 우후죽순 격으로 발생하여 과도한 시민단체 폭주로 일반시민의 무조건적인 시민단체 맹종보다는 일정부분 시민단체에 대한 선별의식이 있어야하고 언론과 시민의 감시와 견제가 요구된다. 각종 이익단체, 민간단체, 시민단체들은 균형 있는 결사체민주주의를 실천해야한다.

특히 자치단체와 시민사회가 함께하는 거버넌스를 활용해야한다. 정책에 대한 발목을 잡는 시민단체가 아니라 상호 파트너쉽과 네트워크를 통한 협력적 관계가 필요하다. 물론 여기에는 일정한 신뢰구축이 요망된다. 그리고 로칼거버넌스가 작동되어도 모든 폭력적 시위가 사라지는 것은 아니다. 지역이기주의 집단이기주의 집단적 폭력은 자치체가 지역민들에게 인기주의로 접근하기 때문에도 발생한다. 지역균형발전, 혁신도시유치, 기업유치나 공공기관유치에 단체장, 지방자치의원, 이장단협의회 등이 매달리는 것은 자기의 선거를 통한 정치적 입지와 무관하지 않다. 오히려 소지역주의, 지역이기주의와 집단이기주의의 악순환이 지속적으로 반복되고 있다.

시민적 결사체의 법질서란 바로 공적 영역을 지탱하는 일련의 실정체계이며 그 정점에는 실정법을 입법하는 준칙의 총합인 헌법이 자리 잡고 있다. 일련의 규범이란 대칭성, 자율성, 평등성, 상호성, 포용성 등 제헌을 위한 소통적 행위가 가능하기위해 필수적인 공적영역의 구성적 원리를 말한다. 법치에 의해 구동되는 호혜적 상호교류의 장인 시민적 결사체가 되어야한다.[17] 특히 선거는 민주주의의 꽃이다. 모든 국민이 주권자라 해도 현대국가에서 정책을 결정할 때 마다 국민 전체의 의사를 수렴하는 것은 불가능하다. 인구가 많고 지역이 넓은 데다 국가가 직면한 문제가 복잡해 전문적인 식견이 필요해서이다. 거의 모든 국가에서 선거를 통해 국민의 대표를 선발한 뒤 이들에게 정치를 위임하는 대의제를 채택하고 있다.[18] 대통령선거는 오직 한 후보와 한 정당만이 승리할 수 있고 다른 모든 후보는 패배하는 전부 혹은 전무 게임이다. 승자는 대통령이 되어 대통령직에 부여된 권력을 행사하며 승자를 도왔던 각 분야의 전문가들은 정부의 각 분야에 충원된다. 승자의 정당은 대통령의 정책을 함께 추진해 나가는 동반

---

17) 김성호, 전게논문, pp.19-20 ; Andreas Kalyvas, "Popular Sovereignty, Democracy, and the Constituent Power," *Constellations* 12(2004) ; Michael Oakeshott, *On Human Conduct*(Oxford University Press, 1975)참조.

18) 「중앙일보」, 2009.4.24.

자의 위치가 된다. 이것은 대통령선거에서 승리한 측이 정부의 요직을 독점하는 현상을 말한다. 대통령이 입법부 다수를 기반으로 하는 경우 독점적 지위를 확보하는 것은 의회제의 경우에도 유사하다. 영국처럼 1당 정권의 경우는 대통령제와 마찬가지로 권력독점의 결과를 가져온다.[19] 이를 극복하는 모두의 상호존중의 지혜가 필요하다.

제4절 상호존중의 다원민주주의에 대한 이해

민주주의위기극복을 위한 하나의 방안으로 상호존중의 다원민주주의론(Pluralist Democracy)에 대한 적극적 확대이다. 다원민주주의(Pluralist Democracy)는 다두민주주의(Polyarchy Democracy)와 유사하다. 서유럽에서의 사회민주주의의 편재성, 신국가주의적 관료, 인구의 노령화, 출생률의 하락, 실업률증가 등 서구에서조차도 민주주의공고화가 된 이후에도 민주주의의 위기를 극복해야할 과제가 항상 있다. 수많은 자발적인 단체를 주축으로 한 자유로운 집단활동이 이해나 가치의 다원성을 보장하는 민주주의이다. 공공기간에서의 공공재 공급에 있어 무임승차하려는 다수의 개인들로 인해 나타나는 집단행동의 딜레마가 있음을 경계해야한다. 그래서 명시적 권력으로서 가장 바람직한 민주주의는 직접민주주의라는 지적이 있다. 그러나 여전히 민주주의는 다양성을 기초로 하고 권력의 다원성으로 권력독점현상을 막는 것이 최선의 방책이다. 중요한 것은 다양한 제집단간의 대화, 타협, 관용, 아량, 그리고 상호존중정신이 있어야한다. 다원주의 사회의 절차적 규범으로 강조되고 있는 합리적 대화와 상호존종을 지적할 수 있다. 합리적 의견불일치(reasonable disagreement)를 특징으로 하는 근대 다원주의사회에서 자유주의 정치질서를 유지하기 위한 정치적 규범들이 좋은 삶이 무엇인가에 대한 논쟁에 대해서 중립적 이어야한다고는 것이다. 중립성 원칙에 어긋나지 않는 가장 기본적인 최소한의 절차적 규범으로 합리적 대화와 상호존중 두 가지라고 강조한다.[20]

수많은 자발적인 단체를 주축으로 한 자유로운 집단활동에 대한 이해나 가치의 다원성을 보장하는 민주주의이다. 도간(Mattei Dogan)은 일찍이 서

---

19) 최한수, 전게서, pp.129-130.

20) 김범수, 전게논문, p.191 ; Charles Larmore, *The Morals of Modernity*(Cambridge University Press, 1996)참조.

구 다원주의적 민주주의의 장래에 대하여 몇 가지로 문제점을 지적한바 있다.[21] 우선 서유럽에서의 사회민주주의의 편재성, 신국가주의적 관료, 인구의 노령화, 출생률의 하락, 실업률증가 등을 지적하였는데 민주주의공고화가 되었어도 민주주의의 위기를 극복해야할 과제가 항상 있음을 볼 수 있다.[22] 다알(R.Dahl)의 다원민주론이 공공재공급에 있어 무임승차하려는 개인들로 인해 나타나는 올슨(Olson)의 집단행동의 딜레마(Dilemma of Collective Action)를 간과하고 있다는 비판도 있다.

그래서 명시적 권력으로서 가장 바람직한 민주주의는 직접민주주의라는 지적이 있다. 그러나 여전히 민주주의는 다양성을 기초로 하고 권력의 다원성으로 권력독점현상을 막는 것이 최선의 방책이다. 중요한 것은 다양한 제집단간의 대화, 타협, 관용, 아량, 그리고 상호존중정신이 있어야한다. 일당제보다 경쟁적 다당제나 복수정당제가 국민의 다양한 색깔을 정치적으로 반영할 수 있다는 점과 자유로운 선택의 여지가 있다는 점에서 다원주의는 여전히 민주주의위기를 극복할 수 있는 방안중 하나이다. 지난 2008년 미국 민주당 대통령후보경선과 대선에서 오바마의 이미지와 행보는 부시행정부에 대한 염증이 팽배한 상태에서민주당 유권자분만 아니라 무당파 유권자, 그리고 젊은 유권자들을 흥분의 도가니로 몰아넣었고 이들을 대거 투표장으로 향하게 했다. 이러한 대중동원은 이념이나 정당일체감이 후보자들을 변별하는 수단으로 기능하지 못하는 당내 경쟁이라는 상황속에서 오바마의 예비선거경쟁력과 본선경쟁력을 높이는 수단으로 작용했음을 인식해야한다.[23]

로버트 달은 효과적인 참여, 평등한 투표, 계몽된 인식, 의제의 조정, 성인의 참여와 같은 이상적인 민주주의에 도달하기 위한 다섯가지 척도를 제시하였다.[24] 그러나 달은 어떠한 근대국가도 민주주의의 이상에 도달하지 못하였으며, 따라서 민주주의는 그것의 경험적 귀결과 이상적 가치(이론적

---

21) Mattei Dogan, *Pathway to Power : Selecting Rulers in Pluralist Democracies* (Boulder : Westview Press, 1981), pp.34-35.

22) Mattei Dogan(ed.), *Comparing Pluralist Democracics* (Boulder : Westview Press, 1988), pp.242-256.

23) 조성대, "미국예비선거(primary Election)에서 후보결정 요인에 관한 연구 : 2008년 민주당사례," 한국정치학회, 『한국정치학회보』, 43집2호(2009 여름), pp.209-210.

24) 이승원, "민주주의와 헤게모니 : 현대민주주의의 특징에 관한 이론적 재검토," 비교민주주의학회, 『비교민주주의연구』, 제4집1호(2008.6), p.70 ; R.Dahl, *On Democracy*(New Haven, CT : Yale University, 1998), pp.37-38.

유토피아) 사이에서 요동하고 있다고 역설하고 있다. 따라서 그는 실재적 민주주의와 이상적 민주주의 사이의 구성적 불가능성을 포함하는 다두정치(polyarchy)로 민주주의를 기술하고 있다.[25]

나에게는 꿈이 있다. 언젠가 이 나라가 모든 인간은 평등하게 태어났다는 것을 자명한 진실로 받아들이고 그 진정한 의미를 신조로 살아가게 되는 날이 오리라는 꿈이라고 연설한 마틴루터 킹 목사의 꿈이 실현되는 것이 민주주의이다.[26]

민주화, 산업화, 지방화, 복지화, 정보화 등 다양한 정부의 역할과 기능을 추진하기위해서는 관료기구의 육성과 민주적 규제책이 요망된다. 투명성과 신뢰성을 기초로 관료제가 발전되면 정치발전도 보다 가능할 것이다. 다양한 분야의 훌륭한 인재의 등용, 관료에 대한 전문적 훈련실시, 근무규정의 합리적 강화, 조직능률을 위한 과학적 관리가 필요하다. 정·경유착, 정·벤처유착, 청탁뇌물, 부정부패, 부정축재 등 잘못된 정치와 관료의 관행을 근절하기 위해서는 내부자 고발보호제도, 인사청문회, 청념한 목민관상 정립, 충분한 보수체계, 관료의 재교육개선, 인재등용의 다양한 방식과 인재등용에 있어 각부서의 재량권강화 등이 보완되어야 한다.

앞에서도 지적되었지만 싱가폴의 3C(clean road, clean water, clean government)정책처럼 공무원이 최고의 엘리트로 거듭날 때 개도국과 제3세계권국가의 정치발전을 담보 할 수 있다. 중요한 것은 다양한 제집단간의 대화, 타협, 관용, 아량, 그리고 상호존중정신이 있어야한다.

일당제보다 경쟁적 다당제나 복수정당제가 국민의 다양한 색깔을 정치적으로 반영할 수 있다는 점과 자유로운 선택의 여지가 있다는 점에서 다원주의는 여전히 민주주의위기를 극복할 수 있는 방안중 하나이다. 우리사회에서는 상대방 주장이 옳더라도 지연, 학연, 혈연이 다르거나 자기 집단이 아니라는 이유 등으로 상대를 완전히 배척해 버리는 경우가 많다. 상대가 마음에 안 들면 아예 모든 대화를 거부하려 하는 전체지향적 의사소통 행태가 체질화돼있다.[27] 대화 상대가 누구이건 자기의견에 반대하는 사람이라도 대화를 중단함이 없이 단계적 토론과정을 거치면서 사안 하나하나씩 점진적으로 설득을 시도해 가는 부분지향적 의사소통이 되어야한다. 감

---

25) 이승원, 전게논문, p.70.

26) 「중앙일보」, 2009.4.6. 1963년 링컨기념관 앞에서 행한 나에게는 "꿈이 있습니다(I Have a Dream)" 연설문.

27) 박명석, "학교서 합리적 대화 가르쳐야 하는 이유," 「중앙일보」, 2009.7.18.

정적 의사소통은 욕설, 삿대질, 싸움질, 난투극으로 연결 된다는 실증이 국회나 우리사회 여러 현장에 목격된다. 정치인들은 포함해 대다수 한국인은 상대를 부분 부분씩 설득하고 이해시켜 가는 대화기법을 정규교육을 통해 훈련받아 본적이 거의 없다. 민주정치란 대화와 토론을 통한 타협의 결정체임을 깨닫지 못하고 교육과 훈련 없이 민주주의만 공허하게 외쳐온 것이다.[28] 한국에서는 17대 국회에서부터 정당쇄신의 담론과 제도개혁들이 거론되었다. 우선 당내 민주화의 추진이고, 둘째, 중앙당축소론이고, 셋째, 정치자금법의 개정 등이 그것이다.[29]

제5절 갈등치유의 협의민주주의 활용

협의민주주의(Consociational Democracy)는 연합민주주의나 다극공존민주주의와 동의어이다. 언어, 종교, 부족, 계급, 지역, 인종, 민족 등 깊은 구조적인 균열과 심각한 사회적 분열과 대립이 있는 경우 인구비례에 의한 정부각료자리나 권력배분을 하면서 상호협력관계를 유지한다. 96년 4년간의 내전을 종식시킨 보스니아-헤르체고비나에서는 결국 5명의 대통령을 만들었다. 보스니아 헤르체고비나연방공화국의 회교도대표, 세르비아대표, 크로아티아 대표 등 3명의 대통령단, 그리고 회교크로아티아공화국 대통령, 세르비아공화국 대통령 등 5명을 만들어 내부적 분열성을 일단 중지시켰다.[30]

레이파트(Arend Lijphart)는 동질적인 사회가 아니라도 비례원칙, 대연합, 구획의 자율성 등의 조건이 충족되면 민주주의의 가능성이 있다. 즉 모든 중요한 구획의 정치지도자들이 국가의 통치를 위해 대연합을 형성하는 것도 방법이다. 그리고 모든 구획에게 그 자체지역을 보호할 수 있도록 상호거부권을 인정한다.[31]

---

28) 상게논문.

29) 박경미, "민주화이후한국의 정당쇄신 : 17대 국회의 정치개혁을 중심으로," 비교민주주의학회, 비교민주주의연구, 제2집2호(2006.12), pp.66 69.

30) 안싱호, "보스니아 평화협정이후 구유고지역의 민족문제," 『한국정치학회보』, 제31집4호(1997 겨울), pp.298-301

31) Arend Lijphart, "Consociational Democracy," *World Politics*, Vol.21, No.2, January, 1969, pp.207-225 ; Arend Lijphart, *Democracy in Plural Societies, A Comparative Exploration*(New Haven : Yale Univ. Press, 1977), pp.44-45 ; Arend Lijphart, "Consociational Theory : Problems and Prospects," *Comparative Politics*, Vol.13, no.3, April, 1981, p.356.

네델란드, 벨기에, 룩셈부르크, 스위스, 오스트리아 등과 같은 비교적 작고 외부의 압력에 영향을 받기 쉬운 나라들에 있어서의 민주주의성격과 특징을 보면 내부에는 역사적, 사회적 분열과 대립이 있으나 정치적 조성과 협조가 잘되어 있는 체제를 협의민주주의라고 하였다.

사회가 단편화되고 균열에 의해서 사회적으로 문화적으로 구획화되어 있다고 하더라도 각 구획의 지도자의 협동적인 자세와 행동으로써 안정된 민주주의는 유지될 수 있다. 깊은 구조적 분열을 내포한 집단상호간의 대립이 소수파의 권리를 존중함으로써 융화되어지는 민주주의이다.

최소승리연합이 아니라 최대승리 연합형성을 통하여 지역적 이념적 분열을 통합할 수 있다. 결국 이는 다수결모델, 합의모델의 일종이다. 지역주의 문제, 자치단체간 갈등이나 지역이기주의에 있어 인구비례적인 균형개발모델이 적용되는 것도 협의적 민주주의에 일환이다. 지역이나 자치단체가 극단적 경쟁으로 치닫게 되면 오히려 지방자치를 안하니 만 못하게 된다. 이러한 갈등을 잘 조정하고 봉합하는 것이 협의적 민주주의의 활용방법인 것이다.

지역주의문제해결이나 자치단체간 갈등이나 지역이기주의에 있어 인구비례적인 균형개발모델이 적용되는 것도 협의적 민주주의에 일환이다.

기존 선진국의 연방제국가는 사실상 협의제 민주주의모델을 활용하고 있으며 앞으로 남북통일에 있어서도 협의제 민주주의모델적용이 필요하다고 본다.

레이파트는 사회의 다극성을 제거하기위해서는 ① 동화(assimilation)를 활용, ② 두 개 이상으로 분할하여 동질적 국가를 만드는 것, 그리고 ③ 다극적인 분열을 수용하는 다극공존적인 해결(Solution) 등 세가지 방식이 있으나 이중 ③ 항의 노력이 중요한 것으로 지적하고 있다. 최소승리연합이 아니라 최대승리 연합형성을 통하여 지역적 이념적 분열을 통합할 수 있다. 결국 이는 다수결모델, 합의모델의 일종이다.

제6절 참 논의의 장인 심의민주주의의 확대

1. 심의민주주의의 실천

이제는 참여보다는 심의민주주의(Deliberative Democracy)를 더 실천해보자. 성숙한 민주주의를 위해서는 심의민주주의로 참 논의의 장을 만들어야한다.

심의(deliberation)는 의사결정 과정에서 참여자들이 자신들의 이해관계

(선호)를 조정, 성찰함으로써 보다 개방적이고 합리적인 의사결정의 과정에 이를 수 있다는 주장이다. 심의는 단순히 다수결과 같은 방법으로 의사결정을 내리는 것이 아니라 오랜 시간 심사숙고하고 토론과 토의를 거쳐 자신들의 선호를 이동시켜야 가능한 것이다. 이것은 단순 다수결과 같은 제도들과 비교해서는 대단히 많은 노력을 기울이는 것으로 비효율적으로 인식되기도 하지만 심의과정을 거치면서 눈에 보이는 어떠한 물리적 갈등만이 해결되는 것이 아니라 지역주민들이 자신의 선호를 이동시켰기 때문에 최종적으로 도출된 어떠한 결과물에 대해 갈등적인 동인이 사라질 수 있다는 점에서 의의가 있다.[32]

1) 민주주의사회에는 자율적인 다양한 조직이 있고, 각종 회의가 있다. 회의의 모델은 국회다. 그러나 기대가 많이 사라졌다.

몸싸움, 날치기, 회의장불참, 준비 안된 회의, 일사분란한 자기당 충성발언 등이 국민에게 실망을 준지 오래다. 선진국의 여야간 크로스 보팅제(교차투표)도 못하고 있다. 정부도 매일반이다. 국가안보회의, 국무회의, 청와대수석회의, 노사정협의회, 당정협의회, 각 종 위원회 등이 있다. 회의에서 국가에 대한 충언이나 대통령과 총리에 대한 진언이 나와야한다. 획일적이다. 과거 일인군주천하의 왕정시대에도 '아니되옵니다'가 있었지만 대명천지 민주주의국가에서 바른 소리가 없다.

과거 노무현정권은 참여민주주의(participate democracy)를 내세웠다. 위원회공화국인 참여정부는 많은 위원회가 정파를 대변하는 위원회는 아닐진대 각 종 위원회는 코드위원들로 채워진다. 다각적인 논의가 부족하다. 회의는 있으나 참여하지 않고, 참여는 하나 심의하지 않는다. 혁신을 혁신해야할 정도이다. 일부 시민단체지원도 정권에 입맛에 따라 선별되어 정권의 전위부대로 전락되지 않나 하는 우려를 낳게 한다. 핵폐기장문제, 행정중심복합도시, 새만금사업, 천성산터널문제, 기업도시, 혁신도시, FTA 등 오랜 시간 대화와 타협이 단절된 채 엄청난 국고와 국민적 에너지가 소모되었다. 정치력부재, 무능력의 잔치이다.

제주도 서귀포 강정마을의 주민총회의 폭력사태는 단적으로 민주주의과정실패를 말해준다.[33] 정치력부재, 무능력의 잔치이다. 이제 각급학교 학급

32) 김의영·한주희, "결사체민주주의의 실험," 한국정치학회, 『한국정치학회보』, 제42집 제3호(2008년 가을), pp.157-158.

33) 『한겨레21』, 2007.6.19. 제주도서귀포시 강정마을에 전략기동함대계류를 위한

회의, 반상회, 리장단회의, 주민자치센터회의, 통반장회의, 기초의회, 광역의회, 위원회, 노사정위원회, 국회 등 모든 회의에서 심의민주주의를 해야 한다. 참여하고 논의하고 결정하고 그리고 이에 승복하라. 그리고 양보, 아량, 관용, 타협, 대화, 상호존중, 합의도출, 결정사항의 성실한 실천 등 민주적 방식을 적용하자.

2) 그동안 보면 사람숫자로 모든 것을 결정한다고 저마다 세 불리기를 한다. 그러니 팽팽한 힘겨루기가 지속된다. 사회전체가 마치 전투장이 된 것 같다. 거리를 점거한다. 아예 회의조차도 못 열게 머리에 붉은 띠를 두루고 회의장을 점거한다. 집단농성과 시위, 실력행사, 단식투쟁, 가투, 떼법이 성행하고 있다. 다혈질적이고, 극단적이다. 전국이 모두 집단시위의 평준화를 이루었다. 선과 악, 적과 동지, 극단적 투쟁, 전부 아니면 전무가 판을 친다. 전투적 민주주의다. 이웃 기초단체간에도 서로 따스한 빛이 사라지고 있다. 민주주의 회의의 배움의 터인 학교도 마찬가지이다.

온 나라의 화두는 마치 붉은 글씨의 '투쟁'과 '분노'이다. 그러니 인터넷은 난장판이다. 익명으로 하니 저급의 욕설, 패러디와 댓글이 판을 친다. 마구잡이로 구정물을 쏟아내고 있다. 중앙이나 지방이나 거리에서나 사이버공간에서 치열한 전투적 민주주의가 양산되고 있다. 이런 사회에서는 선동정치나 영웅주의, 선심성 포퓰리즘이 자리 잡는다. 사회의 양극화를 더욱 부추긴다. 한마디로 정치엘리트의 갈등조정과 통합으로서의 실력과 리더쉽이 부족하다. 마치 다음번 대권을 잡는 것이 정치가 해야 할 모든 것인 양 국민을 글라디에이터(결투사)전투장의 구경꾼으로 전락시켜버린다. 이제 더 이상 폭력 투쟁적 참여는 안 된다.

민주주의는 법과 원칙에 입각하여 합의, 협상, 대화, 타협, 관용, 용서, 화해, 아량을 통하여 운영될 때 그 권위를 얻게 된다. 지식인 사회에서 뉴라이트와 뉴래프트가 머리를 맞대고 진지한 논의의 장을 마련해야한다.

하버마스는 민주적 절차의 중요성을 강조한다. 사람들마다 또는 집단들마다 다양한 세계관을 가지고 있는 다원주의적 현대사회에서 시민들 사이의 통합은 가치에 대한 실질적인 합의가 아니라 정당한 법률 제정과 정당

해군기지유치가 4월 27일 결정되고 정부는 5월15일 결정을 발표했다. 12만평 부지에 8000억을 드려 7000t 급 최신예구축함 이지스함, 장보고II 급중현잠수함(1800t) 등 20여척으로 구성된 전략기동함대가 계류한다. 그러나 부녀회, 청년회, 노인회, 고운환경감시단, 마을금고 등 이 참여하여 주민총회를 열고 6월 19일 주민투표를 하려했으나 찬반 주민의 폭력사태로 무산되었다.

한 정치권력행사를 위해 필요한 절차에 대한 합의에 의해 이루어져야 한다. 사람들 또는 집단들이 상이한 세계관을 가지고 있어 가치에 대한 합의가 매우 어려운 상황에서 시민들 사이의 통합은 모든 사람들과 집단들이 동의할 수 있는 민주적 절차에 대한 합의에 의해 일어 져야한다는 것이다.[34)]

사람숫자로 모든 것을 결정한다고 저마다 세 불리기를 한다. 그러니 팽팽한 힘겨루기가 지속된다. 사회전체가 마치 전투장이 된 것 같다. 아예 회의조차도 못 열게 머리에 붉은 띠를 두루고 회의장을 점거한다. 집단농성과 시위, 실력행사, 단식투쟁, 가투, 떼법이 성행하고 있다. 다혈질적이고, 극단적이다. 전국이 모두 집단시위의 평준화를 이루었다. 선과 악, 적과 동지, 극단적 투쟁, 전부 아니면 전무(All or Nothing)가 판을 친다. 행정도시, 혁신도시, 기업도시 등으로 이웃 기초단체간에도 서로 따스한 빛이 사라지고 있다. 인터넷은 난장판이다. 익명으로 하니 저급의 욕설, 패러디와 댓글이 판을 친다. 마구잡이로 구정물을 쏟아내고 있다. 중앙이나 지방이나 거리에서나 사이버공간에서 치열한 전투적 민주주의가 양산되고 있다.[35)]

3) 시민교육에서 고용연령, 범죄책임연령, 성적관계연령, 결혼연령, 선거연령, 어린이와 성인연령 등 모든 인간이라 하더라도 일정한 연령이 되어야 시민적 권리의 온전한 주체가 됨도 알려주어야 한다. 특히 민주시민교육에서 헌법이 우리 모두가 함께하는 공동체의 생활규범임을 인식시키고 생활화시키는 것이어야 한다. 그러므로 개념적으로 민주시민교육으로서의 헌법교육이 시민의 정치사회화의 본질적 내용이어야 한다. 그리고 왜 규범(법과 도덕)을 지켜야 하는가에 대한 근거와 이유를 충분히 이해할 수 있어야한다. 규범을 준수하지 않았을 때의 결과를 예상해 보도록 하는 것이다. 이웃과의 약속도 마찬가지이다. 약속이라는 규범에 대해 이를 지키지 않았을 때 어떤 결과를 가져오는가를 생각해보도록 한다. 그리고 구체적인 생활행동 속에서 이를 알세 하는 것이 명확한 이해에 도움이 된다. 도덕적 행동을 할 기회를 갖고 직접 참여하며 그에 대한 보상이 주어지고 반대

---

34) 김범수, 전게논문, p.189 ;, Jürgen Habermas, *Between Facts and Norms : Contributions to a Discourse Theory of Law and Democracy*(Cambridge : The MIT Press, 1996)참조.

35) 상게논문, p.86.

로 비도덕적 행동에 대한 처벌이 가해지는 것이 무엇보다 실제적인 효과가 있는 것이다. 이를 통해서 시민들은 인지적으로 자신의 행동결과와 행동의 대안, 역할 등에 대한 이해를 높이게 될 것이며 정의적으로 타인 배려나 감정이입과 같이 타인의 입장에서 볼 수 있는 능력을 지닐 수 있을 것이며 의사소통기술과 타협능력 등을 지니게 된다.

4) 반미니 팩스아메리카나니 하여 비방하지만 엄연히 미국의사당은 여야가 존재하여 매번 선거를 통하여 잘못된 대통령이나 국회의원을 가라치우고 있다. 우리사회는 한마디로 심의민주주의가 안 되고 있다. 자유로운 열띤 찬반토론이 있으나 합의 도출하는 과정과 절차가 진지하고 모든 참여자가 적대적 관계보다는 협력적 관계로 합의도출에 임한다. 극단적인 세력간에도 얼마든지 참여, 대화, 토론과 심의로 어떠한 문제도 전투적 이지 않게 결정되고 합의를 도출하는 것이 심의민주주의의 핵심이다. 이제는 참여민주주의보다 심의민주주의가 일상화되어야 한다. 가장 소중한 가족회의와 학급회의에서 어렸을 때부터 심의민주주의를 실천해보자.

5) 지난 2009년 7월초 미국 상원의 민주당이 40년 만에 처음으로 야당의 의사진행방해, 이른바 필리버스터에 상관없이 단독으로 법안을 처리할 수 있는 상원 의석을 확보했다. 8개월을 끌어온 미네소타주 선거가 민주당의 승리로 끝났기 때문이다. 35명의 상원의원을 새로 뽑은 2008년 11월 선거에서 종전의 팽팽했던 여야 동수의 균형을 깨고 민주당이 다수당으로 올라섰다. 그런데 당시의 판정승은 8개월이 지난 뒤 비로소 KO승으로 바뀌었다. 312표의 근소한 표차로 8달을 끌어왔던 미네소타주의 개표 시비가 민주당 프랑켄 후보의 승리로 판결이 났기 때문이다. 노만 콜멘, 공화당 후보는 "작년 11월 이후 오래 끌어온 선거는 끝났다. 우리는 모두 함께 새로운 미국의 상원을 지지하기 위해 일할 것이다.[36] 이로써 민주당은 지지 성향의 무소속 2명을 포함해 사실상 60석을 차지하게 돼 공화당의 마지막 무기인 필리버스터를 무력화시킬 수 있게 됐다.

미 상원의 필리버스터는 각 의원들이 무제한 발언을 할 수 있도록 보장함으로써 합법적으로 의사 진행을 막을 수 있도록 한 제도이다. 그러나 재

---

36) YTN(2009.7.1,) The election of November that was a long time ago 2008 is over and we should all work together to support our new United States' senator.

적의원 100명중 60명의 동의가 있으면 법안 관련 논쟁의 종결을 의결할 수 있기 때문이다. 이미 하원까지 장악한 오바마 정권은 범에 날개를 단 격이 됐다. 그러나 '이탈표'는 여전히 변수로 남아있습니다. 민주당은 전통적으로 당론과 다른 목소리가 많은데 특히 두 달 전 공화당에서 이적한 알렌 스펙터 의원도 요주의 인물이다. 어렵게 당선된 프랑켄 의원도 이른바 거수기 역할만 하지는 않을 것임을 강조했다. 알 프랑켄, 민주당 당선자는 "난 민주당의 60번째 상원의원으로 워싱턴으로 가는게 아니라 미네소타의 두번째 의원으로 역할을 하기 위해 가는 것이다"[37]

6) 보수와 진보의 논쟁은 바람직하나 국가의 권위를 무시하거나 법질서를 지키지 않는 것은 단호히 법원칙하에서 해결해야한다. 민주주의위기극복은 역시 대화, 토의, 회의와 토론으로 해결해야한다. 이점에 있어 공적토론, 심의토론 등 사회전체의 선호표출, 정치적 합의 도출을 위하여 합리적 토론 문화정착이 민주주의위기방지에 도움을 준다. 심의민주주의는 다수 결정의 정당성을 확보할 수 있다. 예컨대 시카고 주민의원회나 브라질의 포르토 알레그레(Porto Alegre) 시의 주민 참여예산은 심의민주주의의 좋은 예이다. 심의민주주의는 가정에서부터 가족회의를 통하여 민주주의적인 회의의 진지함을 훈련해야한다. 초등하교 학급회의도 그래서 중요한 심의민주주의의 훈련장이다. 가장 소중한 가족회의와 학급회의에서 어렸을 때부터 심의민주주의를 실천하는 것은 과격한 언행, 대화, 폭력시위보다는 인내심을 갖춘 겸손한 평화적 민주시민으로서의 지성, 이성과 감성을 모두 평상시 훈련해서 터득할 수 있게 해준다. 어려운 문제를 회의를 통하여 합의로 평화적으로 풀어가는 것 그것이 바로 심의민주주의의 장점인 것이다. 일인체제이후의 민주주의를 제도화하는 것이 필요하다. 정당정치를 기본으로 하고 의회 활성화를 통해 대의 정치가 국민의 이익을 골고루 대표하도록 그 대표성을 강화해야한다. 직접민주주의,참여민주주의,심의민주주의 등 대의정치의 한계를 보완할 여러 장치들이 노의되고 있는데 이것들이 한국 현실에서 어떻게 대의정치와 연결되어야 할지 구체적인 논

37) YTN 김기봉[kgb@ytn.co.kr] 2009.7.1, I am not going to Washington to be the sixtieth Democratic senator, I'm going to Washington to be the second senator in the state of Minnesota and that's how I'm going to do this job. 1979년 지미카터 시절 이후 40년 만에 '꿈의 60석'을 얻게 된 오바마 정권. 건강보험 개혁법안과 기후변화법안 등 까다로운 법안들을 뜻대로 펼쳐갈 수 있을지 주목된다.

의가 나와야한다.[38]

우리사회는 한마디로 심의민주주의(Deliberative democracy)가 안 되고 있다. 자유로운 열띤 찬반토론이 있으나 합의 도출하는 과정과 절차가 진지하고 모든 참여자가 적대적 관계보다는 협력적 관계로 합의도출에 임한다. 보수와 진보의 논쟁은 바람직하나 국가의 권위를 무시하거나 법질서를 지키지 않는 것은 단호히 법원칙하에서 해결해야한다. 이것이 진정한 민주정치적 리더쉽이다.

2. 민주시민교육 확대

민주주의제도화과정은 탈절대주의, 탈독재정치, 탈전제주의, 탈파시즘, 탈군국주의, 탈권위주의, 탈전체주의, 탈군사정권에서 찾을 수 있다. 이를 우리는 시민혁명이나, 민주화변혁으로 이해한다. 서구의 제1차 민주화혁명이나 80년대 제3세계권이나 사회주의권에서의 민주화혁명이 그것이다. 민주화는 자유화, 균등화, 인간화, 문민화, 제도화, 개방화, 지방화, 세계화등과 연계된다. 민주주의위기극복은 역시 대화, 토의, 회의와 토론으로 해결해야한다. 이점에 있어 공적토론, 심의토론 등 사회전체의 선호표출, 정치적 합의 도출을 위하여 합리적 토론 문화정착이 민주주의위기방지에 도움을 준다. 심의민주주의는 다수 결정의 정당성을 확보할 수 있다.

국회뿐 아니라 한국 사회 각계각층에서 터져 나오는 정쟁과 분열과 대결은 더 이상 방치하지 못할 단계가지 왔다. 이 위기를 인식한 이명박대통령이 그 치유책으로 사회통합위원회를 만들어 갈등을 완화하려고 한다. 그러나 그 갈등은 합리적 대화와 토론으로 처리할 수 있어야 한다. 이러한 능력을 배양할 기본토양을 제공하는 교육훈련이 선행되지 않으면 모든 노력은 공염불로 끝날 수 있다.[39]

지금 까지 우리는 60년이 넘도록 저마다 민주주의를 외쳐 왔다. 민주주의는 단순한 제도만이 아니라 사고방식이요 습관화된 행태라는 사실을 간과하고 있는 사람이 많다. 민주적 사고가 체질화된 즉 갈등을 합리적으로 처리할 줄 아는 올바른 커뮤니케이션 교육을 받은 시민이 없다면 민주주의는 한낱 말장난일 따름이다.[40]

---

38) 김영명, "한국의 정치발전 : 일인지배에서 제도정치로?" 비교민주주의학회, 『비교민주주의연구』, 제5집1호(2009.6), pp.31-32.

39) 박명석, "학교서 합리적 대화 가르쳐야 하는 이유," 「중앙일보」, 2009.7.18.

〈표 5-2〉 집단성격과 단위별 각종회의 유형

조직단위	회의유형	비 고
국회	본회의, 분과위원회	공직선거
행정부	국무회의, 각종 위원회	
광역시·도	광역의회, 각종위원회	공직선거
시·군·구	기초의회, 각종위원회	공직선거
읍·면·동	읍장, 면장, 동장회의	시·구-동/군-읍-면
리·통·반	이장, 통장, 반장회의	읍-면-리/동-통-반
주민자치센터	주민자치위원회	
대학교	교수회, 직원회, 학생회	
기업, 이익집단, 시민단체	임원회의, 각종노조	
아파트단지	주민대표자회의	
초·중·고각급학교	교직원회의, 학생회, 학급회의	전교조
종중, 가정	종중회의, 종친회, 가족회의	

제7절 마을공동체 민주주의활성화 방안

1. 민주적 동네 자치의 중요성

1) 기초단체장의 인식

기초자치단체와 관련된 지도자들의 인식전환이 필요하다. 시장, 군수, 구청장은 자치단체내의 분권(제2차 분권)으로 동에 예산과 권한을 과감하게 이양해야 한다. 읍·면·동을 단순한 서비스행정의 전달창구로 보면 곤란하다. 읍·면·동이 편지를 전달하는 우체국도 아닌데 읍·면·동 직원은 말할 것도 없고 자치단체 공무원의 창의성을 원천적으로 가로막아서는 곤란하다.[41] 주민대표와의 항시적인 심의(토의, 숙의)가 있어야 한다. 그

40) 상게논문.

41) 예컨대 영세민구호 차원에서 추진하는 공익근무사업 예산집행 경우이다. 공익근로자들이 남의 주택이나 상가 앞을 청소해 주고 있다. 오히려 일당으로 지급되는 예산을 영세민구호라는 구호사업 예산명목보다는 동네를 가꾸기는 일에 참여하는 동네 가꾸기 참여예산명목으로 바꾸는 발상의 전환이 필요하다. 이 일에 참여하는 주민도 마을을 가꾼다는 일에 대한 보람도 느끼게 할 수 있다.

리고 동행정도 관치형태에서 민주행정체제로 과감하게 전환해야 한다. 동을 여전히 기초자치단체의 단순한 하부행정기관이나 동장을 자치단체장의 수족으로 생각해서는 안 된다. 통·반장에게도 다양한 역할이 주어져야한다. 소단위 민주적 조직과 훈련이 필요하다. 기초의원은 동네민주주의를 위해 타운미팅, 주민자치센터회의 등 중심역할을 해야 한다.

예컨대 이명박 대통령은 얼마전 관악구에 있는 보육시설인 '하나어린이집'을 방문하여 1일 교사 체험을 하고, '일하는 엄마들과의 만남' 인 타운미팅에 참여했다. 어린이집을 찾은 이 대통령은 먼저 손을 소독한 뒤 교실에서 어린이들에게 직접 책을 읽어주고 기차놀이도 함께 한 뒤 귀가 준비를 돕는 등 일일 보육교사 활동을 직접 체험했다.[42] 이명박 대통령은 일하는 엄마들과의 타운미팅을 통해 일과 육아 병행의 어려움, 보육서비스 질에 대한 엄마들의 의견, 보육교사들이 보는 보육서비스 등에 대해 현장의견을 수렴했다. 이 대통령은 이 자리에서 "옛날 어머니들은 농사짓고 하느라 그랬지만 지금은 보육시설이 있어도 마음 놓고 맡길 곳이 없다고 하더라"면서 "궁극적으로 보육을 정부가 해주자는 게 목표"라며 보육료 지원확대 방안을 소개했다. 특히 이 대통령은 "맞벌이를 해도 돈을 크게 버는 사람이 아니면 보육료 지원 혜택을 주려고 한다. 며칠 있으면 발표할 것"이라면서 "맞벌이 혜택을 검토하고 있다"고 강조했다.[43]

모든 단위에서의 구성원의 민주적 절차, 민주적 교육, 훈련, 회의진행과정, 민주적실천 등이 중요하다. 특히 읍면동, 리통반 등 작은 단위의 마을공동체나 동네공동체에서의 구성의 갈등해결의 민주적 훈련과 실천이 무엇보다 중요하다.

2) 동 행정에 대한 발상의 전환이다.

여기에는 먼저 행정의 역할이 중요합니다. 읍·면·동과 리·통·반에서의 민주적 훈련에 대한 반성이 필요하다. 동을 단순한 자치구의 하부행정기관이나 기초단체장의 수족으로 전락시켜서는 안된다.

동단위에서 주민참여를 유도하고 심의민주주의나 협의민주주의의 실천장으로 자리매김해야한다. 그래야 시군구, 광역단위, 그리고 중앙정부차원과 대한민국의 민주주의가 알차게 발전될 수 있다. 자치단체에 준하는 돈

---

42) http://www.president.go.kr/kr/president (2009.7.28)

43) 상게자료.

과 권한 그리고 지위를 부여하여 동이 명실 공히 동네자치를 유도하고 지도·지원하는 새로운 공공정책실시의 주역이 되는 주민자치센터로 발전시켜야 한다.[44]

서류도 찾고, 쇼핑도하고, 우편물도 발송하고, 요가도하는 그런 문화중심 장소가 조성되어야 한다. 명실 공히 읍·면·동과 동네주민을 대표하는 읍·면·동장으로서의 역할을 해야 한다. 사실상 동통폐합에서 작명에 대한 다툼조차도 민주적으로 해결하기 힘든 상황이다.[45]

미국에서 하는 타운미팅이 가능해야한다. 대통령이나 대통령후보가 자연스럽게 마을주민과 둘러앉아 마을문제를 진지하게 논의하는 심의민주주의가 필요하다. 명실 공히 동을 대표하는 동장으로서의 역할을 해야 한다. 그리고 동직원도 직업공무원이라는 관념을 떠나 통반장, 주민과 어울려 동네문제에 대하여 진지한 논의를 하고 동네일에 봉사하는 동네일꾼으로서의 자세가 필요하다. 이렇게 될 때 주민도 마을 일에 관심을 갖고 참여하는 민주적 동네자치는 일어난다. 이와 같이 동의 규모나 인구수, 공무원수, 예산규모 그리고 오랜 동의 행정역사 등을 보았을 때 동을 자치단체에 준하는 주민자치센터로서의 동제개혁은 필연적인 과제라 할 수 있습니다. 예를 들면 주민자치센터를 단위로 적절한 규모로 하는 ▲마을 전통특성화 사업발굴방안, ▲동네 현안사업에 대한 해결방안, ▲아름다운 동네가꾸기 사업, 그리고 ▲민주적 마을 공동체운영방안 등 의 공모제도를 실시해보자. 민주적 동네자치를 유도하는 동기부여로써 기초단체 행정이 할 일이고 시장, 군수, 구청장의 몫이라 할 것이다. 자발적으로 참여한 공모작품을 주민들 중에서 심사위원을 민주적으로 선발하여 심사선정, 선의의 경쟁을 유발하자. 이는 단순하지만 민주적 주민참여를 유도하고 투자에 대한 상승효과도 높이는 소규모단위의 지역사회개발의 핵심전략이 될 수 있다.

3) 행정과 주민의 역할분담과 협동이 강조되는 새로운 공공정책실시의 최일선에 읍·면·동이 위치해야 한다.

주민을 위한 one-stop 서비스나 민주시민교육 실천장으로 행정단위중 소

---

44) 대구시는 143개 동의 평균면적이 3.41㎢, 평균인구 18,777명이다. 동 평균 12명의 유능한 공무원과 연간예산은 인건비를 합하여 258억원이다.

45) 『중앙일보』, 2007.7.26. 삼청동 주민모임인 삼청동번영회는 새이름을 정하도록 강요한다면 삼청동과 가회동주민간에 큰 다툼이 생길 것이라고 한다.

규모의 동단위에서 이루어져야한다. 읍·면·동은 거버넌스와 커뮤니티이론이 적용되는 주민자치센터로 기능이 정립되어야한다. 현재 추진되고 있는 지방분권시책은 궁극적으로는 마을(동네)공동체자치로 이어져야 하며 주민자치센터가 해야 할 주된 기능이 되어야 한다.

2. 주민자치센터발전방향

1) 주민자치센터의 활용

자치단체에 준하는 돈과 권한 그리고 지위를 부여하여 동이 명실 공히 동네자치를 유도하고 지도·지원하는 새로운 공공정책실시의 주역이 되는 주민자치센터로 발전시켜야 한다.[46] 이와 같이 동의 규모나 인구수, 공무원 수, 예산규모 그리고 오랜 동의 행정역사 등을 보았을 때 읍·면·동을 최소 민주적 자치단체의 역할을 다할 수 있도록 동제개혁이 요망된다. 그래야 주민자치센터의 기능도 살아날 수 있을 것이다.

주민자치센터의 활동프로그램이 동네를 가꾸는 주민자치보다는 여가·문화 쪽으로 치중되고 있는 것은 지금까지와 크게 달라진 것이 없다. 중앙정부나 지방자치단체는 주민자치센터 시책만 제시하고 발전을 위한 지속적인 지도·지원이 뒤따르지 못함으로써 자치센터는 유명무실화 되고 있다. 현재의 지역실정으로 보아 민주적 지역공동체 형성이 가능한가. 통·반장의 공동체, 마을, 동네를 위한 민주적 훈련, 교육과 지역을 위한 역할이 주어져야한다. 주민자치센터의 운영을 자치위원이나 주민에게만 맡길 것이 아니라 행정이 적극적으로 함께 나서 지도·육성해 나가야 한다.

주민자치센터가 초기단계에는 비교적 활성화를 띠었으나 최근에는 방향을 제대로 잡지 못하고 뚜렷한 역할이 무엇인지 혼란스러워 행정과 주민도 관심이 멀어지고 있다. 행정차원에서 올바른 이해와 발전방안이 제시되어야한다.

2) 주민자치센터의 기반조직으로 지연중심의 주민자치조직이 있어야 한다.

동 단위의 주민자치센터는 민주시민교육이나 실천과 훈련 등 마을(동네)

46) 대구시는 143개 동의 평균면적이 3.41㎢, 평균인구 18,777명이다. 동 평균 12명의 유능한 공무원과 연간예산은 인건비를 합하여 258억원이다.

자치를 하기에는 적당한 규모라 본다. 우리나라는 일본의 자치회와 같은 지연중심의 주민조직이 없으나 사실상 주민기반조직이 없는 참여적 민주적 주민자치는 어렵다. 주민자치회의 조직단위는 공동주택지역은 아파트단지를 단위로 변두리 등 개인주거지역은 생활권을 단위로 하는 소단위 리·동 민주시민 자치회의 조직이 바람직하다.

거주지든 출신지든 지역과 직접 혹은 간접으로 관련된 주민단체, 향우회 및 종친회가 인구학적 변수가 통제된 후에도 이웃 신뢰에 긍정적인 영향을 준다. 이들 단체는 일반 사람들에 대한 신뢰나 처음 만나는 사람들에 대한 신뢰에는 아무런 영향을 주지 못하지만 이웃 사람들에 대한 신뢰는 상당한 영향을 미치고 있다. 이들 단체는 지역을 기반으로 하기 때문에 이들단체 가입자가 비가입자보다 지역에 의해 규정되는 이웃을 더 신뢰한다는 것은 의외가 아니다.[47] 커뮤니티활동의 모체로 리·동 민주시민 자치회의 회장이 주민자치위원이 되고 위원장은 동장이 되는 자치센터 구도로 동제 개혁이 필요하다. 주민이 참여하는 주민중심의 동네 가꾸기 자치활동과 지속가능한 활동프로그램으로 소득을 수반하는 일거리 창출로 연계시켜보자.

3) 주민이 참여하는 주민중심의 동네갈등해결하기, 동네 가꾸기 자치활동과 지속가능한 활동프로그램으로 소득을 수반하는 일거리 창출로 주민들이 자율적으로 연계시켜보자.

예컨대 농촌은 협동생산 활동을 기반으로 소득증대 사업과 동네 가꾸기 활동을 연계시키고 도시지역은 커뮤니티 비즈니스의 창출로 소득과 일거리를 연계하는 주민참여 방식을 개발 한다. 민주적 회의하는 방법 교육, 특별강사초청 시민교육프로그램 등이다. 책 돌려보기, 건강무료강습, 포켓공원가꾸기, 담장 허물기 사업, 보도블럭 깔기, 어린이 놀이터조성 등 소규모 지역사회개발사업은 커뮤니티 비지니스를 창출하는 좋은 사례이다. 주민이 내는 세금은 이와 같이 다목적 효과를 내는 쪽으로 활용해야 하고 이것이 동네자치로 연결되는 자치센터 활동의 핵심이 되어야한다.

4) 문화여가활동 등 다양하게 운영되고 있는 주민자치센터의 프로그램은 자치센터가 할 일이기는 하나 이는 사회복지관이나 민간영역으로 돌리고

47) 박종민·배정현, “한국에서 단체는 민주주의 학교인가?,” 한국정치학회, 『한국정치학회보』, 제42집 제3호(2008년 가을), pp.135-136.

주민자치센터는 주민과 더불어 동네를 가꾸어나가는 마을공동체(커뮤니티) 자치나 동네자치 쪽으로 활동방향을 모색하자. 성공적인 주민자치센터의 프로그램이나 시민참여 운영사례를 수집하여 모델로 선정하고 이에 대한 보상지원을 확대하여 전국단위로 확산한다.

5) 현행 주민자치센터의 조례(제5조)의 자치센터기능을 보면 대체로 동이 할 일과 중복되며 주민자치센터를 동 기능에서 분리하는 것이 의미가 약하다. 현재 읍·면·동은 주민생활과 직결되는 종합행정기관인데도 보건소나 사업소와 함께 시·군자·구의 행정기구설치에 관한 조례에 3개 조문 정도로 규정되고 있다. 선진국 등의 타운, 카운티 등의 개념도입이 필요하다. 그리고 읍·면·동사무소에 가면 행정사무, 복지업무, 평생교육센터, 웰빙센터, 쇼핑센터, 정보센터, 우체국 등의 다양한 일을 볼 수 있도록 동네 단위의 행복공간조성이 요망된다.

6) 주민자치센터의 기반조직으로 지연중심의 구체적인 주민자치조직 이 있어야 한다. 동 단위의 주민자치센터는 민주시민교육이나 실천과 훈련 등 마을자치를 하기에는 적당한 규모라 본다. 우리나라는 미국의 타운미팅이나 일본의 자치회와 같은 지연중심의 주민조직이 없으나 사실상 주민기반 조직이 없는 참여적 민주적 주민자치는 어렵다. 주민자치회의 조직단위는 공동주택지역은 아파트단지를 단위로 변두리 등 개인주거지역은 생활권을 단위로 하는 소단위 리·통·반, 읍·면·동 민주시민 자치회의 조직과 훈련이 바람직하다. 커뮤니티활동의 모체로 리·통·반, 읍·면·동 민주시민 자치회의 회장이 주민자치위원이 되고 위원장은 동장이 되는 자치센터 구도로 읍·면·동제 개혁이 필요하다. 더 작은 민주주의가 필요하다.[48]

3. 마을(동네)공동체에서의 심의민주주의 활용

1) 서구선진국과의 비교차원에서 우리의 것을 다루어야한다고 본다.

민주화는 자유화, 균등화, 인간화, 문민화, 제도화, 개방화, 지방화, 세계화등과 연계된다. 민주주의위기극복은 역시 대화, 토의, 회의와 토론으

48) 김우창, 최장집외, 『더 작은 민주주의를 상상한다』(서울 : 당대비평, 2007), p.13. 동네민주주의의 확산과 성숙을 강조하였다.

로 해결해야한다. 이점에 있어 공적토론, 심의토론 등 사회전체의 선호표출, 정치적 합의 도출을 위하여 합리적 토론 문화정착이 민주주의위기 방지에 도움을 준다. 심의민주주의는 다수 결정의 정당성을 확보할 수 있다.

2) 심의민주주의는 가정에서부터 가족회의를 통하여 민주주의적인 회의의 진지함을 훈련해야한다. 초등학교 학급회의도 그래서 중요한 심의민주주의의 훈련장이다. 어려운 문제를 회의를 통하여 합의로 평화적으로 풀어가는 것 그것이 바로 심의민주주의의 장점인 것이다. 이러한 서구민주주의 내용은 수준에 따라 초·중·고등학교와 대학교에서도 적용할 수 있으며 시민교육의 차원에서도 학년마다 깊이는 다르게 하여 그대로 적용될 수 있다고 본다. 가정, 통반, 아파트·공동주택 주민자치회, 주민자치센터, 마을공동체, 리, 동, 면, 읍, 시·군·구, 시·도 단위로 점점 병행·확산하면서 동시적으로 심의민주주의를 적용해야한다.[49]

3) 기초이하의 수준에서의 민주주의가 활성화되어야 국가의 민주주의가 활성화되는 것이다. 이러한 기본이 비슷한 수준으로 될 때까지 지속적인 민주시민교육이 필요하다. 가정의 행복이 기초되어 국가의 행복이 오는 것이고 가정의 민주화가 국가의 민주주의제도화를 만들 수 있는 것이다. 고령화, 독신자, 저출산, 이혼가정, 소년소녀가장, 독거노인 등의 문제도 바로 가정의 문제에서 출발하는 것이다. 가정의건강성이 국가의 경쟁력인 것이다. 따라서 민주주의하에서의 시민은 최소한 이러한 관계를 숙지하거나 이해해야하고 시민적 권리행사를 해야 할 것이다. 시민교육은 바로 이러한 부분을 주지시키는데 관심을 갖아야한다.

4) 민주적 대안은 온건, 신뢰, 관용, 타협을 요구하며 민주주의제도와 실천은 사랑과 권위내에 있는 민주적 가치에 사회적으로 닻을 내려야한다. 여기에는 ① 정보화 사회에의 대처, ② 국제화, 세계화에의 대응, ③ 동네에서의 주민과의 화합과 협력에의 기여, ④ 지방화시대에의 대응, ⑤ 주민간, 지역간 갈등의 해소를 위한 노력 등이 있다.

---

49) 주민자치센터는 2000년 3월 6일 14개 시군 31개 시범 읍면동에서 설치 시작. 단계적인 확대계획에 따라 2002년 12월 31일 전국적으로 2,333개 센터로 전국 읍면동 3,573개의 65%가 운영. 이후에도 계속 증가하고 있다.

5) 전 세계인이 즐겨 찾는 명소가 된 청계천의 복원공사가 성공할 수 있었던 이면에는 끊임없는 주민과 공무원간의 진정어린 대화가 있었음을 상기해야한다. 즉 민주주의를 생활화하는 교육, 가치교육의 강조, 사고 과정의 중시와 고급사고력 함양, 갈등의 평화적 해결능력 및 태도 고양 등이 요망된다. 이는 선진시민의식을 함양하고 선진적이고 민주적인 자치단체운영의 필수적인 과제인 것이다.

제8절 지방자치단체간 갈등의 민주적 조정

1. 갈등의 원인을 찾자

1) 지방자치와 자율성 증대

지방자치단체간 협력제휴는 단순협력이나 공동분담의 범위를 벗어나지 못하고 있으며 시설의 공동설치와 이용, 공동투자 단계 등 보다 고강도의 협력제휴사업으로 이행 되지 못하고 있다. 재정이 수반되는 협력제휴사업이 활발하게 이루어지지 않는 것은 광역 및 지방자치단체의 투자재원확보의 어려움도 있지만 재정투자 결정을 합의했다 하더라도 집행을 위해서는 지방의회의 동의를 얻어야 하는 절차를 번거롭게 생각하고 있기 때문이다. 대부분의 국책사업을 중앙정부가 광역단체로 넘겨버리니 잘 못되면 도청앞에서 원성이다.

중앙정부나 국회앞에서 농성할 것을 피한 것이다. 광역단체가 덤텡이로 모두 끌고 와서 해결하려고하니 말 빨도 안서고 걸핏하면 문제제기하고 걸핏하면 자치단체끼리 언성을 높이고 거리시위, 집단시위, 삼보일배, 궐기대회, 삭발식 등 낭비적 요소가 많다. 대한민국이아니라 '떼한민국'이다(떼법강조).

지방자치와 자율성증대와 중앙정부의 조정공기업지방 이전에 대한 중앙정부의 잘못된 인식이 있는 것이다. 청주청원통합 주민투표부결, 대덕테크노파크 특구선정에서 오송오창배제, 호남선 분기오송역 유치까지 무려 12년, 방폐장 결정까지 무려 19년 등비효율적 요소가 너무 많다. 집단이기주의와 소지역이기주의를 중앙정부가 조정하지 못하고 있는 것이다. 울산은 11월 2일 경주가 결정되자 주민투표위헌소송을 제기하였다. 끝이 없는 갈등이다.

정보교환을 통하여 상호간의 업무를 공동으로 처리하는 실천을 지속적으로 해야 한다.

일본은 공공시설의 구역외 설치 및 지방공공단체의 공동시설이용, 지방공공단체의 협의권, 그리고 재정적으로 취약한 자치단체들이 중앙정부의 재정적 인센티브에 근거하여 통합이 활성화되는 추세를 보인다. 지방자치단체간 인적 지원을 위한 지원파견제도도 있다.

미국의 지역간 협력법은 공동개발사업에 대하여 연방정부의 보조금이 제공되면서 활성화되었다. 프랑스의 지방자치단체간 협력체는 재정적인 부분에 마찰이 적고 협력이 잘 이루어지고 있다. 이것은 중앙정부가 보조금제도 등을 통해 자치단체간의 교류활성화를 유도한 결과이다. 중앙정부는 보조금을 배분함에 있어서 지방자치단체간 협력체에 우선적으로 배분하여 지방자치단체간의 협력을 유도한다. 자치단체도 재정적 이점을 누리기 위하여 협력에 적극적으로 응한다. 여기서도 협의민주주의와 심의민주주의가 적용되는 것이다.

예컨대 광역권 협력사업으로 지역경제, 도로교통, 물관리, 환경보전, 문화관광, 농어업소득보전 부문에서의 활동은 있으나 혐오시설, 공공시설설치, 운영 및 교육개발 등은 협력이 이루어지지 않고 있다. 그래서 기초자치단체간 협력사업은 행정협의회, 발전협의회, 행정협력회 등 지역협의체를 활성화시켜야한다. 주로 기초단체간 협력사업은 주민간 친목도모, 민간단체교류, 공동방역, 문화예술 및 관광, 스포츠 등을 중심으로 이루어지고 있으나 일단유사시 이해관계가 첨예하게 대립되면 협조가 깨져버린다. 문제는 전국적으로 갈등이 있는 것이 아니고 바로 이웃하고 있는 자치단체간의 갈등이라는 점이다. 거꾸로 보면 오히려 수백년 동안 함께 지내온 이웃이라며 서로의 사정과 형편을 잘 알 것이다. 오히려 스마일전법으로 서로 접근할 수 있다고 본다.

2) 중앙정부의 조정과 역할

미개발지역을 집중육성하기 위해서는 자치단체의 우선 재정능력이 확충되어야한다. 법인세 등 국세의 일부를 공동자금화하여 재정이 취약한 자치단체에 차등적으로 지원할 수 있다. 국고보조금, 지방양여금, 특별교부세의 일부를 광역권 형성을 위한 지자체 지원재원으로 활용해야 한다. 경쟁을 갖기 위하여 시·도 단위에서 세계적이고 전국적 경쟁을 가지려면 그만큼 인프라가 충분한 지역으로 밀어 주어야할 것이다. 그리고 균형발전

차원에서 한다면 당연히 낙후지역을 밀어주는 것이 순리일 것이다. 혁신도시문제도 중앙정부가 사전에 이러한 유연성을 대비하는 전략이 미비 했다고 본다.

예컨대 청주청원통합 경우 중앙정부가 슬기롭게 개입할 수 있어야한다. 경주시 방폐장 유치결정은 좋은 사례이다. 중앙정부가 전국단위로 공모를 하여 인센티브를 정하고 선의의 경쟁을 통하여 지역의 단체장-지방의회 - 시민단체-주민이 모두가 윈윈하는 방법을 적용할 필요가 있다. 각 회의나 단계마다 심의민주주의가 잘 활용되어야 한다. 그리고 경쟁적 관계에 있었던 탈락한 타 지역에 대한 차등적 배려가 요망된다. 또한 결정된 자치단체이웃의 지역에게도 일정한 지원이 마련되어야할 것이다. 지역갈등과 관련한 헌법소원이전의 지역간 분쟁조정 및 해결청이 마련되어야 할 것이다.

3) 중앙정치와 지방정치의 네트워크확대

새만금사업, 방폐장, 고속철역이나 노선확정, 천성산 대규모터널공사, 대규모 혐오시설, 한강상하류 하천지역 공동관리수행 등이 그것이다. 이는 심의민주주의의 결여에서 비롯된다. 필요하면 대통령, 국무총리, 주무장관 등이 직접적인 해결당사자가 되어야한다. 이 경우 지루하게 긴 소모적인 갈등과 지역이기주의나 집단이기주의에서 벗어나지 못하는 당사자들의 생존과 고통도 속히 해결할 수 있기 때문이다. 이처럼 행정협의회에서 협의가 곤란한 사항은 중앙정부나 광역자치단체에서 적극적으로 조정, 중재하여 행정협의회 자체적으로 해결하지 못하는 부분을 보완해야 한다. 이것이 심의민주주의의 적용이다. 잘한 지역은 인센티브를 주고 못한 지역은 패널티를 주는 등 어떤 행동 결과에 대한 손익의 차등이 분명하게 보이도록 해야 할 것이다.

중앙정치와 지방정치의 네트워크와 지역개발정책 공동모색-정당이 제구실을 해야 한다. 중앙정치와 지방정치가 사실은 따로따로가 아니다. 필요할 때는 아무리 지방자치라도 중앙정치가 도와주고 지원해야한다. 우격다짐으로 재정이나 아이디어도 빈곤한데 중앙정치가 팔짱만 끼고 뒷짐이나 지고 에헴하는 태도는 바람직하지 않다. 어떤 식으로든 지방정치갈등 치유에 중앙당, 중앙정치가 나서주어야 한다. 정당을 생활정치의 장으로 끌어드려야 한다. 그래야 부정부패는 사라지고 정책개발, 아이디어개발 등 풀뿌리민주주의에 입각한 생활정치가 가능해진다. 이때 간여는 권위주의적 간여가 아니라 대안제시자, 창조적 해결자, 협조자, 조언자, 중재자, 조정자적인 역할을 수행해야할 것이다. 정당내에 지방의회의원의 스스로 자기개발은 물론 협상능력, 설득력, 대화법, 조정능력 등을 배양하는 지속적인 민주교육장치가 있어야한다. 중앙당내에도 지역간 협력 및 제휴방식에 의한 갈등해소방안이 마련되어야한다.

2. 광역단체의 권위존중과 권한증대

1) 지방자치단체간의 분쟁이 발생하였을 경우 현행 지방자치법 제140조는 시ㆍ도에 대하여는 행정자치부장관이, 시ㆍ군ㆍ구에 대하여는 시ㆍ도지사가 당사자의 신청에 의하여 이를 조정할 수 있도록 하고 있다. 이를 위하여 분쟁조정위원회를 두도록 하고 있다. 민주적 주민자치의 발전에 있어 무엇보다 중요한 것은 자치단체장들의 심의민주주의적 리더쉽의 확대와 구축이며 양질의 민주적 주민의식이다. 현재의 행정협의회는 사실상 형식적이고 의례적인 성격이 크다. 실효성을 확보하기위해서는 상설기구화하고 합의사항에 대한 구속력을 부여해야한다. 지방의회의장단 협의회나 지방자치단체장협의회 등 공식ㆍ비공식적 협의체를 통하여 다양한 대화와 타협의 채널을 활용한다. 조정제도와 조정자확보가 필요하다.

2) 이웃하고 있는 자치단체간 갈등은 스스로 해소할 수 있는 조정능력을 배양해야하고 범국가적인 차원의 거시적 안목으로 민주적 협상과 타협의 관행을 통한 근본적인 해결책을 제도화해야한다. 갈등당사자간, 자치단체간 계약, 협정, 구역변경, 분리, 합병, 연합 등에서 심의민주주의가 활용되어야 한다. 이를 위해서는 단체장, 지방의원, 시민단체종사자, 그리고 주민들에 대한 지속적인 민주시민교육이 필요하다.

3) 자치단체는 그 구성원인 시민들이 얼마만큼 건전한 시민의식으로 참여하느냐에 발전방향이 결정된다 해도 과언이 아니다. 만약에 시민사회가 분노가 지나쳐서 집단시위, 항의집회, 점거농성이 빈번하면 과연 자치체가 정상적인 발전을 도모할 수 있겠는가. 이처럼 정치나 자치단체지도자들은 주민들에게 공론의 장, 만남의 장 그리고 정보제공의 장을 제공하고 충분히 논의한 뒤 결정된 것에 대하여 성실하게 실천하지만 이를 거부하고 민

주적 절차를 무시하고 폭력적 집단시위를 할 때는 다수의 민주적 시민을 위하여 용기있는 결단력을 보여주어야 한다.

4) 이웃과의 일상생활에서 선진된 시민의식을 갖고, 참신하고 심의적이고 진취적인 보수주의가 발전적으로 확산될 수 있도록 그 지평과 심도있는 실천을 확립해야 할 것이다. 무엇보다도 소규모 공동체의 지도자의 권위가 있어야하고 공동체의 구심점을 구축하고 미래지향적인 정책개발을 해야 한다. 국가리더쉽은 다수의 선량한 국민들이 소수의 극단적 투쟁과 전투적 민주주의 때문에 손해보지 않도록 엄격한 국가공권력의 적용과 법치주의정신에 근거하여 국정을 다스리는 지혜를 가져야한다. 이를 전 국민이 인내심을 갖고 참아내야 비로서

5) 마을공동체, 동네공동체, 타운에서의 선진적, 민주적 주민의식이 높아지고 민주적 미팅이 강화되어야한다. 지방의 중소도시의 하위단체의 민주주의교육과 훈련이 절대적으로 중요하다. 주민공동체의 민주적 운영과 민주시민교육확신이 과대민주주의 등 민주주의위기방지에 크게 기여할 수 있다고 본다. 이를 교육시키는 민주시민교육이 활성화되어야 한다.

6) 무엇보다도 국가와 중앙정부는 지방자치의 실패에 대한 원초적인 책임이 있음을 분명히 인식해야한다. 중앙이 곧 지방이고 지방이 곧 중앙인 것이다. 지방정책실패와 지방자치단체간의 갈등심화, 지방자치실패에 대하여 그 책임성과 정책대안에 있어 국가와 중앙정부는 절대로 자유롭지 못함을 뼈저리게 인식해야한다.

제6장

전자민주주의의 출현

제1절 전자민주주의의 개념

미래예측과 관련하여 고령화, 지역격차, 환경문제 등 우리경제의 압축 성장기에 잠재되어 있던 문제와 이슈들이 동시에 표출되고 있다. 건전한 민주사회가 구현되려면 이러한 사회적 이슈 및 문제점들을 효과적으로 해결하고, 사회통합을 이룩할 수 있는 수단 및 방법에 대해 모색이 필요하다. 대체로 보면 평균수명이 62.3세(71년)→77세(02년), 출산율은 4.5명(71년)→2.1명(83년)→1.2명(03년) 등으로 고령화사회에 대한 심각한 징후가 포착되고 있다. 지난 2000년에 65세 이상의 인구가 전체 인구의 7%를 넘어서 이미 고령화 사회에 진입하였으며, 2003년 현재 7.5%에 달하고 있다. 고령화사회에서는 시민의 투표성향이나 정치적 의견도 상당히 달라질 수 있다. 나이가 들수록 보수성향이 강해지기 때문에 고령자들의 투표참여율이 높아지면 보수후보가 유리해질 수 있다는 예측도 해볼 수 있다. 또한, 경제구조 변화, 미혼 및 이혼율 증가, 출산저하 등으로 전통적인 가족구조가 핵가족 및 소가족 구조로 변화되고 있는 것도 민주적 공동체에 여러 변화를 만들어 줄 수 있다.

지구 온난화와 환경오염이 심화되고, 자연 재해와 대형사고 등이 빈발함에 따라 쾌적하고 안전한 환경에 대한 요구도 증대되고 있다. 녹색기술(GT : Green Technology)가 글로벌한 화두가 되고 있다. 저탄소녹색성장도 바루 이섯과 맥을 같이한다. 국가위기관리에 대한 문제도 심각하다. 재난대응에 대한 콘트롤 타워형성이 중요해지고 있다. 911테러, 동남아 쓰나미 등의 영향으로 재난·재해 예방에 대한 관심이 고조되고 있다. 다른 한편 개인적 삶의 모습에서는 몸짱, 건강식품, 유기농 등 보다 건강하게 사는 웰빙이 열풍을 일으키고 있다. IT, BT, NT, CT, ET, GT, OT, ST, AT 등 첨단고부가 가치시대에 접어들고 있다. 민주주의도 이를 포용해야한다. 정보화혁명으로 등장하고 있는 전송 민주주의(Tele-Democracy), 전자 선거운동(Electronic Election Campaign), 전자투표(Electronic Voting), 전자헌금(Electronic political contributions), 인터넷 민주주의(Internet-Democracy), 디지털 민주주의(Digital-Democraqcy), 온라인 민주주의(Online democracy), 이데모크라시(E-Democracy), 단추조작 민주주의(push-button democracy) 등 다양한 명칭으로 표현되는 전자민주주의의 유용성과 한계가 있다.[1] 인터넷의 등장과 세계적 확산으로 개발도상국의 발전 및 권위주의 체제의 민주화와 관련된 정보의 역할이나 영향에 관한 연구들이 등장하기 시작했다. 서구선진국들은 자국의 경험과 시각에서 정보기술을 발전 및 민주주의와 연계시키고 그 관계를 일반화하기 위해 노력해왔다. 발전론자들은 정보기술이 개발도상국의 경제성장을 가져올 뿐만 아니라 사회발전에도 기여한다고 주장한다.[2]

21세기의 정치는 중앙의 정책결정자들에게 밀려오는 새로운 정보의 홍수를 지혜롭게 재배분하고 중앙집권화를 과도하게 강조해 온 체제의 의사결정권을 합리적으로 재분배하는데 중점을 두어야한다. 이를 해결할 수 있는 방안 중 하나가 전자민주주의라 할 수 있다. 2002년 대통령선거를 앞에 두고 민주당과 한나라당은 국민참여 경선제를 전자투표로 실시하여 한 단계 당내민주주의의 발전의 획을 그었었다. 이는 전자민주주의의 절반의 성공을 거두었다.

제2절 전자민주주의의 유용성과 한계

1. 전자민주주의의 유익한 점

공론의 장(Acropolis)이 오픈 되어있고 가상공간(Cyber-Space)에서 자기의 의사를 자유롭게 표출할 수 있는 전자 아테네(Electronic Athens)의 직접민주주의의 역할을 할 수 있다. 나이더(R.Naider)는 정보는 민주주의의 평화다

1) 안성호, 『신정치학원론』(서울 : 교육과학사, 2005), pp.81-82 ; Sara Chaoman, *Electronic Democracy*(Napier University, 1999).

2) 안성호, 전게서, pp.81-82 ; 고경민, "발전 지향적 권위주의 체제의 인터넷 발전 모델?" : 중국과 베트남의 인터넷 확산과 정보 통제, "한국정치학회, 한국정치학회보", 43집2호(2009 여름), p.171 ; Irma Adelman, "fallacies in Development Theory and their Inplications for policy," in G.M.Meier and J.E.Stiglitz, eds., Frontiers of Development Economics : The future in Perspective(Oxford : oxford University press, 2001)참조.

라고 하였다. 정보의 유통활성화, 선거장에 가지 않아도 유세장에 가지 않아도 집안에서 TV를 통하여, 전자장치와 전자조작에 의하여 돈을 적게 드리고 얼마든지 정치에 참여할 수 있다. 전자민주주의(Electronic Democracy) 하에서 대표는 전자공간을 통한 유권자와의 항시적 접촉, 의사소통, 정보제공을 통해 시민의 요구를 더 잘 파악하고 더 빨리 응답할 수 있다.시민의 요구에 응답하지 안는 대표에게 책임을 물을 수 있는 장치를 제공함으로써 대의제 민주주의의 대표성, 책임성, 응답성, 투명성을 개선해 줄 것으로 기대되고 있다.[3)]

정보를 더 빠르게, 더 값싸게, 더 다양하게, 더 상호작용하는 정보를 시민들에게 공급. 정보의 접근, 공개, 유통에서 획기적 개선을 이룩함으로써 정치의 투명성을 높혀 주고 있다. 정치인들은 인터넷 토론광장에서 그리고 인터넷상에서 유권자와 직접대화를 통해 유권자의 요구를 재빨리 정확하게 파악할 수 있고 충실하게 응답하고 책임을 지게 할 수 있는 책임민주주의(Accountable Democracy)로의 진전을 이룩할 수 있는 수단을 제공하고 있다. 시민들이 사이버공간을 통한 정보의 획득 그리고 대표와의 대화와 토론을 통해 정책이슈에 대한 더 넓고 깊은 이해를 하게 된다. 그러나 과도한 시민참여극복을 위한 제도적 논의의 장이 요구된다.[4)]

사이버공간을 네티즌(Network+Citizen)들의 공론 심의가 이루어지는 공간으로 자리 잡을 수 있도록 정책적 조치가 있어야한다.[5)] 무엇보다도 수준 높은 민주시민들의 정치적 역량이 중요하다. 이는 전자민주주의 프로젝트 참여를 통해 정치적 능동성을 획득하는 시민들의 기량과 자신감을 말한다. 전자공간에서 가장 기본적인 정보시민권인 보편적 접근을 보장해야한다. 보편적 접근이 보장되지 않으면 전자민주주의는 배제적 민주주의가 되고 만다. 보통, 평등선거권에 기초한 국민주권의 원칙을 위반하는 것이며 위헌의 소지가 있다. 저급의 시민들의 목소리나 요구까지도 언제나 담보하는 민주주의가 되는 한 발전된 민주주의는 기대하기 어렵다. 이를 판단하고 평가하며 스크린할 수 있는 수준 높은 시미의식이 존재해야히고 량보다는 질석인 민주의식이 더욱 민주주의를 발전시킬 수 있다. 언제나 시민들 수준에 맞는 민주주의가 각 국가에 존재할 뿐이다.

---

3) 상게논문, p.5.

4) 안성호, 전게서, pp.82-83.

5) 오현철, 전게논문, p.85.

첫째, 전자혁명은 정보를 더 빠르게, 더 값싸게, 더 다양하게, 더 상호작용하는 정보를 시민들에게 공급함으로써 시민들은 정치공동체의 업무에 관해 더 많은 정보를 가지게 되고, 그를 바탕으로 최선의 합리적 선택을 할 수 있는 정보를 갖게 되었다.[6]

둘째, 전자민주주의로 정보의 접근, 공개, 유통에서 획기적 개선을 이룩함으로써 정치의 투명성을 높여주고 있다.

셋째, 사이버 공간을 이용하여 정치의 비용을 획기적으로 줄여줌으로써 깨끗한 정치의 실현을 가능하게 하고 있다. 고비용 저효율 정치의 문제점을 해결할 수 있다.

넷째, 정치인들은 인터넷 토론광장에서 그리고 인터넷상에서 유권자와 직접대화를 통해 유권자의 요구를 재빨리 정확하게 파악할 수 있고 그 요구를 정치과정에 즉각 반영할 수 있게 됨으로써 국민의 요구에 빠르게 응답하는 정치를 실현할 수 있다. 고객만족의 정치를 실현할 수 있다.[7]

다섯째, 전자공간을 통해 유권자는 항시적으로 대표와 직접 접촉하고 통화하여 압력을 가할 수 있기 때문에 대표의 유권자에 대한 책임성을 강화할 수 있다. 전자공간은 유권자들로 하여금 정치인들을 항시적으로 압박하여 좀 더 시민의 요구를 빠르게 그리고 충실하게 응답하고 책임을 지게 할 수 있는 책임민주주의(Accountable Democracy)로의 진전을 이룩할 수 있는 수단을 제공하고 있다.

여섯째, 대표와의 대화와 토론을 통해 정책이슈에 대한 더 넓고 깊은 이해를 하게 된다. UCC(User Created Content)등 일반시민들이 사이버공간을 통한 정보의 획득 그리고 대표와의 대화와 토론을 통해 정책이슈에 대한 더 넓고 깊은 이해를 하게 된다. 그러나 전자민주주의에 대한 비판적 지적도 만만치 않다.

2. 과도한 시민참여극복을 위한 제도적 기준

그래서 전자민주주의가 과도한 시민참여극복을 위한 제도적 기준이 되어야한다. 인터넷 사용인구가 전 인구의 반이상을 넘어서고 있어 사이버공간에 접속이 급격히 늘고 있으며, 정부, 정당, 대표들이 전자민주주의의 가

6) 안성호, 전게서, pp.82-83.

7) 상게서.

능성과 잠재력을 인식하게 됨에 따라 네티즌들이 사이버공간을 통해 정부, 정당, 대표에 접근할 수 있는 범위도 갈수록 높아지고 있으며 다양한 사이트가 출현하여 네티즌들이 접근할 수 있는 공론장의 메뉴도 다양해지고 있다. 게다가 북한과 연계하여 왜곡되거나 북한찬양의 공간이 되고 있는 것을 방치하는데 심각한 문제가 존재한다. 사이버공간을 네티즌(Network + Citizen)들의 공론 심의가 이루어지는 공간으로 자리 잡을 수 있도록 정책적 조치가 있어야 한다.[8)]

여기서는 아터튼이 제시한 사이버 공간을 통한 시민참여를 위한 제도적 기준을 위하여 전자민주주의의 평가기준을 제시하였다[9)].

무엇보다도 수준 높은 민주시민들의 정치적 역량(political competence)이 중요하다. 이는 전자민주주의 프로젝트 참여를 통해 정치적 능동성을 획득하는 시민들의 기량과 자신감을 말한다. 전자공간에서 가장 기본적인 정보시민권인 보편적 접근(universal access)을 보장해야한다. 보편적 접근이 보장되지 않으면 전자민주주의는 배제적 민주주의(exclusionary democracy)가 되고 만다. 보통, 평등선거권에 기초한 국민주권의 원칙을 위반하는 것이며 위헌의 소지가 있다. 저급의 시민들의 목소리나 요구까지도 언제나 담보하는 민주주의가 되는 한 발전된 민주주의는 기대하기 어렵다. 이를 판단하고 평가하며 스크린할 수 있는 수준 높은 시민의식이 존재해야하고 량보다는 질적인 민주의식이 더욱 민주주의를 발전시킬 수 있다. 언제나 시민들 수준에 맞는 민주주의가 각 국가에 존재할 뿐이다.[10)]

1) 접근(access) : 시민들이 전자민주주의 프로젝트에 참여할 수 있는 범위이다.
2) 도달(reach):실제로 참여하는 참여자의 비율이다.
3) 효과(effectiveness) : 시민참여가 공공정책에 직접적인 영향을 미쳤는지 여부이다.
4) 의제실정(agenda setting) : 결정되어야할 사안들, 고려되어야할 대안들,

8) 오현철, 전게논문, p.85.

9) 안성호, 전게서, pp.85-86 ; 크리스토퍼 아터튼, 한백연구재단 편역, 「텔레데모크라시 : 21세기 정보화시대의 정치혁명」(서울 : 거름, 1994) ; 임혁백, 전게논문, p.15

10) 안성호, 전게서, pp.86-87.

참여의 시기와 순서 등을 정하는데 있어서 시민들이 행사할 수 있는 통제력의 수준이다.

5) 접근경로의 다양성(diversity of access paths) : 시민들이 어떤 프로젝트에 대해 배우고 참여할 수 있는 길의 수이다.

6) 지속성(duration) : 시민참여를 위한 전자공론장이 지속되는 기간과 반복 회수이다.

7) 개인 또는 집단적 근거(individual and group based) : 시민들이 개인으로 참여하는지 조직 된 이익집단의 구성원으로 참여하는지의 여부이다.

8) 자발성(initiative) : 시민들이 참여하게 할 수 있는 기회와 그런 참여를 이끌어 낼 수 있는 정보를 스스로 발견하고 만들어 낼 수 있는 정도를 말한다.

9) 비용(costs) : 참여와 관련해서 시민들에게 요구되는 노고, 재정적 부담을 말한다.

10) 교육적 가치(educative value) : 다루고 있는 문제나 정책분야에 대해 시민들이 배울 수 있는 정도이다.

11) 정치적 역량(political competence) : 전자민주주의 프로젝트 참여를 통해 정치적 능동성을 획득하는 시민들의 기량과 자신감을 말한다. 전자공간에서 가장 기본적인 정보시민권인 보편적 접근(universal access)을 보장해야한다. 보편적 접근이 보장되지 않으면 전자민주주의는 배제적 민주주의(exclusionary democracy)가 되고 만다. 보통, 평등선거권에 기초한 국민주권의 원칙을 위반하는 것이며 위헌의 소지가 있다.[11)]

3. 전자민주주의의 한계

소위 20:80의 불균형구조가 형성한다. 마틴(Martin)과 슐만(Schulman)은 20:80의 불균형의 민주주의를 논한다. 국내적으로도 빈부의 격차, 정보소유의 격차 등에서 소수인 20% 만이 물질과 정보를 즐기고 있다. 20%의 정보를 독점한 새로운 골드칼라(Gold Collar)의 등장은 과거 빈부의 격차에 이제는 정보의 격차를 첨가하여 더욱 빈부의 격차를 심화시킨다.

---

11) 상게서.

게다가 다음과 같은 한계와 과제를 던져 준다.

첫째, 사이버공간을 통한 정치는 진정한 정책적 논쟁, 정치가들의 식견, 비전, 토론이 무시되고 정치가들의 외양과 스타일의 중요성이 부각되는 경향이 있다.

둘째, 비정치적 요소가 민주주의에 침투하여 대중의 기호를 만족시키려는 정치가 만연하여 사이버 공간이 진정한 공익을 추구하기 위한 토론의 장이 되지못할 가능성이 크다.

셋째, 디지털시대의 정치문제점은 정보의 부족이 아니라 정보의 양적 과잉이다. 그러나 정보의 양적확대가 반드시 정보의 질적 향상을 가져오지 않는다. 일반 시민들은 정보의 홍수 속에 질식당하지 않고 상호 모순된 정보를 자기 것으로 소화해 낼 수 있는 능력이 부족한 것이 현실이다.

넷째, 조지오웰이 지적하는 한 지점에서 내부를 환히 감시할 수 있는 감옥인 전방위 감시체제의 원형감옥(Panopticon)지배체제가 불거질 수 있다. 지배엘리트들은 첨단 디지털장비를 통한 중앙집권적 통제와 감시기제를 이용하여 제레미 벤담, 미셸 푸코가 제기한 원형감옥, 조지오웰의 기술지배적인 전제정치를 수립할 수 있다. 미국의 CIA가 좋은 예이다. 알 수만 있다면 일반인의 프라이버시도 얼마든지 도청이든 인공위성을 통한 감시든 가능한 기술이 있다. 짐 케리가 주연한 트루만쇼가 그 좋은 예일 수 있다. 아예 실제와 같은 TV셋트를 만들어 놓고 주연배우조차도 속일 수 있다. 정보소유자의 독재가 가능한 것이다. 한 지점에서 내부를 환히 감시할 수 있는 감옥인 전방위 감시체제의 원형감옥지배체제가 불거질 수 있다. 지배엘리트들은 첨단 디지털장비를 통한 중앙집권적 통제와 감시기제를 이용하여 원형감옥, 조지오웰의 기술지배적인 전제정치를 수립할 수 있다.

다만 권위주의적 개발도상국가에서 장기적 관점에서 인터넷은 경제적 혜택을 제공함으로써 국민들의 삶의 수준을 향상시킬 분만 아니라 인너텟 보급률의 증가로 대중적인 매체가 됨으로써 인터넷의 민주적 잠재력의 발현을 위한 조건을 형성할 가능성이 더 높아질 수 있다.[12]

다섯째, 디지털혁명은 여론조사 민주주의를 가져오기보다는 국민투표제적(plebiscitarian)인 다중 전제정치를 초래할 위험이 있다. 사이버 공간에서 다중이 지배할 경우, 신중한 토론과 협의의 과정을 거치지 않은 의

12) 고경민, 전게논문, p.187.

견이 난무하게 될 것이고 UCC를 악용하고, 악플과 같은 상호모순적이고 무책임한 언술이 전자공간을 지배하게 된다. 중우정치의 폐해도 나타날 수 있다.

여섯째, 디지털혁명은 새로운 형태의 불평등을 낳는다. 지식정보의 편중화와 소유와 이용능력의 격차에 따라 국가간 사회집단간에 불평등을 심화시킬 수 있다. 오늘날 정보를 가진 계층(gold collar)이 출현하여 정보불균형인 정보격차 즉 디지털 분절(digital divide)이 새로운 민주주의의 적으로 등장하고 있다. 정보격차는 계급간보다는 세대간, 양성간에 더욱 뚜렷이 나타난다. 지식과 정보의 격차가 소득의 차이를 만들어내면서 지식, 정보전문가인 골드칼라가 새로운 지배계급으로 부상하고 있으며, 정보이용능력이 없는 디지털 빈곤계급도 양산되어 정보양극화의 사회(digital divide)가 출현하고 있다.[13)]

제3절 전자민주주의의 선별적 활용

1. 문제제기

전자민주주의의 유용성은 어느 정도 공감을 얻고 있다. 공론의 장이 오픈 되어있고 가상공간에서 자기의 의사를 자유롭게 표출할 수 있는 전자아테네의 직접민주주의의 역할을 할 수 있다. 정보는 민주주의의 평화다. 정보의 유통활성화, 선거장에 가지 않아도 유세장에 가지 않아도 집안에서 TV를 통하여, 전자장치와 전자조작에 의하여 돈을 적게 드리고 얼마든지 정치에 참여할 수 있다. 전자민주주의하에서 대표는 전자공간을 통한 유권자와의 항시적 접촉, 의사소통, 정보제공을 통해 시민의 요구를 더 잘 파악하고 더 빨리 응답할 수 있다.

무엇보다도 수준 높은 민주시민들의 정치적 역량이 중요하다. 이는 전자민주주의 프로젝트 참여를 통해 정치적 능동성을 획득하는 시민들의 기량과 자신감을 말한다. 전자공간에서 가장 기본적인 정보시민권인 보편적 접근을 보장해야한다. 보편적 접근이 보장되지 않으면 전자민주주의는 배제적 민주주의가 되고 만다. 보통, 평등선거권에 기초한 국민주권의 원칙을

---

13) 안성호, 전게서, pp.84-85 ; 로버트켈리, 윤길순역, 「골드칼라로 가는길」(서울 : 리치북스, 1999) ; 임혁백, 전게논문, p.7.

위반하는 것이며 위헌의 소지가 있다. 악플과 같은 저급의 시민들의 목소리나 요구까지도 언제나 담보하는 민주주의가 되는 한 발전된 민주주의는 기대하기 어렵다. 이를 판단하고 평가하며 스크린할 수 있는 수준 높은 시민의식이 존재해야하고 량보다는 질적인 민주의식이 더욱 민주주의를 발전시킬 수 있다. 언제나 시민들 수준에 맞는 민주주의가 각 국가에 존재할 뿐이다.

2. 민주주의와 일상적인 IT의 활용

지형적인 지리적 단점을 장점화하고 독특한 문화, 생태, 관광 컨텐츠를 유비쿼터스 기술과 융합시킴으로서 농촌지역을 유비쿼터스 테스트 베드화가 필요하다. 이는 전 지역의 균질화된 민주주의실현을 앞당길 것이다. 미래의 도시는 모든 시설 및 사물이 네트워크로 연결되어 편리하고 쾌적하고 안전한 생활을 누릴 수 있으며, IT를 통해 새로운 가치를 창출하여 풍요로운 삶을 영유할 수 있도록 해야 한다. 'Intelligent City' 구현을 위해 편리성, 쾌적성, 발전성을 추구해야한다. 이것이 작은 동네공동체에 민주주의실천을 실현하는데 크게 기여할 것이다.

첫째, 스마트한 도시이다. RFID를 이용한 원격 모니터링 및 양방향 커뮤니케이션을 통해 실시간으로 도시 시설물을 관리한다.

둘째, 지능형 도시이다. 텔레매틱스, ITS 등 상황이 최적화된 지능형 대응 서비스가 제공되는 도시구축이다.

셋째, One-Stop 행정서비스 도시다. 분산된 민원을 지방정부 중심의 One-Stop 통합서비스로 제공하고 공공성과 지역성에 기반한 다양한 공공서비스를 제공한다.

넷째, 새로운 비즈니스를 창출하는 도시이다. IT기술을 활용하여 새로운 부가가치와 시장을 창출한다.

다섯째, 친환경적 도시 실현이다. u-IT기술을 활용하여 실시간 원격 환경정보 모니터링을 통해 언제나 쾌적하고 안전한 환경 하에서 생활할 수 있는 도시를 만들어 민주주의 실천을 앞당기는데 기여할 수 있다.

유비쿼터스관련해서 스마트한 도시를 만드는 데는 다음과 같은 다양한 기술이 가능하다.

첫째, u-Office 구축이다. 사무실 공간의 정보화 : 행정, 교육, 기업, 의료, 환경 등 Office automation 구축이다.

둘째, u-Home 구축이다. 가정내 각종 기기의 통합이다, 홈 엔터테인먼트 수용하여 새로운 형태의 가정 개념 정립을 한다.

셋째, u-Commerce 구축이다. 여기에는 농수축산 유통관제 시스템, 내국인 면세점, 쇼핑아울렛, 항공/선박 물류 시스템을 구축한다.

넷째, u-Tour를 구축하여 Cool travel City를 실현하는 것이다. 여기에는 문화관광자원 관리시스템, 전시관람 시스템, 회의산업 시스템 등이 있다.

다섯째, u-Ecology 실현이다. 환경생태공동체, 전원형 실버타운 공동체, 동식물 생태정보시스템, 토양오염 측정시스템, 기상/재난 시스템 등 유비쿼터스 기술 등을 기반으로 '편리하고', '쾌적하고', '발전하는' 마을공동체, 동네공동체, 농촌공동체를 구현해야한다.

3. 민주주의와 전자정부

우리나라는 인터넷 이용자 수, 초고속 인터넷 보급률 등 정보통신 인프라 측면에서는 이미 세계 최고 수준으로 평가받고 있다. 전자정부는 앞으로도 정보통신 IT 강국으로서의 위상을 지속적으로 유지하고 발전시켜나가기 위해 IT 산업을 경제 성장의 핵심엔진으로 부상시키기 위하여 노력해야한다.

전자 정부는 급변하는 IT 환경 속에서 새로운 정보 대변혁이라 할 수 있는 유비쿼터스 혁명을 국가 발전의 계기로 삼아 글로벌한 민주적 IT 네트워크로 확산해나간다는 비전을 제시하고, 환경 정비는 물론, 기술 및 산업 경쟁력을 확보하기 위한 전략을 수립, 추진해야한다. 국내에서는 지난 2002년부터 21세기 새로운 가치 공간을 창출하는 유비쿼터스에 대한 논의가 연구기관 및 언론을 중심으로 본격적으로 시작하였다. 2003월 4월 발족한 '유비쿼터스 IT 코리아 포럼'을 비롯하여 2004년 구체적인 u-Korea 비전 및 전략 수립을 위해 한국전산원을 중심으로 'u-Korea 전략기획단'을 구성하여 다양한 연구 및 지원 활동 중에 있다. 물론 민간 기업 및 연구소들도 유비쿼터스 기술을 발전시키고 활용하기 위한 투자를 확대하고 있다.

이러한 전자정부의 움직임은 중앙행정부뿐 아니라 지방자치체까지 확대되고 있는 추세이다 유비쿼터스 기술이 결합되어 주민참여형의 민주적이고도 편리하고 쾌적한 도시환경을 구현는 u-City가 화두로 대두되면서 각 지자체별로 u-City계획을 수립·추진 중이다.

특히 지방과 도시간의 여러 격차가 심각해짐에 따라 IT를 활용한 혁신을 통해 민주적으로 돌파구를 찾으려는 노력이 각 지자체별로 활발히 진행 중이다. 도시와 지방이 IT로 평등화된다면 도농갈등도 상당히 축소될 것이다.

1) 전자정부와 유비쿼터스 환경으로의 이행에 따라 업무처리방식은 물론, 정치, 경제, 사회활동 전반의 생활양식이 변화될 것이다. 유·무선, 음성·데이터, 통신·방송의 융합으로 서비스간 고유영역이 퇴색하는 등 산업간의 융합도 빠르게 진행될 것이다. 새로운 유비쿼터스 환경 도래에 따른 정책패러다임의 변화와 미래를 대비한 전략적 준비가 필요하다.

2) 전자정부아래서는 정보화 사회로의 진입 및 IT, NT기술의 활용범위 확대가 무엇보다도 필요하다. 민간은 물론 공공분야에서도 PC, 핸드폰, 인터넷 등의 활용이 일반화되는 지식사회로의 전환이 시작되기 때문이다. 너나할 것 없이 자유롭게 자신의 의견을 시공간을 초월하여 쌍방향 전달할 수 있게 된다. 또한 지식정보사회로의 이행에 따라 IT, BT, NT 산업 자체의 발전은 물론, 모든 산업분야의 디지털화 및 IT, NT 기술의 활용범위가 확대되는 추세이다. 이는 ET, GT와도 연계하여 환경문제에도 모두가 민주적으로 대응할 수 있어야한다. 바로 산업기술의 융합 및 통합 현상의 가속화 등 유비쿼터스 환경으로 이행하고 있는 것이다. 정치·사회·경제 변화에 따른 다양한 주체들의 요구를 충족시키기 위해 네트워크 통합(BcN), 단말의 융·복합 기기화, 통신과 방송의 경계 붕괴 등 새로운 기술 환경으로의 변화가 빠르게 진전되고 있다. 이러한 국내외적인 환경변화로 전자 민주정부의 활용성도 증대되고 있다. 이러한 유비쿼터스 환경에 맞는 다양한 서비스 등이 개발되고 제공되어 지고 있는 상황이다. 예컨대 u-Government, u-City, u-Home, u-Health, u-Learning, u-Election 등 유비쿼터스 기술을 이용한 시민과 고객중심의 지능적 서비스가 활발히 개발·제공될 수 있는 것이다.

제4절 스마트한 민주주의공동체 실제

1. 스마트한 민주공동체

전자정부, 전자민주주의발전은 고객지향적 Smart 정부서비스 제공과 직결된다. 민주주의와 직결되는 U-공공서비스 와 관련된다. 이는 민주적 지방자치나 자치단체는 시민서비스극대화, 시민참여활성화, 행정효율성 향상과 관련되기 때문이다. 이는 Cool Town Community를 추진하면서 민주공동체를 형성하는 것과 관계된다. 교통 및 Telematics, 도시환경시스템, 도시관리 시스템 등을 구축하는데서 출발한다. 지역간 격차도 심각해 수도권의 지역총생산(GRDP)과 인구의 비중이 모두 40%대를 넘는 등 경제와 인구의 수도권 집중 현상이 심각하다. 사회적 양극화현상으로 확대되면 사회적 갈등도 증대할 것이다.

행정중심복합도시건설, 공공기관의 지방이전 등 국가균형발전을 위한 대책들이 마련되고는 있으나 아직 그 실효성이 불분명하며 해결해야할 난제들이 산재한 상황이다. 세종시문제도 정치적 지역적 갈등을 유발한다는 점에서 해결이 요망된다. 따라서 행정중심복합도시는 국가균형발전의 구심점이 되는 행정기능 중심의 자족도시 구축이 필요하다. 충남 연기군 남면, 금남면, 동면, 공주시 장기면 일대에 행정중심복합도시 건설이다. 그러나 세종시의 법적지위나 자격에 있어 광역시로서의 격상이 요망된다.[14)]

IT, BT 기술의 빠른 발전되면 첨단산업화가 성숙기에 접어들어 산업혁명이후 형성된 산업화 도시에 새로운 기능을 적용한 신도시의 미래공동체도시의 필요성 이 증대되게 마련이다. 산업화가 도시간 경쟁가속화, 도시환경의 급격한 저하, 문제해결을 위한 사회적 비용 증가, 공공서비스에 대한 기대 증가 등 도시의 산업화로 인한 문제가 산적하다. 이러한 문제들을 해결하기 위해서는 지금까지의 도시의 모습과는 전혀 다른 민주적이고도 혁신적인 변화를 전제로 하는 아이디어가 필요한 것이다. 미래 도시에서는 IT BT, NT를 활용하여 시민들이 언제 어디서나 원하는 서비스를 원하는 만큼 받아 볼 수 있어 공공서비스, 정보전달의 물리적 한계를 뛰어넘게 된다. 정보통신기술의 발달로 기존도시가 해체되고 '클러스터+네트워크'가

---

14) 「중앙일보」, 2009.7.16. 이전대상기관은 12부(재정경제부, 교육인적자원부, 과학기술부, 문화관광부, 농림부, 산업자원부, 정보통신부, 보건복지부, 환경부, 노동부, 건설교통부, 해양수산부), 4처(기획예산처, 법제처, 국정홍보처, 국가보훈처), 2청(국세청, 소방방재청)이다.

결합된 새로운 개념의 도시가 등장할 것이다. 현재의 혁신도시 유형은 기업도시, 경제자유구역, 신행정도시, 혁신클러스터 등으로 구분될 수 있으나 이것보다도 더 다양해질 것이다. 그렇게 되면 쌍방향식 전자정부의 필요성은 더욱 증대될 것이다. 기술환경, 사회환경, 지역환경 등 청주시를 둘러싼 변화에 대응하기 위해서는 유비쿼터스 기술을 기반으로, '도시의 기능 자체의 변화', '공간개념의 변화', '도시의 삶의 변화', 그리고 '도시 경제의 확대'가 이루어져야 할 것이다

u-도시공동체의 공간 구축이 되어야 한다. 물리적 공간과 전자 공간의 대융합 실천과 글로벌한 유비쿼터스 선도시스템 구축이 요망된다. u-네트워크 구축이 있어야한다. 유무선 통합 네트워크의 구축이 필요하고, 안전한 정보 활용 : 상호 운용성, 편의성, 다양성 등 안전한 정보활용이 증대되어야한다. DDos의 침투처럼 국가전반에 걸친 사이버 테러알 막아낼 수 있는 정보의 안전망구축이 시급하다.[15] 크게 보면 다음과 같은 세가지 분야의 유비쿼터스와 연관된다.

1) UPS : 유비쿼터스 행정서비스(Ubiquitous Public Service)

언제 어디서나 빠르고 신속하게 접속이 가능한 'Always on 행정서비스' 구현이다.

누구라도 쉽고 간편하게 이용할 수 있는 지능화된 행정서비스 구현이다. 온·오프라인이 연계된 이음새 없는 융합 공공서비스 제공을 해주는 것이다.

2) UPM : 유비쿼터스 내부행정관리(Ubiquitous Public Management)

중앙, 타 지방자치단체와의 정보공유와 정보자원관리 확대이다. 내부 업무 프로세스 혁신 및 BPM(Business Process Management) 도입과 관련된다.

3) UPP : 유비쿼터스 시민참여(Ubiquitous Public Participation)

시민들에게 청주시의 각종 정책, 시책, 사업 및 선거관련 정보를 각종 단말기를 통하여 제공한다. 네트워크상에 만들어진 게시판과 u-Community 및 u-polling을 통해 시민의 여론을 수렴한다. 정책, 선거 등에 유비쿼터스 기술을 이용해 언제 어디서나 시민이 편리하고 간편하게 지자체의 의사결정에 참여할 수 있다.

---

15) 「중앙일보」, 2009.7.9.

2. 지혜로운 공동체(Intelligent Community)의 인프라 구축

최첨단 미래도시 '투모로우 시티(Tomorrow City)'가 31일 공개된다.

인천도시개발공사가 발주하고 SK그룹이 시공을 맡은 '투모로우 시티'는 오는 2020년 인천경제자유구역청(IFEZ)에 지어지는 미래도시를 체험할 수 있도록 유비쿼터스 시설을 압축해 놓은 곳으로 IT인프라와 정보서비스, 토목 · 건축, 환경, 의료서비스 등 첨단기술이 총망라됐다.

SK그룹은 '투모로우 시티'가 ① 도시모형에 가상현실 접목, ② GPS 서비스 실내 적용, ③ 도시공간에 디지털 아키텍처 도입, ④ 네트워크 기반 u시티 지원 로봇 적용이라는 측면에서 세계 최초의 u시티 공간이라고 소개했다. 투모로우 시티는 오는 8월 7일부터 10월 25일까지 80일 동안 인천에서 열리는 세계도시축전 행사의 주요 부대시설로, 전 세계 관람객에게 인천시와 SK그룹의 u시티 구축능력을 알리는 데 기여할 것으로 기대된다. 투모로우 시티는 6층 규모(연면적 3만1000㎡)로 지은 u시티 비전센터를 비롯해 u광장, 복합환승센터, u몰(Mall) 등으로 구성됐다.

u시티 비전센터는 주제영상관, 미래생활관, 미래도시관, 비전관이 갖춰져 있어 관람객이 각각의 주제에 맞는 미래도시를 느낄 수 있도록 만든 미래도시 체험관이다.

SK그룹은 '투모로우 시티' 개관을 계기로 u시티 사업을 그룹의 신성장동력으로 지속적으로 추진키로 결정했다. SK그룹은 각각의 관계사가 보유한 친환경 에너지 및 정보통신 기술을 결집, 종전 u시티 사업을 '첨단 그린 도시(u-Eco City)'로 업그레이드해 나갈 방침이다.[16)]

1) RFID(Radio Frequency Identification)

무선 주파수를 이용하여 데이터를 주고받을 수 있으며, 제품에 관한 각종정보를 담을 수 있는 칩을 의미한다. 전자TAG를 사물에 부착하여, 사물이 주위 상황을 인지하고 기존 IT 시스템과 실시간으로 정보교환/처리 가능하다. RFID TAG, 각종 형태의 안테나, 성능별 리더, 리더를 지원하는 Local host, 각종 케이블링 및 네트워크 연결로 구성하는 것이다.

---

16) http://www.etnews.co.kr (2009.7.30)

2) GIS(geographic information system)

지리정보시스템(GIS ; Geographic Information System)은 공간상 위치를 점유하는 지리자료(Geographic data)와 이에 관련된 속성자료(Attribute data)를 통합하여 처리하는 정보시스템이다. 즉 지리공간 데이터를 분석·가공하여 교통·통신 등과 같은 지형 관련 분야에 활용할 수 있는 시스템이다. 교통정보시스템(ITS), 환경정보시스템(EIS), 자원정보시스템(RIS), 국방정보시스템(NDIS) 등에 여타 시스템과 연계되어 활용하는 것이다.

3) BcN(Broadband Convergence Network)

통신, 방송, 인터넷을 융합하여 언제 어디서나 끊김 없이 편리하게 품질보장형 광대역 멀티미디어 서비스를 이용할 수 있는 차세대 통합망 기술이다. 현재 속도(1.5~2Mbps)보다 50배 이상 빠른 50~100Mbps급의 초고속망 서비스를 제공하는 것이다.

4) USN(Ubiquitous Sensor Network)

사물에 전자식별 장치(RFID)나 센서 등을 부착하여 손쉽게 사물의 정보를 인식할 수 있게 하는 것으로, 유·무선 가입자망과 연동함으로써 이용자 중심으로 각 사물의 정보를 수입·가공하게 하고 이를 기반으로 각종 서비스를 제공할 수 있는 통신망

5) IPv6

IPv4에서 IP주소자원 부족, 보안성 취약, QoS 및 멀티미디어 제공 기반 미흡 등의 문제점을 해결하기 위해 등장한 기술로, IPv4의 32비트 주소체계를 128비트로 확장하여 거의 무한대의 주소자원을 제공한다. 여기에는 USN, 홈네트워크 서비스 등 유비쿼터스 서비스를 추진하기 위한 기본적인 요소가 있다.

6) 차세대이동통신

음성은 물론 문자, 그림, 동영상 등의 멀티미디어 정보를 인터넷과의 연동을 통하여 고속, 고품질로 송수신 할 수 있는 네트워크다. 여기에는 IMT-2000, 초고속 휴대인터넷 기술 등을 기반으로 광대역이동 멀티미디어 시스템 구현 및 유·무선 통합망 구조로 진화하는 것과 관련된다.

〈표 6-1〉 정보화 공동체(Intelligent Community) 추진

목표	세부과제
편리한 공동체 Convenient Community	o 유비쿼터스 기술을 활용한 첨단 교통체계 구현 - 지능형 교통체계(ITS) 구축 및 첨단도로시스템 구축 - 무인주차관리 및 요금의 전자지불시스템. - 공항의 u-airport화
	o 고객지향적 Smart 정부서비스 제공 - 유비쿼터스 행정시스템 - 유비쿼터스 내부행정관리 - 유비쿼터스 시민참여
	o 편리하고 지능적인 도시환경 구현시스템 구축 - IT를 활용한 지능형 도시 관리 - 홈네트워크 등 지능형 주택공간 구현
쾌적한 공동체 Pleasant Community	o 통합적 도시환경관리를 통한 친환경적 도시 구현 - 지하수, 토양, 대기, 소음, 재난을 동시에 관리하는 도시통합관리 센터의 설립
	o One-Stop 도시안전 복합서비스 제공 - 경찰, 소방, 관공서, 민간을 연계하여 도시안전 확보 - 공동체 주요 건물, 다리 등에 센서 부착 안전상태 점검
	o 시민모두가 살기 좋은 u-복지기반 마련 - 고령자 친화적 도시 구현 - 원격의료서비스 실현 - CCTV 등 육아 및 보육에의 IT 활용
발전하는 공동체 Prospering Community	o u-education 체계 확립 - 광네트워크의 고도화로 멀티미디어 학습체계의 구축 - 노후 장비 교체 - 고품질 학습컨텐츠 제공 - 유비쿼터스 평생교육체계의 구축
	o u-기술을 활용한 새로운 비즈니스 창출 - 이웃 공동체간 첨단기술삼각벨트의 고도화 - IT를 활용한 새로운 비즈니스 모델 창출 - 산업단지내 RFID 등 시범선도 적용

〈자료〉 안성호편, 『청주시 2030 보고서』(2005) 참조.

3. 편리한 공동체(Convenient Community)

1) 육상교통의 유비쿼터스화 촉진

지능형 교통체계(ITS) 구축 및 완전 자동주행이 가능한 첨단도로시스템

구축을 한다.

특히 대중교통 및 공공버스(스쿨버스 등)의 유비쿼터스화를 통해 버스의 대기시간 안내, 지연 및 사고발생시 통지 등 시민에게 더욱 지능화된 서비스를 제공한다.

2) 또한 무인주차관리, 요금의 전자지불 처리 등 관련 서비스의 디지털화를 통해 서비스의 연계성 및 통합성을 강화한다.

교통(ITS)과 통신(유무선) 서비스를 기본으로 서비스간 융합을 통해 더욱 개인화된 서비스 제공한다.

3) 유비쿼터스 기술을 이용한 청주공항의 u-Airport화

수하물 유비쿼터스 시스템 구축을 통한 고객서비스 극대화를 이룬다.

또한 서비스 등록고객 대상으로 수하물의 도착, 지연 등에 관한 정보를 SMS로 제공한다

4) 육상, 항공교통의 이음새 없는 연계를 통해 청주를 중부권 물류의 거점지화가 요망된다. 오창/오송 산업단지 연계 및 아산 삼성 크리스탈밸리 물류 연계 추진한다. 경상북부지역, 호남 북부지역, 강원, 충청권 물류 연계한다.

5) 편리하고 지능적인 도시환경 구현이다. 원격화상회의, 인텔리전트빌딩 시스템 등 통합 네트워크 기반으로 기업 비즈니스가 편리하고 안전하게 이루어 질 수 있는 환경을 조성한다. RFID를 이용한 원격 모니터링 및 양방향 커뮤니케이션 제어를 통한 실시간 도시시설물 관리한다.

6) 사람들이 많이 모이고 휴식을 취하는 거리, 공원 등에 광대역 정보통신 인프라를 이용하여 지역정보, 상점정보를 제공한다.

수요자가 필요로 하는 다양한 홈네트워크 서비스와 콘텐츠 개발 지원한다.

7) 다양한 소비자의 니즈에 대응할 수 있는 지능형 주택 공간을 구현한다.

다양한 형태의 고기능 스마트 센서를 활용한 가정내 상황인식, 자동처리 등 고차원적인 서비스 개발·보급한다.

4. 쾌적한 공동체(Pleasant Community)

첫째, 통합적 도시환경관리를 통한 친환경적 도시 구현이다. 실시간으로 원격 환경정보(수질, 대기, 소음, 토양 등)를 모니터링하고, 다양한 매체를 통해 도시시민 및 유관기관에 환경관련 정보를 서비스한다.

둘째, 또한 음식물쓰레기를 비롯한 각종 쓰레기의 수거 및 분배시스템을 통해 쓰레기의 효율적 재활용 및 처리 추진한다.

쓰레기 분리수거 및 쓰레기봉투 관리시스템, 재활용자원 관리체계 등 효과적인 폐기물 관리 시스템 구현한다. 빈곤계층, 복지기관에 잉여음식물 제공의 활성화 및, 폐기음식물의 재활용 프로세스의 자동화다.

셋째, One-Stop 도시안전 복합서비스를 제공한다.

도시기반공간+안전정보, ITS-교통정보, 전장정부시스템, UIS-공간위치정보, GIS-공간 위치정보, 112경찰-치안정보 등이다.

넷째, 경찰/소방/관공서/민간 Security를 연계하여 도시안전 복합 서비스를 제공한다.

상황관제, 신고접수와 출동지령 기능을 자동화하고 교통정보, 위치정보 등을 분석하여 신속하게 사고에 대응할 수 있는 체계를 마련한다. 보행인, 자동차, 운전자, 교통경찰, 119소방, 통합교통정보센터와의 연계를 추진한다.

다섯째, 또한 시내 주요건물, 다리 등에 센서를 부착하여 안전상태를 수시로 점검하고 계측정보를 관리센터로 전송한다. 초기에는 시범 프로젝트로 시작하되, 추후 주요시설물 및 공공시설물에 대한 정보감시 영역 확대 및 언제 어디서나 실시간 감시 및 제어가 가능한 시스템 구현한다.

여섯째, 시민모두가 살기 좋은 u-복지기반 마련이다. 고령자 친화적 도시환경 구현한다.

노인의 능력과 적성에 맞는 일자리를 창출·제공함으로써 노인의 삶의 질 향상과 더불어 고령사회의 사회적 비용을 경감한다.

노인에 대해 취업컨설팅을 비롯한 교육훈련, 취업알선 등을 담당하는 노인인력지원센터의 확대 설치 및 전문성을 제고한다.

모바일 단말기, TV, 인터넷 등 다양한 채널을 통해 취업정보와 교육을 받을 수 있도록 하는 등 노인교육 인프라를 확충한다. 고령자도 쉽고(easy to use) 간편하게 사용할 수 있는 제품을 개발한다.

일곱째, 원격의료서비스(u-Healthcare) 실현이다.

언제 어디서나 누구든지 의료 혜택을 받을 수 있는 예방중심의 맞춤형 평생 건강관리서비스를 실현한다. 도시의 대형병원 및 대학병원과의 연계를 통해 의료격차를 해소한다.

의료정보 등의 DB화 및 의료기관간 의료 네트워크 조기 구축이다.

여덟째, 육아 및 보육서비스 지원(u-Childcare)이다.

보육기관 정보화를 통한 원격아동보호 및 위치기반서비스와 생체인식기술을 응용한 미아방지 서비스 제공한다. RFID, 생체인식기술 등을 활용하여 아동의 상태를 확인하여 예기치 않은 위험에 대비하는 등 유아안전 및 건강관리 서비스를 제공한다.

5. 발전하는 공동체 (Prospering Community)

1) u-education 체계 확립

첫째, 도시내 초중고를 대상으로 BcN(광네트워크) 기반의 고품질 양방향 e-education 멀티미디어 학습체계 환경 구축한다. 각 학교 교실마다 광케이블 인입을 통한 광네트워크 구축한다.

둘째, u-Learning 관련장비, 서비스 등 멀티미디어 시장 창출한다.

양방향 u-Learning 기반환경 구축을 위한 학습장비 도입이다. 학교 노후 PC 교체, LAN 고도화, 대용량 저장장치 도입 등이다.

셋째, 광대역 고품질 학습 컨텐츠 제작 및 배포다.

방과 후 초등·중고생의 학습능력 제고와 사교육비 절감을 위한 '사이버 가정학습' 활성화 및 관련 콘텐츠 개발이다. 국·공립학교 IT인프라 개선 사업 및 교사와 학생간 네트워크 연결 등으로 편리하고 쾌적한 학습환경 조성이다.

넷째, 평생교육기반 마련을 위한 '유비쿼터스 평생교육체계' 마련

다양한 단말기를 통해 남녀노소 누구라도 쉽고 편하게 원하는 교육을 받을 수 있는 '유비쿼터스 평생교육체계' 구현한다. IT와 문화·인문분야 등과 접목할 수 있는 커리큘럼을 개발하여 창의성 있는 Global 인재를 양성한다.

2) u-기술을 활용한 새로운 비즈니스 창출

첫째, 광역권마다 첨단기술삼각벨트 구축이다.

공항 및 공공운송수단 등의 유비쿼터스화를 통해 첨단기술삼각벨트 물류의 거점지화다.

국제업무 및 물류, 금융, 보안 등의 업무를 지원하기 위한 u-Biz 산업 지원센터 운영이다.

둘째, 첨단 정보통신1기능군 공공기관 유치를 통한 전략산업단지 조성이다.

전략산업단지내 최첨단 인프라 구축 및 RFID 등의 시범선도적용한다.

다양한 인센티브 제공 등 적극적인 민간 벤처기업 및 첨단기업 유치한다.

둘째, 도시내 자영업자, 중소기업간 연계를 통하여 새로운 비즈니스 모델 창출 지원한다. 도시내 물류가능업체와 배달이 필요한 상점 및 중소기업간 연결한다.

제7장

범세계 민주주의의 역할

제1절 세계시민과 평화

1. 국제기구와 글로벌민주주의

1) 글로벌 국제질서는 민주주의, 평화, 기후변화에 대하여 관심을 높이고 있다. 글로벌민주주의의 상징인 UN도 밀레니엄 개발목표(MDGs : Millennium Development Goals)를 정하여 실천하고 있다. 지난 2000년 9월 뉴욕 국제연합 본부에서 개최된 밀레니엄 서미트에서 채택된 빈곤 타파에 관한 범세계적인 의제이다. 당시에 참가했던 191개의 국제연합 참여국은 2015년까지 빈곤의 감소, 보건, 교육의 개선, 환경보호에 관해 지정된 8가지 목표를 실천하는 것에 동의하였다. 주요 내용으로 ① 극심한 빈곤과 기아 퇴치, ② 초등교육의 완전보급, ③ 성평등 촉진과 여권 신장, ④ 유아 사망률 감소, ⑤ 임산부의 건강개선, ⑥ 에이즈와 말라리아 등의 질병과의 전쟁, ⑦ 환경 지속 가능성 보장, ⑧ 발전을 위한 전세계적인 동반관계의 구축을 들 수 있다.[17] 이는 글로벌민주주의의 주요 실천내용이기도 하다.

민주화의 개별국가차원에서 범세계적 민주주의(Global Democracy)로 방향모색을 해야한다. 이웃의 비민주국가에 대한 민주화지원과 협력이 필요하다. 구소련의 붕괴와 민주화도 결국은 선진자본주의국가들의 영향과 지원으로 가능했다. 제3세계권의 민주화투쟁도 서구선진국가와 국제기구의 협력으로 한 것이다. 민주화 수준으로 전 세계는 하나의 연결고리를 하고 있는 것이다. 국제기구내에도 주권국가간의 평등이 보장되어야할 것이다. UN, OECD, EU, CSCE, NAFTA, APEC 등의 국제기구도 국가간의 관계개선과 국제적 승인과 관련된다. 한국은 안보리 비상임국, 일본, 독일은 안보리 상임이사국을 희망한다. 이미 한국, 헝가리, 체코, 폴란드는 OECD가입하였

17) http://100.naver.com/100 (2009.7.27 입력)

다. 러시아는 G-7을 G-8으로 의 전환을 요구한다.

그리고 폴란드, 체코, 헝가리는 NATO와 EU 가입하였다.

국제기구, 지역협력기구 등에서 이 모든 국가 간의 관계는 국가 간의 신뢰와 내적인 민주주의의 발전, 건전한 시민사회, 경제적 발전정도와 직접적인 관련이 있다. 이것이 글로벌시대의 민주주의인 것이다. 선진 국가와 강대국가는 다른 것이다. 선진국이면서 강대국인 것이 글로벌민주주의에서 바람직한 모델이며 방향이다. UN은 1948년 UN총회에서 세계인권선언이 발표되고 그동안 전 세계국가의 인권문제를 주도해왔다는 점에서 민주적인 범세계적인 정치에 첫단계의 기초를 만들었다. 인권이 세계질서의 민주화로의 첫 시작이고 범세계 사회의 출현의 상징으로 여겨지고 있다. 보편적 인권의 지배적 견해는 서구 자유민주주의적 전통에 근거한다. 인권에 관한 국제법은 국가사이에 관계를 규제하려고 하지만 그 이행은 국가의 정부 손안에 여전히 머물러 있다.

민주화는 개별국가차원에서 이야기되어 오는 것을 범세계적 민주주의(Global Democracy)로 추구해야 할 방향을 모색해야한다. 이웃의 비민주국가에 대한 민주화지원과 협력이 필요하다. 구소련의 붕괴와 민주화도 결국은 선진자본주의국가들의 영향과 지원으로 가능했다. 제3세계권의 민주화투쟁도 서구선진국가와 국제기구의 협력으로 한 것이다.

민주화 수준으로 전 세계는 하나의 연결고리를 하고 있는 것이다. 국제기구내에도 주권국가간의 평등이 보장되어야할 것이다.

2) 자유민주주의체제는 그 내용의 특징에 따라 영·미형의 다원주의적 자유민주주의체제, 북구의 복지국가적 자유민주주의체제, 네델란드나 스위스 등과 같은 작은 나라에서 보여지는 협의민주주의, 프랑스 등의 개인주의적 자유민주주의체제 등이 있다. 선진국은 도시나 농촌 어디에 가도 비슷한 수준의 문화를 향유하고 있다. 소년소녀가장, 독거노인, 장애인 등 만인에 대한 행복추구와 인권보장이 잘 되어 있는 것이다. 스위스, 룩셈부르크, 오스트리아 등 강소국선진국의 민주적 실천을 벤치마킹해야 한다. 이들 국가들이 행하는 타운미팅, 공동학습, 커뮤니티 어린이놀이시설관리 등을 보면서 마을단위의 국제적 경쟁력을 향상시켜야한다. 일본주부와 한국주부의 경쟁력은 누가 더 나을까. 스위스마을과 우리마을은 누가 더 잘 운영할까. 우리의 동네가 마을이 민주적 제도와 운영이 안 되면 선진국 진입은 어렵다. 결국 국가경쟁력은 개인의 경쟁력, 가정의 경쟁력, 학급경쟁력, 학교경쟁력, 마을경

쟁력, 동네경쟁력, 기초단체경쟁력, 광역단체경쟁력, 국회경쟁력, 정부경쟁력, 대통령경쟁력 등이 상위권으로 갈 때 선진국수준으로 진입하게 되는 것이다.

3) 서구선진국과의 비교차원에서 우리의 것을 다루어야한다고 본다.

민주주의제도화과정은 탈절대주의, 탈독재정치, 탈전제주의, 탈파시즘, 탈군국주의, 탈권위주의, 탈전체주의, 탈군사정권에서 찾을 수 있다. 민주화는 혁명이든, 개혁이든 과거와의 일정한 차별성과 단절을 요구한다. 이것이 없으면 세계적 수준으로의 보편적인 민주주의제도화는 어렵다. 민주화는 자유화, 균등화, 인간화, 문민화, 제도화, 개방화, 지방화, 세계화등과 연계된다. 민주주의위기극복은 역시 대화, 토의, 회의와 토론으로 해결해야 한다. 이점에 있어 공적토론, 심의토론 등 사회전체의 선호표출, 정치적 합의 도출을 위하여 합리적 토론 문화정착이 민주주의위기방지에 도움을 준다. 심의민주주의는 다수 결정의 정당성을 확보할 수 있다. 예컨대 시카고 주민의원회나 브라질의 포르토 알레그레시의 주민 참여예산은 심의민주주의의 좋은 예이다. 회의참여전 회의준비가 부실하고, 공부하지 않고, 적당히 회의하고, 회의내내 졸거나, 한마디 의사를 던지지 않고 침묵을 지키거나, 아예 회의에 불참하는 국회의원, 광역의원, 기초의원들이 결국은 졸속으로 법안을 통과시키고 예결산을 통과의례로 보낸다면 문제가 있다.

미국에 있는 국제인권감시단체인 프리덤 하우스는 해마다 세계의 자유 보고서를 발표한다. 정치적 자유와 개인의 인권이란 두 범주를 각각 1점에서부터 7점까지 평점을 매기는 데 북한은 매년 두 범주 모두 7점 만점이다. 점수가 높을수록 열악한 상태임을 금방 눈치 챌 것이다. 한국은 2003년부터 올해가지 정치자유는 1점, 인권은 2점이다. 일본, 이탈리아 등과 동점으로 자유로운 나라중에서도 상위 그룹에 속한다. 이 보고서는 각국의 민주주의척도를 말할 때 가장 많이 인용되는 권위 있는 평가서다. 국제사회는 한국의 민주주의를 꽤 괜찮은 상태라고 보고 있음을 알 수 있다. 이 보고서를 보면 김대중 전대통령과 민주당의 민주주의 후퇴론이 무색해진다. 특히 김대숭정권 말이던 2002년판 보고서엔 한국이 정치적 자유와 인권, 두범주 모두 2점으로 나와 있다. 작은 차이이긴 하지만 정치적 자유는 그 시절보다 현재의 상태가 호전 됐다고 평가한 것이다.[18)]

4) 미국, 영국, 독일, 일본 등 선진강대국들과 우의를 존속시키는 기술과

18) 허남진, "민주주의후퇴, 누구책임인가,"「중앙일보」, 2009.7.10.

지혜를 개발하고 러시아, 중국 등 주변국가와도 협력을 가지면서 국제사회의 흐름에 동참하고 국가경쟁력을 향상시키고 국민소득증대를 위한 일자리 창출에 전념하는 지혜를 만들어내야 한다. 국제사회에서 왕따 당하지 않고 존경받고 모범국가가 되도록 노력한다. 핵위기는 민주주의위기이며 남북위기이고 동북아위기이며 국제적인 위기로 연결된다. 그래서 밖으로는 국제공조로 안으로는 국민적 통합과 합의가 있어야한다.

북한의 이중성은 공고하며 평화와 전쟁의 이중구조가 선군정치와 핵실험으로 분명하게 드러나고 있어 포용정책, 평화번영정책은 실패하였고 수정보완해야 하며 호혜적이고 상호보완적인 관계로 일방성이 아니라 쌍방으로 사안별 접근하여 우리가 상당히 많은 히든카드를 갖고 있어야하고 다양한 지렛대를 확보해야할 것이다. 이것이 국력이고 이것이 북한에게 길드림을 당하는 것이 아니고 북한이 우리에게 길드림을 당하도록 하는 방향으로 정책을 유도해 나가야할 것이다. 그래서 결국 북한이 점차적으로 한국사회를 정상적으로 이해하고 한국사회가 갖고 있는 건강성을 수용하면서 점차적으로 국제사회의 일반적인 관행에 준하는 정책과 행동을 하도록 유도하는 것이 우리가 해야할 북한을 도와주고 국제평화를 위한 길임을 정부와 정치권이 인식하여야할 것이다. 이를 위해서는 심의민주주의와 협의민주주의가 실천되어야하고 이를 통해서 민주주의공고화가 정착되어야한다.

핀란드, 스웨덴, 싱가폴, 덴마크, 스위스, 노르웨이, 오스트리아, 네델란드, 룩셈부르크 등은 강소국이다. 충북은 바로 강소국을 벤치마킹해야한다. 현재 전세계 글로벌 사회에서 여러면에서 앞서가는 국가들은 대부분 강소국이다. 이들은 강한 사업적 기반의 발전성장과 분배를 잘 조화시켜 지혜롭게 국가의 힘을 굳건하게 다져놓았다.

2. 전체주의하에서 벗어난 지역의 글로벌민주주의

이들 5개국은 EU, UN, NATO, OECD 등 하나같이 국제사회로부터 민주화, 인권, 평화적 선거 등 글로벌민주주의를 강요받고 있다.[19] 이제는 일개국가의 민주화도 국제사회가 함께하는 글로벌민주주의로 간다.[20] 글로벌 시민사

19) 안성호, “독립국가연합의 민주화과정에 대한 비교연구,” 한국동북아학회, 『한국동북아논총』, 제13권3호(통권 48집) 2008, 369-370.

20) Richard Falk, “the changing role of global civil society,” in Gideon Baker and David Chandler(ed.), *Global Civil Society : Contested futures*(London :

회, 글로벌 방위가 형성되고 있는 것이다. 그러나 5개국은 시민사회는 아직은 그런 조짐이 약하나 방위와 안보는 미국과 러시아사이에서 갈등에 직면해 있다.[21] 투르크메니스탄의 국민들이 정치변혁에 대한 자각을 새로이 하지 않는다면 서구선진국과는 달리 맹목적인 이슬람종교와 불합리한 독재정권이 지배하여 민주주의와는 요원한 길을 오래도록 갈 수 밖에 없을 것이다. 미국, 러시아, 중국과 유럽이 투르크메니스탄에 가스관을 꽂기 위한 에너지 각축장이 되고 있다는 점도 국제적 관심사이다.[22] 정치적 안정이 무엇보다 중요하다. 따라서 투르크메니스탄이 반민주주의체제와 독재를 청산하고 국민이 주인이 되는 진정한 민주국가로 변모하기위해서는 무엇보다도 종교의 교리하는 제한에서 벗어나 정치에의 관심과 행동을 보여줄 것이 요구된다.

〈표 7-1〉 중앙아시아 5 개국에 대한 글로벌민주주의 투자현황

국가/항목	CIS(Common Wealth Independent States)	IRI(International Republican Institute)	Freedom House	NDIIA(National Democratic Institute for International Affairs)	The Soros Family Foundation
카자흐스탄	친러시아(유전개발에 서구메이저 진출허용 등 경제는 서방에 개방)	O	O	X	O
투르크 매니스탄	친러시아	X	O	X	X
우즈베키스탄	친러시아(친미노선 걷다 2005년 안디잔유혈사태에 대한 서방비판으로 천러로전환)	O	O	X	X
타지키스탄	친러시아	X	O	X	O
키르기스스탄	중립(러시아와 관계 좋으나 비슈케크에 미 공군기지 주둔허용)	O	O	O	O

〈자료〉 *The Wall Street Journal*, February 25, 2005 ;「중앙일보」, 2006.12.23

Routledge, 2005), p.69 ; Gideon Baker and David Chandler(ed.), *Global Civil Society : Contested futures*(London: Routledge, 2005), pp.34-36.

21) Jagdish Bhawati, *In defense of Globalization*(Oxford University press, 2004), pp.93-97.

22) *Aisa World Street Journal*, September 4, 2007

이는 정치와 종교의 영역이 다름을 인식하는데서 출발할 것이다. 이는 중앙아시아 5국에 있어서도 마찬가지라고 생각된다. 카자흐스탄은 안정적 지속적인 개혁정책추진을 위한 호의적 국제환경조성이다. 카자흐스탄은 미국과 EU 등의 서방국가들과 경제협력과 천연자원 수출시장 확보에 중점을 두고 발전시키고 있다. 그러나 국내적으로는 중앙집권화, 경제성장에 관련된 법제도와 절차의 간소화, 국외적으로는 실리적 외교활동을 통한 외자유치 등을 벌이고 있다. 카자흐스탄은 대중앙아 구상을 가지고 있다.[23)]

〈표 7-2〉 중앙아시아 각국의 글로벌 협력상황

항 목	집단안보조(CSTO: Collective Security Treaty organization)	상하이 협력기구(SCO: Shanghai Cooperation Organization)	유라시아경제 공동체(EAEC: Eurasian Economic Community)	중앙아 협력기구(CACO: Central Asian Cooperation Organization)	단일경제 지역(SES: Single Economic Space)	아시아 교류 및 신뢰구축회의(CICA:Conference on Interaction & Confidence-Building Measures in Asia)
키르기스스탄 Kyrgyzstan	92.5.15	96.4	가입	98.7	-	2006.6.16-17
카자흐스탄 Kazakhstan	92.5.15	96.4	가입	98.7	2004.5	2006.6.16-17
타지키스탄 Tajikistan	92.5.15	96.4	추후가입	98.7	-	2006.6.16-17
우즈베키스탄 Uzbekistan	92.5.15	2001.6.14	-	98.7	-	2006.6.16-17
투루크메니스탄 Turkmenistan	92.5.15	-	-	-	-	2006.6.16-17
중앙아시아 5개국외 가입국가	92.5.15 러시아, 아르메니아,	96.4 러시아, 중국	가입 러시아, 벨라루스	2004.10 러시아	2004.5 러시아, 벨라루스, 우크라이나	2006.6.16-17 러시아, 중국, 인도, 파키스탄, 아프가니스탄, 이스라엘, 팔레스타인, 이집트, 이란, 몽골, 터키, 에제르바이잔, 태국, 한국

〈자료〉 외교통상부, 『중앙아시아 5개국개황』(서울: 외교통상부, 2006); 「조선일보」, 2007.10.13; 안성호, "독립국가연합의 민주화과정에 대한 비교연구," 한국동북아학회, 한국동북아논총, 제13권 제3호(2008), p.253.

23) 토카에프외교장관, "Partership, Trade and Development in the Great Central Asia," 미국 Johns Hopkins Univ.(2006.4.3). 중앙5개국, 아프가니스탄, 파키스탄, 이란북서부, 아제르바이잔북서부 중국신잔, 러시아서시베리아, 서몽고, 터키, 아랍에미레이트, 인도북부를 포함한다.

그루지야, 우크라이나, 키르기스스탄 등 이웃나라집권자의 실패를 다시 반복할 수는 없었다. 나자르바예프 대통령은 야당이 우크라이나 오렌지혁명을 따 노란색을 상징색으로 쓰려한다는 정보를 입수하고 먼저 노란색을 자신의 상징색으로 이용하였다.

러시아는 그루지야에서 시작한 민주화 바람이 카자흐스탄 까지 이어질 경우 러시아에도 영향을 받을 것을 염려하여 러시아 정부여론분석책임자인 그레브 파블로프스키는 선거를 앞두고 나자르바예프 대통령 딸인 실세인 다리야를 만나 선거전략을 전수하였다. 그러나 카자흐스탄의 부정선거 의혹은 그루지야, 우크라이나, 키르기스스탄에서 일어났던 것과 같은 심각한 상황으로 확대되지는 않았다. 지난 2006년 9월 8일 유네스코가 우브베키스탄의 카리모프에게 특별공로상을 준것에 대해 국제인권단체들은 비판하였다. 프리덤하우스, 휴먼라이츠워치(HRW)등이 민간인대량학살의 주범이자 고문과 인권유린으로 악명 높은 독재정권의 최고통치자에게 공로상은 납득하기어렵다고 비판하였다.[24)]

중앙아시아 5개국은 현대판 실크로드의 중심이다. 중국-몽골-아프가니스탄-카자흐스탄-키르기스스탄-타지키스탄-우즈베키스탄-아제르바이잔-터키-동유럽-서유럽으로 이어지는 동서교역로형성의 중앙지역이기 때문에 국제적 관심이 크다는 점에서도 이들의 민주화과정은 글로벌한 이슈인 것이다.[25)]

제2절 글로벌 민주주의와 평화적 통일

1. 문제제기

그동안 북한은 선군정치와 핵실험으로 비대칭적 군사강국이 됐으며, 핵을 무기로 하여 대미관계를 개선하는 한편, 한국 및 일본으로부터 경제 지원을 획득할 경우 정치·군사·경제적 강성대국이 완성된다는 환상을 가지고 있다. 햇볕정책이 북한의 환상을 실현하는 데 일조했으나 이명바 정부가 들어서면서 그 환상이 깨지기 시작하자 북한은 남북관계를 경색시켰고, 금강산 관광객과 개성공단을 볼모로 남남갈등을 조장하는 등 이명박 정부를 압박하고 있다.

---

24) 「중앙일보」, 2006.9.19.

25) 「매일경제」, 2007.10.22.

지난 10년간의 남북관계를 통해 북한의 대남정책을 살펴보면, 무력도발 및 위협 등으로 남북관계에서 긴장 조성 → 대화 제의 또는 부분 개방 등으로 타협 모색 → 한국과 국제사회로부터 경제지원 획득 및 북한의 변화에 대한 한국의 기대 상승 유도 → 일정 기간 후 남북대화 중단, 교류협력 차단, 체제 단속 등의 반복되는 일관성을 보였다.

남북한을 비교해보면 북한은 60여 년간 해온 것이 결국 국제사회에서 실패국가 13위이고 한국은 경제규모 13위이다. 남북관계의 일대전환이 요망된다.

2008년의 남북관계는 북한의 일방적 대화 중단과 대남 비난 등으로 그 어느 때보다 어려운 시기를 보냈다. 이명박 정부의 '비핵·개방·3000' 약속에도 불구하고, 북한은 남북대화를 거부하고 금강산 관광객을 저격함으로써 남북관계를 경색시켰다.

또한 후반기에는 김정일의 건강 이상설과 미국 대선 등으로 핵 문제 해결은 지지부진했고, 북한의 일방적인 개성관광 중단 조치로 남북관계는 최악의 상태로 치달았다. 키리졸부 한미군사합동훈련을 내세워 2009년 3월에는 개성공단 남측관계자들을 볼모로 남북관계를 경색시켰다. 결국 4월 5일 로켓발사를 감행하고 유엔의장성명서가 만장일치로 채택된데 대하여 6자회담 참석거부와 핵실험 재개 선언으로 또다시 벼랑끝 전술로 가고 있다

남북관계에 대해서는 이명박 정부를 '사대매국적 파쇼 통치' 등 강경한 어조로 비난했고, 한국 국민의 반정부 투쟁과 남남갈등을 선동했다. 북한 주민들에 대해서는 경제적 고난이 지속될 것이기 때문에 사상무장 및 내부 결속이 필요하다고 강조하면서 김일성의 100회 생일이 되는 2012년에 강성대국이 완성되는 새로운 역사를 창조하자고 역설했다.

사실상 국제사회에서 더 비난받을 사람이 누구겠는가. 김정일인가 이명박대통령인가. 무역수지규모나, 국력에서 볼 때도 상위13위와 하위13위는 다르다.[26] 어쨌든 이명박정부는 글로벌외교를 강화하고 남북관계에 대한 개선을 병행하면서 장기적으로 남북관계가 건전하게 가는 방향으로 유연하고도 의연하게 대처하고 있다. 본 연구는 이명박정부의 글로벌외교가 남북관계에 미치는 영향을 중심으로 정리한 논문이다.

---

26) 외교통상부, 『외교통상업무참고자료』(2009), p.57.

2. 글로벌외교와 글로벌민주주의

1) 국가브랜드

국가브랜드라는 것이 있다. 얼마 전 한국은 야구 WBC, 피겨스케이팅 김연아의 감격 등 전세계에 떨친 한국의 국위선양을 북한의 로켓발사가 깨끗이 날려버렸다. 온세계 언론이 북한 로켓발사에 집중하였고 국내언론은 물론 NHK, CNN 등 전세계 언론이 북한을 대대적으로 보도해 주었다. 북한은 대대적으로 선전과 홍보를 하여 전 북한주민과 전세계에 그들의 로켓발사를 자랑스럽게 알렸다. 우리는 IT, BT, NT 강국이다. CT, ET, GT, OT로 나가고 있다. 아마도 그 마지막이 ST(Space Technology)가 아닐까 생각된이다. 첨단국방력은 앞으로 우주 항공 개발에 사활이 달려있다고 본다. 워게임, 우주전쟁, 별들의 전쟁 등 전쟁과 안보의 무대가 전우주적인 영역이 될 것이다. 우리는 자체기술로 독자적으로 인공위성을 아직 발사하지 못하고 있다. 최초의 한국우주인 탄생에 러시아에 260억원이 들었다. 지난번 고흥 나로 우주센터에서 최초로 인공위성이 발사되었으나 실패하였다. 앞으로 반드시 성공해서 전 세계에 우리의 기술을 생중계하고 대한민국의 축제로 해야 할 것이다. 이것이 북한에 대한 우리의 평화적인 맞대응이 되어야할 것이다.

현재 미국유학생수가 중국, 인도를 제치고 1위라고 한다. 교육도, 경제도, 과학도, 체육도 한국의 저력을 전세계에 과시하고 있다. 이제 국방과 안보도 북한과의 기싸움에서 미래대비 글로벌한 수준과 아이디어로 국민적 사기 앙양을 고조시키고 기선을 제압해야 한다. 바로 한국위기관리연구소가 이래서 존재하는 것 아니겠는가. 우리가 먼저 2012년 대비계획을 세워 국가위기에 슬기롭게 대처하는 시범을 보여주는 것이 좋을 듯싶다.

이명박대통령이 2009년 7월 9일 G8 확대정상회의에 참석하였다. G8 정상회의는 주요 8개국(미국, 영국, 프랑스, 독일, 이탈리아, 캐나다, 일본, 러시아)의 국가 지도자(대통령 또는 총리)가 한자리에 모여서 여는 회의를 말한다. 8개국 중 한나라씩 돌아가며 의장국을 맡고 해마다 그 나라에 모여 경제문제 등 국제적 현안을 논의한다. 2009년은 이탈리아가 의장국으로 7월 8일부터 10일까지 이탈리아 중부 라퀼라에서 호의가 열렸다. 2010년에는 캐나다, 2011년에는 프랑스가 의장국이 된다. 그동안 G8은 10여 년 전까지만 해도 G7 또는 G7+1으로 불렸다. 그 이전에는 G6였다. 이모임의 시작은 1973년 1차 석유파동과 그에 따른 세계적 경제위기에서 비롯했다. 1975년 발레리 지스카르 테스탱 프랑스 대통령이 미국, 영국, 서독, 이탈리아, 일본의 정상을 프랑스로 초청해 경제 문제를 협의했다. 당시 정상들은 이 모임을 지속하기로 결의했다. 다음해 회담에는 미국이 캐나다를 초청해 G7으로 바뀌었다. 1994년 나폴리 회담부터는 러시아도 참가해 G7+1으로 이름이 바뀌었다가 98년부터 G8이란 용어를 쓰고 있다.[27] G8 회원국은 경제규모가 크고 경제가 발달한 국가라는 공통점이 있다. 회원국자격기준이 별로도 있는 것은 아니다. 규모만으로 보자면 중국도 이에 못지않고 국민소득이나 경제발전 정도로 보자면 스위스와 같은 유럽의 다른 나라들도 뒤질 것이 없지만 규모+발달 이라는 두 가지 공통점을 충족하지는 못한다. G8 회담에서 8개국 또는 다른 나라들이 반드시 지켜야 하는 합의가 도출되지 않는다. 의견이 일치된 내용은 공동선언문의 형식으로 발표되지만 국제적 조약처럼 구속력이 있는 건 아니다. 선언적 의미만 가질 뿐이다.

〈표 7-3〉 글로벌 주요국가 G6에서 G20로

항 목	회원국	비 고
G6	미국, 영국, 프랑스, 독일, 이탈리아, 일본	1975년 세계경제위기논의위해 주요 6개국 모임으로 시작
G7	미국, 영국, 프랑스, 독일, 이탈리아, 일본	캐나다 추가
G8	미국, 영국, 프랑스, 독일, 이탈리아, 일본, 캐나다	러시아 추가
G13 (G8+5)	미국, 영국, 프랑스, 독일, 이탈리아, 일본, 캐나다, 러시아	중국, 인도, 브라질, 멕시코, 남아프리카공화국(신흥5개국)
G20	미국, 영국, 프랑스, 독일, 이탈리아, 일본, 캐나다, 러시아, 중국, 인도, 브라질, 멕시코, 남아프리카공화국	한국, 아르헨티나, 호주, 인도네시아, 사우디아라비아, 터키, 유럽연합(EU)

〈자료〉「중앙일보」, 2009.7.21 .2009.9.21-28; 외교안보연구원, 『2009국제정세전망』(2009), p.128.

최근 수년간의 G8 회의에는 중국,인도,브라질,멕시코,남아프리카공화국 등 이른바 신흥 5개국도 참여하였다. 이들이 참여하는 회의는 G8+5로 불렸다. 2009년에는 여기에 이집트가 추가돼 G8+6가 됐다. 2009년 이탈리아회의에는 이 들 14개국 외에 기후변화총회 회원국인 한국, 호주, 인도네시아, 덴마크가 참여하였고 특별초청국인 스웨덴, 터키, 스페인, 네델란드, 이집트, 리비아, 에티오피아, 앙골라, 나이지리아, 세네갈도 참여했다. 이들 28개국이 참여한 회의가 G8 확대정상회의인 것이다. 이회의에는 유럽연합(EU), 유

27)「중앙일보」, 2009.7.21. G는 Group(그룹)의 약자로 모임이라는 의미다.

엔 등의 국제기구 대표도 참석한다. G8 회의의 규모가 점차 커지는 것은 무역, 기후, 빈곤, 테러 등의 국제문제에 대한 해결방안을 8개국만이 모여서는 착지 힘들기 때문이다. 예로 기후문제를 보면 온실가스를 많이 배출하는 이른바 신흥 5개국이 동의할 수 없는 합의는 사실상 무의미하다.

〈표 7-4〉 이명박정부출범이후 북한의 대남 공세 강도추이

년도	대남공세 건수	점수	공세내용
2008년 1월	1	80	신년공동사설에서 10·4정상선언이행촉구(1.1)
2월	0	0	-
3월	6	465	셩협사무소 남측 당국자 11명추방(3.27) 서해상단거리 미사일 3발발사(3.28)
4월	-	150	이명박대통령실명비난시작(4.1)
5월	4	315	서해상 단거리 미사일 2발발사(5.30)
6월	1	70	
7월	2	120	금강산관광객 피격사망사건발발(7.1)
8월	3	250	금강산체류인원제한조치단행(8.10)
9월	3	210	북한정권수립60주년행사에 김정일불참(9.9)
10월	8	580	남한민간단체대북전단(삐라)발송비난(10.2) 서해상단거리 미사일 2발발사(10.7)
11월	6	480	판문점 경우 남북통신선차단(11.12) 12·1 조치통보(11.12/11.24)
12월	2	185	개성공단 등 육로통행제한차단조치(12.1)
2009년 1월	4	300	신년공동사설에서 남한 정권을 파쇼로 규정(1.1) 전면대결 등 군사조치 3개항 발표(1.17) 남북합의 무효 및 북방한계선(NLL)조항폐지 주장(1.30)
2월	8	520	장거리 로켓 발사예고(2.24)
3월	17	1340	한미연합군사연습비난 및 개성공단 통행차단(3.9-20) 개성공단A 씨 억류(3.30)
4월	4	245	장거리로켓발사(4.5), 개성공단남북당국간 접촉(4.21)

*지수는 북한의 대남공세 건당 최고 100점을 부여해 월 단위로 합산
**점수계산방식 주체별점수=당(50), 군(50), 내각(30)
방법별 점수 = 무력행사(50), 실력행사(45), 대면통지(40), 유선통지(35), 사설(30), 성명(25), 담화(20), 논평(15), 보도(10), 문답(50
***북핵6자회담불참, 2차핵실험 등 미국과 국제사회를 향한 공세는 제외
〈자료〉「동아일보」, 2009.5.2.

그래서 최근에는 아예 G8을 G20 수준으로 확대 개편하자는 의견이 나온 것이다. 지금도 G20 세계금융정상회의라는 회의체가 있다. 2009년 4월에 영국 런던에서 열렸고 2010년에는 서울에서 개최될 예정이다. 각국의 경제분야 각료와 중앙은행장이 회의의 중심이다. G8을 G20으로 확대하자는 것은 이를 각국의 정상을 중심으로 지구촌의 현안들을 종합적으로 논의하는 기구로 만들자는 것이다.[28] 외교통상부 외교백서에 의하면 2008년 국제정세 및 외교정책 기조, 한반도 평화·안정을 위한 외교, 글로벌 네트워크 구축을 위한 외교, 신성장동력 창출을 위한 외교, 국제사회내 역할과 위상 제고를 위한 외교, 영사 서비스 확충, 외교역량 강화 등에서 글로벌 외교를 강조하고 있다.[29]

이명박정부는 미·중·일·러와의 정상외교, G20 세계금융정상회의 참여, 에너지 협력 및 '저탄소 녹색성장' 추진 외교, 미국 비자면제협정(VWP) 가입 등 지난 2008년 한 해 동안의 글로벌 외교활동을 강조하였다.[30] 결국 2008년 9월 미국발 경제위기와 이에 대한 글로벌 해결은 G8 회의 보다 G-20의 부상을 가져왔다. 2009년 9월 G-20정상회의에서는 2010년 회의를 한국에서 개최하기로 결정하였다. 이명박대통령과 대한민국 국민의 위대함을 보여준 쾌거였다. 변방에서 글로벌 중심에 한국이 선 것이다. 무역장벽 철폐, 지구온난화 대비, 테러와 핵문제 등이 이슈였다.

지구온난화와 관련해서는 온실가스 배출규제 등에 대한 실천방안을 모색하였다. 이렇게 논의된 내용은 여러 실무적 글로벌회의에 영향을 미친다.[31] 우선 건전보수의 새 정권으로 이명박정부의 공공외교 정책방향이 무엇인지 파악할 필요가 있다. 이명박정부는 연성국력(soft power)이 강조되고 있는 오늘날, 우리나라에 걸맞은 국제사회에서의 위상을 확보하기 위해서는 공공외교 역량의 획기적인 강화가 무엇보다도 필요한 것으로 보고 있다. 이러한 인식하에 이명박 대통령은 지난 2008년 8월 건국 60주년 경축사에서 정부가 '국가브랜드위원회'를 신설하여 대한민국의 브랜드 가치를 선진국 수준으로 끌어올리기 위한 노력을 배가할 것을 강조한 바 있다.

---

28) 「중앙일보」, 2009.7.21.

29) http://www.mofat.go.kr(2009.5.20) ; 외교통상부, 『2009 외교백서』(2009)

30) http://www.mofat.go.kr ; 문태영 외교통상부 대변인 2009년 5월 7일 인터뷰내용. 외교통상부, 『2009외교백서』(2009), pp.116-119.

31) 「중앙일보」, 2009.9.21-28.

이에 따라 '국가브랜드위원회'가 2009년 1월 정식 출범하였고, "국민과 함께 배려하고 사랑받는 대한민국 만들기"를 우리의 비전으로 설정한 바 있다. 이명박 정부는 PKO 파병 및 공적개발원조(ODA) 확대를 추진하고 있으며, 인권과 민주주의 증진을 위한 각종 국제적인 노력에도 적극 참여하고 있다. 아랍, 중남미 문화축전 개최 등을 통한 쌍방향 문화사업도 계속 확대함으로써, 우리 국민과 외국 국민들이 함께 호흡하는 외교를 펼쳐 나가고 있다.

정부는 각 부처에서 파견하고 있는 연간 3,000명에 달하는 해외봉사단을 하나의 단일 브랜드로 통합하여 국가 대표성을 강화함으로써, 앞으로 세계 제 2위의 해외봉사단 파견국으로서의 국제적 위상을 더욱 다져 나가야 한다. 세계 전역에 거주하고 있는 우리 700만 재외동포와의 글로벌 네트워크를 구축하는 동시에, 국내에 체류하고 있는 외국인 100만 시대를 맞아 세계의 인재들이 한국에서 일하고 생활할 수 있도록 출입국 관리와 이주정책도 개선해 나가야 한다. 이는 세계 시민들에 대해 배려하고, 세계 시민들로부터 사랑받음으로써, 연성국력 측면에서도 스마트파워 국가와 선진국가로 진입하는데 크게 기여해야 한다.[32)]

글로벌경제위기로 우리가 힘들면 북한은 더욱 힘들 것이다. 오히려 떳떳하게 자신감 있게 국제사회와 공조하면서 북한에 대하여 설득하고 달래가면서 형님 나라로서의 체통과 명예를 지켜 가면 될 것이다.

2) 국익증대

이명박 대통령은 글로벌 외교와 남북관계를 주요 국정과제로 제시하면서 의연하고 유연한 외교를 강조 하였다. 변화하고 있는 국제정세 속 "의연하고 유연한" 외교가 가지는 의미는 크다고 할 수 있다. 이명박 정부는 햇볕정책의 실패를 거울삼아 북한의 비핵화와 변화를 유도하는 일관성 있는 대북정책을 추진해야 한다. 그런 점에서 남북관계를 근시안적으로 판단하지 않고 장기적 관점에서 풀어갈 것이라고 한 이 대통령의 언급은 매우 적절하다. 지난 10년간의 비정상적 남북관계를 정상화하기 위해서는 인내심과 의연하고 유연한 대응이 필요하다. 남북관계를 풀기 위해서는 소처럼 우직하게 한걸음 한걸음 나아가는 인내심과 의연함이 필요하다.

한마디로 남북문제 말고도 글로벌 시대에 할 일 너무 많다는 것이죠. 모

---

32) http://www.mofat.go.kr/press (2009.5.6)

든 외교총력을 금방 풀리지 않는 남북문제에만 들 수는 없다. 그렇다고 햇볕정책처럼 그저 마냥 북한하라는 대로 따라갈 수만도 없는 것이다. 그래서 얻은 것이 핵이고 미사일 이었다고 본다. 국가의 이익이 증대되는 쪽으로 우선 글로벌외교의 방향을 잡아야할 것이다. 예컨대 글로벌경제위기를 극복하기위한 G-20에서의 역할증대, 동북아에 성의 CMI나 AMF를 위한 한중일과 ASEAN의 협력방안모색 등이 그것이다. 결국 글로벌 외교도 성공하고 남북관계도 성공하는 윈윈전략을 위해서도 의연하게 글로벌 외교를 확대하면서 유연하게 대북문제를 대처하는 것이 필요하다.

3. 남북통일과 글로벌외교

1) 북한핵문제 해법

지난 2009년 1월 1일 발표된 북한의 신년 공동사설에서 '조선반도의 비핵화'를 언급한 것은 북한이 미국과의 대화에 관심을 표명한 것이며, 미국의 대북 적대시 정책의 철폐를 요구하는 보다 적극적인 외교 공세가 있을 것임을 예견케 한다. 반면 주한미군과 한미 연합훈련을 언급하지 않은 것은 북·미 적대관계의 책임이 미국에 있음을 묵시적으로 표현한 것이며, 이를 대미 협상에서 활용하려는 의도로 보인다.[33] 그러나 2009년 3월에는 느닷없이 미국의 식량원조를 거부하였다. 아마도 이런 저런 움직임속에서 속보였고 자존심이 매우 상한 것 같다. 그러나 오히려 김정일이 이를 중단하고, 핵을 포기하고 교류협력하여 남북이 윈윈할 수 있는 상생·공영의 길을 택하는 것이 보다 현명한 대안이라고 본다. 이명박정부도 지속적으로 이러한 입장을 표명하면서 대화를 촉구해야할 것이다. 이러한 시나리오를 오바마정부에 잘 전달하고 전략적으로 한미공조체제로 협력적 관계로 나가도록 해야할 것이다.

미국 오바마 신정부는 강인하고 직접적인 외교를 통한 북핵문제해결을 추구할 것으로 본다. 민주당정부는 부시정부와는 달리 인내의 한계점(red line)과 함께 협상이 통하지 않으면 강력한 압력을 가하는 행동계획(plan B)

---

33) 「노동신문」, 2009.1.1 북한이 남북대화를 단절시킨 이유는 지난 10년 간의 각종 교류협력사업 등으로 흐트러진 북한 사회의 이념무장을 재강화하고, 한국사회 내의 남남갈등을 부추기면서 북한이 원하는 방향으로 이 정부의 대북정책을 조종하며, 미국 오바마 차기 정부와의 협상에 대비해 북한의 입장을 강화하려는 전략 등으로 판단된다.

도 고려할 것이다. 오바마정부의 대부정책은 진지한 직접협상을 전개할 강력한 의지를 갖지만 비핵화의 원칙에 대해서는 매우 엄격할 것이다.[34)]

오바마정부의 대북정책방향은 6자회담틀 내에서 직접협상을 전개했던 2기 부시정부의 외교팀이 했던 틀에서 크게 벗어날 것 같지는 않다. 미북관계개선 과정을 통해 핵문제해결을 유도해 갈 것으로 본다. 어떤 면에서는 오바마 정부는 기존의 대북 핵정책이 제재와 유인의 반복, 북한 핵무기 개발 등의 악순환으로 보고, 기존 6자회담을 통한 대북 압박 정책을 강화할 수도 있다. 물론 북한핵 상황이 악화되더라도 군사적 수단의 사용이 현실적으로 용이한 것이 아니므로, 중국의 역할을 통한 문제 해결을 시도할 것이다.

다만 미국의 중재와 조정이 남북한을 적대관계로 만들기 보다는 협력적 관계로 만들어 갈 가능성이 높다. 왜냐하면 오바마는 국제협력과 약자국가에 대한 지원의 입장을 취하고 있기 때문이다. 부시대통령과는 달리 오바마는 모험적으로 험상궂게 북한을 대하지 않을 것이다. 이점에서 북한은 미국을 역이용 하지 말고 순수하게 미국의 도움을 받아들이고 북한주민을 위한 민생 살리기 그리고 인권존중을 해야 한다. 그렇지 않으면 계속해서 만약에 미국이 북한과 수교한다면 수교이후에도 대사관을 통해서 얼마든지 압력을 행사할 것이다. 이때는 미국이 북한내에 많이 진출해서 북한이 빼도 박도 못하는 처지가 될 수 있다.

결국 미국의 설득과 압력에 굴복해야할 것이다. 그러나 북한의 과거 행태를 볼 때 오바마 신정부와 핵협상 과정에서 길들이기, 기선 제압 등을 목표로 비핵화 조치 중단, 6자회담 거부, 미사일 발사 또는 핵실험 등으로 협박하거나, 실행에 옮길 가능성도 배제할 수 없다.

글로벌경제위기로 우리가 힘들면 북한은 더욱 힘들 것이다. 오히려 떳떳하게 자신감있게 국제사회와 공조하면서 북한에 대하여 설득하고 달래가면서 경제대국으로서의 체통과 명예를 지켜가면 될 것이다. 상호 호혜적 관

34) 외교안보연구원, 『2009국제정세 전망』(2008.12), p.8. “Plan B” - to follow another failed round with a get-tough policy of sanctions and economic pressure - “You move to what is being called a Plan B, not a hot war but isolating them as best we can, calling them a violator at the UN and in the [International Atomic Energy Agency],” “The question is whether the Bush administration has a reasonable and balanced Plan A,” says Robert Einhorn of the Center for Strategic and International Studies (CSIS)in Washington.

계로 따질 것은 따지고 핵문제는 핵문제로, 군사문제는 군사문제로 민간문제는 민간문제로 정부문제는 정부문제로 사안별로 우리의 입장을 분명하고도 단호하게 보여주면서 나가면 되는 것이다. 전세계 외교목표가 핵전쟁은 아니지 않겠는가. 한반도의 비핵화와 평화가 목표이고 더욱이 중국과 미국 등 주변국때문에 함부로 핵을 사용할 수는 없을 것이다. 그렇다면 핵외에도 수많은 외교과제가 산적되어 있다.

북한의 인권이 잘 못 되었으면 잘 못 되었다고 지적할 수 있어야한다. 북한 김정일이 문제가 있으면 문제가 있다고 지적하는 것이 자연스러운 것이다. 미국의 부시대통령은 비판하면서 북한의 김정일을 비판할 수 없는 것은 참으로 해괴한 일인 것이다. 북한은 시도 때도 없이 이명박대통령을 비난하지 않던가. 그래 김정일이 더 단점이 많은 가 이명박대통령이 단점이 더 많겠는가.

2) 글로벌 외교와 남북관계의 상관관계

2009년으로 분단 60년을 넘기게 되었다. 남북한은 대립과 갈등에서 상생과 공영의 시대를 열어 가야한다. 지난해 남북관계는 북한의 일방적 대화 중단과 대남 비난 등으로 그 어느 때보다 어려운 시기를 보냈다. 이명박 정부의 '비핵 · 개방 · 3000' 약속에도 불구하고, 북한은 남북대화를 거부하고 금강산 관광객을 저격함으로써 남북관계를 경색시켰다. 후반기에는 김정일의 건강 이상설과 미국 대선 등으로 핵 문제 해결은 지지부진했고, 북한의 일방적인 개성관광 중단 조치로 남북관계는 최악의 상태로 치달았다. 이명박 정부를 '사대매국적 파쇼 통치' 등 강경한 어조로 비난했고, 한국 국민의 반정부 투쟁과 남남갈등을 선동했다. 지금도 여전히 비상식적인 개성공단파행으로 남북관계는 경색되어있다.[35]

북한 주민들에 대해서는 경제적 고난이 지속될 것이기 때문에 사상무장 및 내부 결속이 필요하다고 강조하면서 김일성의 100회 생일이 되는 2012년에 '강성대국'이 완성되는 새로운 역사를 창조하자고 역설했다. 이러한 북한의 태도에 일희일비할 필요가 없다. 이명박대통령도 남북관계는 의연하면서도 유연하게 풀어나갈 것이다. 이제 남북한은 대립과 갈등에서 상생과 공영의 새 시대를 열어가야 한다고 강조한 바 있다.[36]

---

35) 「중앙일보」, 2009.4.21

36) 이명박대통령 2009년 1월 2일 국정연설중

북한은 오바마정부 출범을 계기로 남북관계의 악화와 이명박정부의 비타협적 강경노선에 있다는 식으로 몰아가 남남갈등을 부추겨 이명박정부의 국내적 입지를 약화시킬 것이다. 소위 우리민족끼리 전략이다. 사실상 김정일은 한미관계를 이간시키면서 미국에 접근하고 남남갈등을 부추기는 반민족적 남북대결이나 통미봉남전략을 구사할 수 있다. 다행스러운 것은 2009년 8월 23일 김대중전대통령 영결식에 북한의 김기남 당비서가 방문하여 이명박대통령을 면담했다는 점이다.[37)]

앞으로 남북간의 대화의 길이 터져서 남북한 교류가 증대되고 긴장이 완화되길 기대한다. 워낙 북한이 변덕스러워 믿을 수는 없지만 그래도 우리가 더 이상 북한에 끌려다니는 관계를 해서는 안될 것으로 본다. 북한이 아직까지는 김일성민족을 강조하고 북한 체제의 정치군사적 상부 구조가 안정적으로 가동되고 있어 단기간 내 체제 변혁이 발생할 가능성은 낮다. 경제면에서도 세계적 경제 위기 속에서 대북 지원의 축소, 광물 수출가 하락 등으로 북한도 큰 타격을 받을 전망이다. 북한에 식량위기 가능성이 항상 잠재되어 있는 만큼 올해도 정치 상황의 변동에 따라 식량 위기가 재발할 가능성은 여전히 남아있다.

북한도 이제는 시대의 변화를 수용해, 대남정책이나 외교전략에 있어서 의연하면서도 유연한 전략을 펴야할 시점이다. 6자회담에서 정해진 핵포기의 수순을 신뢰 있게 밟아가는 것이 중요하다. 북한이 혼자 독불장군처럼 언제까지 버티겠는가. 그럴수록 더욱 자신을 폐쇄적으로 몰고 갈 수밖에 없다. 결국 내부적인 빈곤, 굶주림, 폭동과 분열에 직면할 수도 있다. 북한도 이제 시대 변화를 읽고 우리와 함께 새로운 미래를 향해 나아가기를 바란다. 이명박대통령도 언제라도 북한과 대화하고 동반자로서 협력할 준비가 되어 있다. 북한은 이제 더 이상 남남갈등을 부추기는 구태를 벗고 협력의 자세로 나와야 한다고 강조하였다.[38)] 이명박정부하에서 민간 부분에서는 남북의 교류 협력이 감소하고 있다. 민간의 교류협력이 활성화되면, 남북 당국의 대화, 협력에도 많은 영향을 끼칠 것이다. 경제면에서도 세계적 경제 위기 속에서 대북 지원의 축소, 광물 수출가 하락 등으로 북한도 큰 타격을 받을 전망이며, 북한에 식량위기 가능성이 항상 잠재되어 있는 만큼 내년에도 정치 상황의 변동에 따라 식량 위기가 재발할 가능성은 여전히 남아있다.

---

37) 「중앙일보」, 2009.8.24.

38) 상게논문.

〈표 7-5〉 주기적(3-4년)인 북한의 미사일과 핵실험 도발

년 도	북한의 이벤트	비 고1	비 고2
1993년 3월12일	핵확산금지조약(NPT:Non proliferation Treaty)탈퇴 선언-보류(6월)	노동1호 시험발사(1993.5)	한국의 14대 대통령선거 (1992)
1994년	1300km 노동미사일본격 생산		김일성사망(7월8일)
1998년 8월31일	대포동1호 시험발사(2단식 로켓)	인공위성(광명성1호) 1550km	한국의 15대 대통령서거 (1997) 미사일로는 성공 했지만 인공위성은 실패
1999.6.15	연평도인근 해군충돌		
2000년 6월15일	615 공동선언	김대중 김정일 평양회담	
2002년 12월13일	북한핵연료봉개봉-북한농축우라늄핵개발계획시인	2003.4.23-25. 미중북3자회담(북경)	한국의 16대 대통령선거 (2002)
2003년 1월	NPT 탈퇴선언		북한핵문제 유엔안보리로 넘김(2003.2.12)
2006년 7월 4일	대포동2호 발사실험실패	스커드미사일, 노동미사일 6발 함께	노무현김정일 2007.10.4 공동선언
2006년 10월 9일	북한핵실험	북한핵위기 (II)	한국의 17대대통령선거 (2007)
2009년 4월5일	대포동2호(3단 로켓)발사	은하2호(발사체), 광명성 2호(인공지구위성)라고 주장.	미사일로는 성공, 인고위성은 실패. 김정일 체제 3기 출범
2012년 4월15일 전후(?)	강성대국목표 김일성 탄생 100주년-김정은 3대 세습 구축	한국 전작권 환수	한국의 18대 대통령선거 (2012)

미국이 한국을 동맹으로 신뢰한다면 미국과 북한이 수교해도 궁극적으로는 한국과 북한이 수교관계로 갈 수 밖에 없다. 미국이 한국을 소외시키면서 얻는 이익은 거의 없기 때문이다. 오바마대통령이 나서서 북한을 좋은 나라로 만드는 것은 한국으로서는 매우 희소식이 될 것이다. 결국 오바마대통령이 이런 노력에 대한 기대로 노벨평화상 수상자로 결정되었다.[39) 비용도 적게 들고 미국의 등에 타서 자연스럽게 한반도 긴장완화를 도모할 수 있다. 북한의 통미봉남은 아주 작은 국지적인 측면에서 효과를 보겠지

39) 「중앙일보」, 2009.10.10.

만 궁극적으로는 효력이 없다. 왜냐하면 한국의 경제력과 잠재력이 북한보다는 수십배에 달하기 때문에 한국을 제외하고 동북아의 문제를 해결할 수 없기 때문이다. 게다가 북한 김정일보다는 한국의 이명박대통령이 더 국제적인 능력과 외교적 발판이 많기 때문에 국제사회에서의 인지도와 압박으로 북한이 견디어 낼 수가 없기 때문이다.

어떤 경우에도 북한이 미국과 친해지는 것이 한만도문제의 해결을 위해 바람직하다는 점이다. 용미하자. 그리고 북한측의 태도 변화가 없는 한 일본 정부가 북한과의 수교를 추신할 여지는 크지 않으며, 북한 역시 일본 정국이 불투명한 상황에서 북일 수교를 서두르기 보다는 대일 수교 교섭의 최종적 카드로서 납치문제를 남겨두면서 미국 오바마 신정부와의 직접대화를 우선할 가능성이 크다.

3) 2009년이후 글로벌 외교의 영향

지난 2009년 4월 5일 북한의 로켓발사에 대한 철저한 분석과 앞으로의 대비가 필요하다. 안보의 가장 소중한 것은 국가를 보존하고 국민을 보호하는 것이라 본다. 얼마 전 김연아와 WBC 야구로 한국을 세계적으로 알리고 전 세계에 감동을 준바 있다. 참으로 수비, 공격, 감독 등 참 잘했다. 여기에는 다른 국가가 갖고 있지 않은 무기가 있다. 바로 애국심이다. 그런데 북한은 로켓발사 한방으로 이모든 것을 날려 보냈다. 전 세계 언론들이 북한의 로켓발사에 대한 보도로 집중되었다. 북한은 국가를 알리는 데는 대성공했다. 김정일 3기 지도체제가 4월 9일 출범했다. 이제 2012년을 대비해야 한다. 북한은 선군정치로 2012년 김일성 100주년 탄생을 강성대국의 초석으로 삼고 있다. 3년 주기설이다.

지금도 보면 1994년 1998년 2000년 2002-2003년 2006년 2009년 등 3-4년 주기로 벼랑끝 외교(Brinkmanship)전략의 대규모 이벤트를 벌리고 있다. 2012년은 강성대국을 목표로 김일성주석의 100주년 탄생을 대대적으로 기념할 것이다. 한국에는 대통령선거가 있는 해이다. 그리고 한미연합사의 작전권도 한국으로 넘어가는 해이다. 지난 4월 5일 보다 더 큰 공포의 테스트나 이벤트를 할 것이다. 이를 그냥 지켜만 볼 수 없다. 북한은 대내외적으로 일단 성공했다고 대대적인 선전선동을 하고 있다. 날리는 기술이 과거에 비해 훨씬 발전한 것이 사실이다. 김정일 리더쉽에 큰 힘을 실어준 것이다. 한마디로 북한이 기가 살았다. 이 기쁨을 북한으로서는 2012년에

절대로 놓칠 수 없을 것이다.

이를 대비하기위해서는 대북정보의 일원화로 효율적인 대외전략이나 국가위기를 대비할 수 있다. 그러나 대비책으로 미사일 사정거리를 직설적으로 700km로 늘리는 방안보다는 차라리 우회적으로 미국의 MD시스템에 참여하는 방향으로 나가면서 한국적 지형에 맞는 시스템을 구축하는 것이 좋을 듯싶다. 그런 의미에서 MD체제나 수정보완된 KMD체제에 참여하는 것은 여러모로 첨단미사일기술도 확보하거나 지원을 받으면서도 평화라는 명분을 얻을 수 있다고 본다. 일단유사시 첨단 잠수함, 전투기, 항공모함이 요격과 지원사격을 충분히 감당할 수 있다고 본다.

이웃하고 있는 중국이나 러시아 일본에게도 자극하고 위협을 증대시킬 필요가 없다. 한미동맹이 철저히 회복된다면 얼마든지 미국의 지원을 얻어낼 수 있다. 북한이 자체적으로는 성공했다고 하지만 사실상 기술적으로는 완벽한 것은 아니었다. 물론 3,846km를 날렸지만 그러나 1,000여 km 밖에는 추적이 되지 않으니 쏘고서 어디에 떨어진 것을 모르는 것은 코메디다. 전쟁도 침략적 공격과 방어가 있다고 본다. 명분상 공격보다는 방어전쟁이 더 평화적인 것이다.[40]

북한의 태도에 따라 안보위기에 따라 우리도 단계별 활동수칙과 대응수위(Red Line)가 있다. 항상 북한이 하는 짓을 바라보고 주저하고 눈치를 보고 있다. 현역군인들의 73%가 주적이 미국이라고 한다. 육군사관신입생도의 35%가 주적을 미국이라고 한단다.[41] 과연 일단유사시 지휘통제가 가능한 것인가. 이 시점에서 PSI(Proliferation Security Initiative)에 참여는 바람직한 선택이었다고 본다. 글로벌 안보거버넌스와 세계평화를 위해서는 대량살상무기확산을 방지해야하며 그런 점에서 한국의 PSI가입은 지극히 자연스러운 선택인 것이다. 가수 신해철이 북한로켓(인공위성 또는 탄도미사일)발사에 대하여 성공을 축하한다고 인터넷에 올렸다고 한다. 일부여론은 일본이 북한의 평화적 인공위성발사를 전쟁이나 날 것처럼 오두방정 떨고 오보하는 등 과잉 반응을 보였다고 비난한다. 아마도 시간이 좀 흐르면 뭐 오히려 북한이 북한을 목표로 발사하는 것이 당연한 것 아니냐하고 여론은 팽팽히 반반으로 또 다른 갈등을 보여줄 수 있다. 이것이 북한이 노리는 계략아닌가. 결국 한국은 북한의 덫에 걸리고 만 것이다. 남남공조가 무엇

40) 「중앙일보」, 2009.4.8-11.

41) 김구섭, "북한 실태와 우리의 대북정책," 민주평통, 남북관계전문가 초청 연찬회 (2009.3.13), p.6. 특강중.

보다도 중요하다. 한국이 단합하면 뭐든지 해낼 수 있다.

한·미 관계에서 도외시 할 수 없는 부분이 바로 6자회담, 북핵, 로켓발사 등의 이슈다. 북미간의 갈등을 우리정부가 의연하고 유연하게 풀어갈 수 있도록 중재하는 것도 필요하다.

오바마당선자는 인권과 국제협력을 강조할 것이다. 그래서 필자생각으로는 북한 김정일과 만나는 일은 좋은 것이라고 생각한다. 왜냐하면 북한의 인권개선과 국제사회로의 참여를 유도할 수 있기 때문이다. 아무리 미국이 생각없다 하기로서니 북한과의 정상의 만남이 마치 미·중 정상이나, 미·영 정상이 만나는 것으로 인식하지는 않을 것이기 때문이다.

4. 평화와 민주적 통일

이명박 정부는 햇볕정책의 실패를 거울삼아 북한의 비핵화와 변화를 유도하는 일관성 있는 대북정책을 추진해야 한다. 그런 점에서 남북관계를 근시안적으로 판단하지 않고 장기적 관점에서 풀어갈 것이라고 한 이 대통령의 언급은 매우 적절하다. 지난 10년간의 비정상적 남북관계를 정상화하기 위해서는 인내심과 의연하고 유연한 대응이 필요하다. 남북관계를 풀기 위해서는 소처럼 우직하게 한걸음 한걸음 나아가는 인내심과 의연함이 필요하다.

한마디로 남북문제 말고도 글로벌 시대에 할 일 너무 많다. 모든 외교총력을 금방 풀리지 않는 남북문제에만 매달리게 할 수는 없는 노릇이다. 그렇다고 햇볕정책처럼 그저 마냥 북한 하라는 대로 따라갈 수만도 없는 것이다. 그래서 얻은 것이 핵이고 미사일 아니었는가. 지금 북한과는 비교할 수 없을 만큼 글로벌시대에 잘 나가고 있다. 모든 문제에 자신감을 갖자.

외교와안보에도 목표가 있다면 G-10 진입 목표를 선정하여 노력하는 것이 필요하다. PKO, ODA, FDI(Foreign Direct Investment) 등에서 우리의 국제사회내에서의 입지를 강화하고, 북한에 대한 저자세를 지양함으로서 향후 한반노 통일 이후 신탁통치를 우리가 책임질 수 있도록 ODA를 통한 국제적 여건 조성 필요하다. G-10진입 목표선정에는 허실이 있으나, 다자외교를 통해 우리의 지원세력을 확보가 필요하며, 우선 동북아공동체 등 지역통합을 통한 안정 정치를 구축할 필요가 있다. 특히 IT 강국으로써 후진국에 대한 전자정부 구축사업을 ODA를 통해 지원한다.[42] 기획재정부도 KDI-KSP(Knowledge Sharing Program)을 2004년부터 실시하고 있다. 한강의

기적이나 새마을운동도 정신적인 운동으로 북한이나 후진국에 지원과 수출을 할 필요가 있다.

북한 말 한마디에 일희일비해서는 안 된다. 남북관계에 꼬투리는 많다. 북한이 꼬투리 잡으려면 뭐는 못잡겠는가. 이제 우리는 의연하게 세계사의 큰 흐름 속에서 성숙한 외교를 해야 한다. 국가브랜드를 높이고, 글로벌 경제위기를 주도적으로 해결해나가고, 후진국들에 한국의 기적을 전파하는 등 결국 글로벌 외교도 성공하고 남북관계도 성공하는 윈윈전략을 위해서 의연하게 글로벌 외교를 확대하면서 유연하게 대북문제를 대처해야 한다.

이러한 북한의 태도에 일희일비할 필요가 없다. 남북관계는 의연하면서도 유연하게 풀어나가야 한다. 분단 60년을 넘기고 있다. 이제 남북한은 대립과 갈등에서 상생과 공영의 새 시대를 열어가야 한다.

북핵 문제에 있어서도 북한은 우리정부에게 6.10선언과 10.4 선언의 이행을 문제시 하면서, 미국과의 직접 대화를 요구하고 있어, 우리정부가 처신하기 어려운 부분이 있다. 이명박정부는 미국을 앞세워서 북한의 위험요소들을 속히 제거하도록 하는 전략을 취할 필요가 있다. 사전에 위기를 예방하는 전략을 구사해야한다. 오바마대통령이 나서서 북한을 좋은 나라로 만드는 것은 한국으로서는 매우 희소식이 될 것이다. 오바마대통령은 인권과 국제협력을 강조할 것이다. 그래서 북한 김정일과 만나는 일은 좋은 것이라고 생각한다. 왜냐하면 북한의 인권개선과 국제사회로의 참여를 유도할 수 있기 때문이다. 아무리 미국이 생각없다 하기로서니 북한과의 정상의 만남이 마치 미·중 정상이나, 미·영 정상이 만나는 것으로 인식하지는 않을 것이기 때문이다. 그러나 미국이 북한과 친해지면 당연히 미국은 북한에게 한국이 매우 믿을 수 있는 국가라고 홍보할 것이다. 그래야 한·미관계도 원만히 굴러 갈 것이기 때문이다. 비용도 적게 들고 미국의 등에 타서 자연스럽게 한반도 긴장완화를 도모할 수 있다. 결국 한미동맹은 사실상 우리에게 외교비용을 절감시켜준다. 미국이 한국을 동맹으로 신뢰한다면 미국과 북한이 수교해도 궁극적으로는 한국과 북한이 수교관계로 갈 수 밖에 없다. 미국이 한국을 소외시키면서 얻는 이익은 거의 없기 때문이다. 바로 글로벌외교가 다 남북관계를 잘 이끌어

42) 「매일경제」, 2009.5.2. 2009년 공적개발원조(ODA) 규모가 2008년에 비해 16.4%가 증가한 1조860억원으로 책정되었다. 이는 국민총소득 대비 0.102%수준이고 양자협력 ODA가 7945억원, 다자협력 ODA가 2915억원이다. 5월 1일 제5차 국제개발협력위원회를 열어 2009년 ODA 사업계획과 ODA 선진화 추진계획을 의결하였다.

가기 위한 선투자 이다. 북한의 그릇된 버릇을 국제사회와 공조하여 고쳐 주어야 한다.

자회담에서 정해진 핵포기의 수순을 신뢰있게 밟아가는 것이 중요하다. 2007년 213합의를 존중하여 ▶핵시설동결(Freeze) ▶핵시설폐쇄(Shut down) ▶핵시설불능화(Disablement) ▶핵물질폐기 ▶핵무기해체 ▶한반도비핵화로 가야 한다. 핵문제는 6자회담에 맡겨야 한다.

햇볕정책은 수동적이고 소극적이다. 마치 포용적인 것 같지만 사실상은 한계가 많다. 북한이 무슨 짓을 해도 무조건 베풀어야한다.[43]

한마디로 외교는 국제사회에서 친구를 잘 사귀는 거다. 국제사회도 반드시 좋은 친구와 나쁜 친구가 있기 마련이다. 신뢰가 친구사귀는 데 첫번째 자산이다. 북한은 지독히 독특한 국가이다. 이를 길들이는 것은 매우 쉽거나 매우 어렵거나이다. 남북관계는 정부-정부, 민간-정부다. 채찍과 당근으로 적절하게 북한 길드리기를 해야 한다. 글로벌시대 그렇게 변화하지 않은 나라가 북한 말고 또 있는가.

필자의 단하나 소원은 북한이나 김정일이 단한번이라도 남한에 대하여 칭찬하는 소리를 듣고 싶다. 이젠 북한이 바뀌어야한다. 오히려 북한도 좀 미국을 도와줘야한다. 그래야 친구가 되는 것 아닌가. 미국과 협력하면 북한이 더 얻을 것이 많다고 본다. 글로벌위기가 미국이 만들었다고 비난만하면 친구가 아니다. 서로 도와줘야 서로 생존하지 않겠는가. 북한은 이젠 좀 한국에 대해 인정할 것은 인정해야 하는 것 아닌가. 차라리 잘못하면 패널티(예, 원조중단)를 줘야한다. 사실상 햇볕정책은 지렛대가 너무 없다. 미사일이 나와도 핵이 나와도 대처를 못한다. 중단하면 햇볕정책이 아니기 때문이다. 우리 지렛대가 너무 없었다. 여러 비장의 카드를 많이 갖고 있어 한다. 그것이 글로벌외교다.

남북한 관계는 사실상 신뢰로부터 출발한다. 예컨대 미국과 카나다와 미국과 쿠바간에 어디가 더 신뢰관계가 더 큰가. 신뢰, 통일도 미국 카나다 관계럼 그렇게 해야 한다. 상호 신뢰와 교류를 통해 동질성을 점점 확대하는 것이다. 점진적으로 신뢰구축하여 통일로 가는 것이 가장 바람직하다. 그런데 북한은 당국이 다르다. 남한 정부－북한당국, 남한민간-북한당국이다. 그러니 민간교류의 자율성이 극히 제한된다. 당국에서 정치나 비정치분야도 한마디면 모든 것이 다 중단된다. 이런 식으로는 북한이 글로벌시대에

43) 통일연구원, 『이명박정부 대북정책 비전 및 추진방향』(2008), pp.106-108.

적응할 수 없다. 북한이 한국으로부터 잘 배워야한다. 배우는 자세가 없어서는 힘들다. 연락사무소, 통상사무실, 대표부, 영사관, 대사관 등 점진적으로 서울과 평양에 진출해야한다. 그러나 금강산이나 개성공단처럼 금단의 철조망하에서의 거래는 곤란하다. 좀 더 자연스런 접촉이 허용되어야 한다. 차라리 과감하게 북한에 특구를 조성하는 것이 좋을 것이다. 적어도 중국-대만관계 정도라도 관계가 증대되면 좋겠다.

5. 지속적인 글로벌 외교강화

한국은 글로벌외교를 통하여 남북관계에서 발생된 국가위기를 최소화하기위하여 다음과 같은 몇 가지 원칙을 확고하게 견지해야한다.

첫째, 어떠한 형태의 전쟁에도 반대하며, 모든 갈등과 현안은 대화를 통해 평화적으로 해결한다. 한국 국민은 급속한 국력신장과 성공적인 민주화, 주권의식의 제고를 바탕으로 이제 보다 협력적이고 호혜적인 대외관계를 원하고 있다. 국제공조도 함께 해야 할 때는 주저 없이 해주어야한다. 북한인권문제 등이 그것이다. 국제사회에서 계속적으로 여론화와 압박을 가해야하다.

UN, OECD, ASEM, APEC, EU, IMF, WEF 등의 국제기구나 단체를 대북설득과 압박전략에 잘 활용해야한다. 우리가 북한보다 한수위인 국제사회 약속과 지원을 얻어내야 한다. 지나치게 모든 외교를 북한핵문제에 매달리지만 말고 남북관계 외에도 다양한 글로벌 외교관계에서 신뢰를 얻자. 안보뿐 아니라 경제, 자원, 환경 등의 외교도 중요하다. 이를 의연하게 실천하면서 국익을 극대화해 나가는 유연함이 필요하다. 지역별 외교도 강화해야한다. 많은 국가와 국제사회로부터 남북관계에 있어 한국의 신뢰를 많이 얻어내야 한다.

둘째, 모든 한반도 문제는 한미공조와 국제협력을 통해 남북 당사 원칙에 기초해서 해결한다. 북한은 2009년 4월 들어 대남공세가 급감하고 북미 관계로 전선을 이동하는 등 일단 남북관계를 위기관리모드로 바꾸고 있는 것으로 보인다.[44] 이러한 맥락에서 한국은 한반도의 평화와 안정의 기반이 되는 확고한 안보태세의 확립을 위하여 한·미동맹을 중심으로 점진적으로 협력적 자주국방의 발전을 추구해 나가야한다. 이는 동맹을 발

---

44) 「동아일보」, 2009.5.2.

전시키고 대외 안보협력을 최대한 활용하면서, 북한의 전쟁 도발을 억제하고 도발시 이를 격퇴하는 데에 필요한 시스템, 능력과 체제를 구비한다는 것이다. 한반도와 동북아의 평화와 공동번영이라는 목표를 달성하기 위해서는 중국과도 전략적 유연성과 실용적 접근이 동시에 필요하다.

〈표 7-6〉 세계민주주의순위(2007)

순위	국 가	점 수	비 고
1	스웨덴	9.88	*10점 만점 ①28개국 완전한 민주주의 ②54개국 흠있는 민주주의. ③30개국 권위주의와 혼합된 민주주의 ④55개국 권위주의정권 *북한 최하위
2	아일랜드	9.71	
3	네델란드	9.66	
4	노르웨이	9.55	
5	덴마크	9.52	
6	핀란드	9.25	
7	룩셈부르크	9.10	
8	호주	9.09	
9	캐나다	9.07	
10	스위스	9.02	
13	독일	8.82	
17	미국	8.22	
20	일본	8.15	
23	영국	8.08	
24	프랑스	8.07	
31	한국	7.88	
32	대만	7.82	
138	중국	2.97	
167	북한	1.03	

* 매년 영국 이코노미스트가 발간하는 〈세계전망〉2007판에서 167개국조사
〈출처〉 *Economist, 2007.*

셋째, 선진국진입은 국방의 선진화, 정보의 선진화, 그리고 안보의 선진화에서 모색해야한다. 한국은 국민소득 3만불 달성의 건전하고 선진된 경제기반구축, 한반도의 평화와 안정, 한미동맹의 강화, 남북한과 동북아의

공동번영, 그리고 국민생활의 안전 확보, 남남갈등의 극복과 국민적 합의를 실천해야한다.

넷째, 상호 호혜적 관계로 따질 것은 따지고 인권문제는 인권문제로, 핵문제는 핵문제로, 군사문제는 군사문제로 민간문제는 민간문제로 정부문제는 정부문제로 사안별로 우리의 입장을 분명하고도 단호하게 보여주면서 나가면 되는 것이다. 북한 김정일이 문제가 있으면 문제가 있다고 지적하는 것이 자연스러운 것이다. 한국사회에서 미국의 부시대통령은 비판하면서 북한의 김정일을 비판할 수 없는 것은 불합리한 일인 것이다. 북한은 시도 때도 없이 이명박대통령을 비난하지 않던가. 물론 전략적으로 해야할 것이다. 서로를 인정하는 토대위에서 상호 신뢰우선 원칙과 호혜주의를 추구한다. 전세계 외교목표가 핵전쟁은 아니지 않겠는가. 한반도의 비핵화와 평화가 목표이고 더우기 중국과 미국 등 주변국 때문에 함부로 핵을 사용할 수는 없을 것이다. 게다가 핵외에도 수많은 외교과제가 산적되어 있다. 더 이상 북한에 끌려 다녀서는 안될 것이다.

다섯째, 안보 · 외교 · 국방 · 정보의 각 부처가 다양하게 다양한 정보와 전략을 갖고 있으나 콘트롤 타워를 구축하여 그 산하에서 상호 유기적인 네트워크를 갖고 위기대처에 총체적으로 임하여야한다. 북한은 자신의 위기(Crisis)를 기회(Chance)로 한국의 평화적 제의를 지혜롭게 선택(Choice)하는 전향적 자세를 보여야한다. 한국은 변방의 역사를 청산하고 한미동맹과 G-20를 중심으로 평화와 번영의 동북아 시대를 열어가는 주역이 되도록 한다. 힐러리 클린턴 미국 국무장관은 북한은 국제사회에서 스스로 더 깊은 무덤을 파고있다고 경고하였다.[45]

여섯째, 조급해선 안된다. 한국이 10여 년간 길들이려다 오히려 북한에게 길들임을 당했다. 김대중, 노무현대통령 방문시 북한주민들 거리에 나와 꽃들고 "통일", "통일" 외치지만 그런다고 통일되는 것은 아니다. 지금 싸늘하게 식어버렸다. 이런 말하면 자꾸 반통일세력 운운 하는데 정말 통일은 냉정하게 해야 한다. 김정일체제가 안정되도록 봐주고 있는 것 아닌가. 북한도 이젠 알 것 다 안다. 남한내부를 자꾸 이간질하려는 데 여기에 말려들면 안 된다.

일곱째, 남남공조가 필요하다. 남남갈등을 극복하고 내부단합을 이루어야한다. 우리끼리 쌈박질하면서 대외적으로 칭찬받을 수 없는 것이다. 남

---

45) 「매일경제」, 2009.5.2.

남갈등을 극복하고 내부단합을 이루어야한다. 김정일후계구도가 누가되든 사실 문제가 아니다. 김정일이 사망하더라도 통일이전에는 엄연히 북한은 하나의 국가로 남는다. 망해가는 국가에도 당연히 국가를 상징하는 대표자가 있게 마련이다. 그 대표자가 강성리더쉽을 보이는지 유연한 리더쉽을 보이는지는 그 다음 문제이다. 항상 국가위기관리에 대한 거버넌스적 관점을 유지하고 국민의 수준과 눈높이에 맞추어서 국가위기관리를 해야 하며 국민에 대한 교육과 계몽, 그리고 국민의 자존심과 자긍심을 높여주고 존중해주면서 국가위기관리중심에 항상 국민이 존재하도록 해야 한다.

제3절 민주화와 국제공조

1. 4강외교-미·중·일·러

1) 이명박정부출범 이후 비자면제 협정, 한미 스왑협정, 그리고 West 프로그램 등 성과가 많았다. 이러한 협정이 그동안 소원했던 한미관계에 갖는 의미가 크다.[46] 이명박대통령은 세계적 경제 위기 속에서도 국제사회에서 한국의 기회는 더욱 커지고 있습니다. 한동안 소원했던 미국과의 관계는 비자 면제 협정과 한-미 스왑협정 체결에서 보듯이 그 어느 때보다도 굳건한 신뢰를 바탕으로 한 전략 동맹 관계로 거듭나고 있다고 하였다.[47]

글로벌금융위기가 미국으로 왔다고 미국만 비난하면 안 된다고 본다. 진정 어려울 때 도와주는 것이 혈맹아닌가. 글로벌 금융위기를 극복하기위해 상호협력하고 도와주는 것이 무엇보다도 중요하다. 비자면제협정(VWP)와 한미 스와프(Swap)협정은 양국의 혈맹관계를 더욱 강화하는 실천이라고 본다.[48] 우리나라가 미국과 통화스와프를 한다는 의미는, 원화를 미국에 맡기고, 달러를 들여오게 되고, 일정 기간 뒤 다시 맞바꾸는 방식으로 이뤄지는 의미이다. 즉, 한-미 간의 통화스와프 거래는 한국과 미국이 현재시점의 계약되어진 환율에 따라 자국 통화를 상대방의 통화와 교환하고, 일정 기간이 지나고 나서 최초 계약 때 정한 환율에 따라 원금을 재 교환하는 거래를 의미한다.

---

46) 한미 FTA체결이후 대한 농수산물을 중심으로 한 교역량이 늘어날 것으로 예상되며, WEST(Work English Study Travel) 및 VWP(Visa Waiver포기 Program : 90일)으로 L.A를 찾는 한인이 증가될 것으로 기대하고 있기 때문이다.

47) 이명박대통령 국정연설(2009.1.2)

48) 외교통상부, 2009외교백서(2009), pp.30-31.

지금은 전 세계적으로 우리나라를 포함한 모든 국가가 달러가 부족하여, IMF에 "돈 좀 빌려달라"며, 구제금융을 요청하는 등의 심각한 금융위기를 맞이하고 있다. 하지만 한-미간의 통화스와프 계약을 체결하면, 이러한 전 세계적인 금융위기 상황에서도 우리나라는 달러가 부족해질 경우에는 미국의 달러를 들여와, 시장에 공급함으로써, 외환위기를 넘길 수 있으며 환율 안정도 꾀할 수 있게 된다. 달러는 가장 널리 사용되고 중심이 되는 세계적인 기축통화다. 그 달러를 찍어내는 미국과 통화스와프가 체결되면, 현재처럼 달러가 말라가는 국제정세에서 우리나라에게는 달러를 쉽게 공급받을 수 있게 된다.[49] 이러한 한-미 스와프계약 체결을 통해 우리나라는 외환보유액 부족 걱정 또한 상당부분 덜 수 있게 되며, 국가부도 위기나 대외신인도 상승까지도 노려볼 기회라고 생각된다.

2) 13%의 마이노리티 흑인이 미국에서 대통령에 선출되었다는 것은 아무리 글로벌 경제위기로 엉망진창이라고 하지만 역시 미국의 선진국 저력과 민주적 전통을 보여주는 쾌거라 본다. 한미동맹과 관련 "2009년은 21세기 전략동맹 구현의 원년으로서 한미동맹의 발전과 격상, 북한 핵과 북한 문제, 경제 및 통상문제라는 3가시 이슈에 초점이 맞춰지고, 각각의 분야에서 긴밀한 협의와 협력이 과거 어느 때보다 집중되는 시기가 될 것"이라고 전망했다.

기왕에 동맹의 단계가 있다면 첫 단계에 속하는 관계로 가야하겠다. 대한민국에 외국군대가 주둔하는 것은 전세계에서 미국밖에 없다. 이것만 봐도 우리에게 미국은 첫 번째 동맹국가이다. 미국도 가급적이면 한국이 첫 번째 동맹국가가 되도록 외교열량을 결집해야한다. 상호 신뢰가 있어 세계전략에 코드가 맞다면 비용도 적게 들고 더 많은 유익한 정보를 공유할 수 있을 것이다. 이를 회복해야한다.

---

49) http://search.naver.com(2008.10.30). 미국과의 통화스와프계약은 IMF와 같은 통제와 간섭이나 요구 없이 달러에 대한 유동성을 확보할 수 있다는 점은 유동성공급과 더불어 큰 장점이라고 볼 수 있다. 그리고 현재 미국이 통화스와프 협정을 맺고 있는 나라 중 신흥국과의 통화스와프 협정 체결은 우리나라가 처음이었다. 그만큼 미국이 우리나라의 경제 펀더멘털을 인정했다는 점이라고 볼 수 있고, 이는 외국투자자들에게 심리적인 안정감을 줄 수 있기 때문에 전반적으로 우리나라에게의 경제에는 호재라고 볼 수 있다. 그동안 IMF에서 돈을 빌릴 경우에는 해당국가는 그 나라의 경제주권을 빼앗기고, 통제를 받게 된다. 외환위기 국가라는 오명도 따라 붙는다. 통화스와프 상대방으로 우리나라를 선택한 점은 적어도 자신들의 돈을 떼이지는 않을 것이라고 판단했기 때문이었다. 미국이 무너질지도 모를 나라를 상대로 통화스와프를 하지는 않을 것이다.

〈표 7-7〉 2007년도 세계경제자유도

순위(전년도)	국 가	점 수(100점)
1(1)	홍콩	*13년 연속 1위
2(2)	싱가포르	
3(9)	호주	
4(9)	미국	
5(9)	뉴질랜드	
6(5)	영국	
7	아일랜드	
8	룩셈부르크	
9	스위스	
10	캐나다	
18(27)	일본	*20위내 12개국이 EU국가
26	대만	
36(45)	한국	기업(83.1), 정부개입(81.5), 재정정책(81), 금융정책(79), 투자(70), 재산권보장(70), 무역(64.2), 노동시장(57.7), 금융시장(50), 반부패(50).
104	인도	
119(111)	중국	
120	러시아	
150	이란	
156	쿠바	
157(157)	북한	*최하위(영국이코노미스트지의 민주주의순위도 167위 최하위)

〈자료〉 Wall Street Journal(WSJ)/The Heritage Foundation, *International Economic Freedom*(2007); 「매일경제」, 2007.1.17.

사실 글로벌 경제위기로 미국은 물론 전 세계가 다 어렵다. 한반도도 마찬가지이다. 한국과 북한의 국가 비교는 격차가 심하여 우리가 두려워할 일은 하나도 없다. 핵무기는 있지만 빈약하고 가난한 북한이 결국 갈 길은 미국이 주는 지원과 설득으로 국제사회에 평화적으로 나서지 않을 수 없을 것이다. 이것이 오바마의 힘인 것이다. 우리는 오바마를 신뢰하고 상호 믿으면서 동맹관계를 사안에 따라 정상적으로 대하면서 우리가 오히려 주도할 것은 주도하면서 미국의 정보나 도움을 얻으면 되는 것이다. 전 세계에 대한민국에 군대를 주둔하고 있는 나라는 미국밖에 없다. 한국에게 이보다 더 가까운 나라는 없다.

한미관계가 노무현 대통령하에서 매우 이상하게 꼬여버렸지만 초등학생의 우정도 이러지는 않을 것이다. 중국 or 미국이 아니라 미국 and 중국이 되어야한다. 연중결미해야한다. 옛 친구도 잘하고 새로운 친구도 잘하는 외교적 지혜가 필요하다. 오래된 친구는 오래된 친구대로 잘 사귀고 새로운 친구는 새로운 친구대로 잘 사귀는 것이 유연한 선진국적인 외교전략이다. 이를 십분 활용해서 국제사회에서 개도국의 모델국가로 한국의 자랑스런 발전상과 민주화와 산업화를 개발도상국가에 전수시켜야할 것이다. IT 강국과 한강의 기적은 이점에서 시사 하는 바가 큰 것이다. 이러한 맥락에서 남북문제에대한 그랜드 바게인(Grand Bargain: 일괄타결)의 성패여부는 무엇보다도 국제공조에 달려있다고 할 것이다.

3) 한중일 3국 정상회의가 우리 측의 제의로 역내에서 처음으로 열렸다. 100년간의 갈등의 시대였던 동북아가 "협력의 새 시대"를 열어가는데 이명박 정부의 역할이 컸다고 볼 수 있다. 정말 어렵다고 했던 '한중일 3국 정상회의'가 우리 측 제의로 역내에서 처음으로 열리게 되었다. 이는 역사적으로 큰 의미가 있다. 지난 100년간 '갈등의 시대'였던 동북아가 '협력의 새 시대'를 열게 된 것이다.[50)]

지난 2008년 12월 13일 후쿠오카에서 이명박 대통령과 중국 원자바오(溫家寶) 총리, 일본 아소 다로(麻生太郎) 총리 등 3국 정상은 한중일 정상회담 역내개최 정례화를 비롯해 여러 실무급 회의 개최 방안에 합의함의로써 3국간 협력 약속의 지속성을 담보할 수 있는 장치를 마련했다. 한국으로서는 미국, 중국, 일본, 러시아 등 주변 4강(强)과의 협력을 강화하는 동시에 역내 국가인 중국, 일본과의 협력을 공고히 하였고, 이번 회담이 갖는 상징성이 컷다. 3국정상회담은 이 대통령이 지난 2008년 10월 초 미국발 금융위기 극복을 위한 국제공조 방안의 하나로 한중일 금융정상회의 개최를 제안한 것이 3개월 여만에 실현되는 의미도 있었다.

3국 정상은 우선 금융위기와 관련, 철저한 공조 필요성을 재확인했다. 전대미문의 경제위기를 극복하기 위해 세계 각 국의 공조노력과 함께 같은 경제권 국가들간 역내협력이 무엇보다 중요한 상황에서 아시아 중심 3국이 위

50) 이명박대통령 국정연설(2009.1.2)

기극복을 위한 협력의지를 거듭 다졌다. 3국간 협력의 하이라이트는 한중일 통화스와프 확대 조치였다. 비록 한일, 한중 금융당국이 전날 타결해 미리 발표한 사안이긴 하지만 이는 각국 정상의 강력한 의지가 반영돼 극적으로 타결될 수 있었다.

IMF체제의 한계를 극복하기위한 AMF전단계인 CMI(Chianf Mai Initiative)문제에도 한국이 더욱 중재역할을 강화해야한다. 동아시아국가연합(ASEAN)과 한중일은 일시적으로 유동성 위기가 발생할 경우 자국통화를 달러 등으로 차입하는 CMI의 조기 다자화 및 800억 달러로 공동기그증액 등이 있다. 배분문제에서 달라 보유냐 GDP규모냐로 중일이 신경전이다.[51)]

그러나 오바마정부의 동북아정책이 일본편향에서 벗어나 중일간 전략적 균형을 추구한다면 일본은 자체의 외교군사적 역량을 강화하면서도 중국과의 대립보다는 협력을 추구할 것이다. 2008년 한중간관계는 전략적 협력동반자관계를 채택하고 양국정상이 상호 수차례 교우하는 대단히 긍정적인 한해였다.

다만 중미관계에서 한국의 소외가능성 등이 있다. 그러나 북핵문제나 북한정권안정에 있어서는 현상황의 안정적 관리에 중점을 두면서 새로운 상황 전개에 따라 대응적인 태도를 취할 것이다. 북한정권의 생존에 필수적인 경제적지원은 계속될 것이다. 북한이 핵을 빌미로 역내 국제관계를 악화시키지 않도록 노력할 것이다.[52)] 중국과 일본은 2008년 상호이견을 전제하면서도 이익에 기초한 전략적 협력이 가능하다는 전략적 호혜관계를 채택하였다.

4) 러시아와는 북한을 거쳐 철도와 파이프라인을 연결하는 협정을 맺는 등, 많은 성과가 있었다. 한반도와 시베리아를 연결하는 초석으로 러시아와의 외교 전략은 미래지향적으로 구현해야 한다.

러시아와는 북한을 거쳐 철도와 가스 파이프라인을 연결하는 협정을 맺었습니다. 반도를 광활한 시베리아와 연결하는 대역사(TSR)를 지금 러시아와 진행 중이다.[53)]

2008년도 러시아 한빈도정책은 남한 경사적 등거리 정책이 두드러졌다.

---

51) 외교안보연구원, 전게서, pp.102-103 ; 「매일경제」, 2009.5.2 ; 「중앙일보」, 2009.5.13. 1200억$중 중국과 일본이 32%로 각각 384억$, 한국이 16%로 192억$로 확정되었다.

52) 외교안보연구원, 전게서, p.26.

53) 이명박대통령 국정연설(2009.1.2)

2008년 9월말 이명박대통령의 방러로 한러정상회담에서 상호신뢰의 포괄적 동반자관계에서 전략적 협력의 동반자관계(Strategic Cooperative Partnership)로 발전시켜나가기로 합의했다. 러시아가 2008년 10월초 나진과 핫산을 연결하는 철도 개보수 및 나진항조차를 통한 항만철도 물류협력사업을 추진하는 것도 이러한 맥락에서 볼 수 있다. 정상회담에서 에너지, 자원, IT, 나노, 원자력, 우주, 금융, 해양 등에서 협력을 합의한 26개의 문건을 채택하였다. 북한의 급변사태시 주변 3국과 동등한 관여 또는 유엔 안보리를 통한 국제적 관여를 통해 일정한 영향력을 발휘하려할 것이다. 북한핵문제를 해결하기위한 6자회담참여하면서 대북중유제공에도 동참할 것이다.

2008년 4월 한국인 첫 우주인인 이소연씨가 탄생했고 한러 소형 우주발사체(KSLV-1)이 2009년 고흥 나로도에서 발사되었으나 실패하였다.[54] 결국 2009년 8월 25일 인공위성발사가 성공하지 못하여 7전 8기의 저력을 보여주지 못했고 절반의 성공으로 끝나고 말았다.

러시아의 경우 재정 및 국제수지, 외환보유고 등에 있어 러시아 경제의 기초체력이 과거에 비해 강화되어 내성이 적지 않게 갖추어져있다.[55] 러시아의 대북관계는 최근 수년간 정상급 상호방문이 이루어지지 않은 상태에서 총리급 이상의 고위급 회담이 부재하고 있다. 러시아는 2009년에도 김정일 건강이상으로 유동성이 증대되고 있는 북한 정세의 발전을 예의주시하면서 급변사태시 주변 3개국과 동등한 관여 또는 유엔 안보리를 통한 국제적 관여를 통해 일정한 영향력을 발휘하려는 정책을 펼 것으로 예상된다.

〈표 7-8〉 각국의 대외부채 및 외환보유고 비교표

항 목	러시아	미국	영국	프랑스	독일	한국	브라질	인도	헝가리	폴란드
총외채/GDP	28.9%	95.6%	351.1%	174.5%	143.2%	40.2%	16.7%	19.1%	134.1%	46.0%
단기외채/GDP	4.8%	38.0%	261.0%	74.6%	47.0%	16.0%	2.3%	3.9%	16.7%	9.7%
외환보유고/(억$)	4,271	783	655	1029	1380	2,012	1,938	2,560	335	622

〈자료〉 이동문, "추락하는 것은 날개가있다," *Russia · CIS Focus* (2009.5.11), p.1 ; 국제통화기금(IMF), 2009.1 ; 세계은행(World Bank) 2009.1 자료.

54) 「중앙일보」, 2009.8.19-27. 7번째 발사중지; 외교안보연구원, 전게서, p.42.

55) 이동문, "추락하는 것은 날개가 있다," *Russia · CIS Focus* (2009.5.11), p.1.

2. 국제회의 외교

글로벌외교를 볼 때 ASEM, APEC, ASEAN, OECD, G-7, G-20, UN 등 국제회의나 국제기구에서의 역할이 중요하다. 일거에 한국의 브랜드가치를 높이고 신뢰를 얻을 수 있기 때문이다. 국제회의에서 우리나라의 위상도 높아지고 있습니다. 2009년부터 G20 공동의장국으로 활동을 하고, 또한 OECD에서도 각료회의 의장국으로 선출이 되기도 하였다. 국제사회가 재편되는 상황에서 우리나라의 위상 재정립이 그 어느 때보다도 절실하다. 이명박대통령은 대한민국은 이제 19세기말 국제정세에 휘둘리던 변방 국가도, 외환위기 당시 바람 앞의 촛불 같은 처지도 아닙니다. 21세기 신국제질서를 만들어가는 세계 중심부의 일원으로 당당히 커 나가고 있다고 하였다.[56)]

결국 G-20에서 영국, 브라질과 함께 의장국이 되었으니 충분히 우리의 매운 고추맛의 역량을 보여주어야 한다. 글로벌 경제위기는 오히려 우리가 선진국으로 갈 수 있는 기회인 것이다. 이명박대통령이 그토록 강조하는 위기가 곧 기회가 되고 중진국이 선진국이 되는 기회인 것이다. 그러나 금융위기발생으로 에머징스테이트의 역할이 증대되어 G-20로 가자는 안도 강조되고 있다.[57)] 2008년 도야코에서 G-8 정상회의시 주요경제국회의(MEM : Major Economics Meeting)형식이 추진되고 있다. G-13 에다가 한국, 호주, 인도네시아 등이 추가된다.[58)] 에너지 안보 기후변화를 논의 한다. 이제 BRICs가 떴듯이 이제는 ICK(인도, 중국, 한국)이 떠야한다. 한국은 이제 전세계 어느 나라와도 누구라도 자신 있게 만나고 소통하면서 우리가 먼저 지구촌 문제의 의제를 먼저 선점하고 먼저 제안하고 먼저 주도하고 먼저 아이디어를 개발하는 적극적인 외교안보 관계를 펼쳐야할 것이다. 더구나 반기문 사무총장의 진취적이고 유연하고 세계적 지도자의 마인드를 배워서 자신있게 국제사회에 중심축으로 참여해야할 것이다.[59)]

---

56) 이명박대통령 2009년 1월 2일 신년 국정연설중

57) 외교안보연구원, 전세서, p.51. 참고로 G-7(미, 영, 프, 독, 일, 이, 카) G-8(G-7 + 러), G-13(G-8 + 중, 인, 브, 멕, 남아공) 이 있다. 지난 2007년 독일 하일리겐담정상회의에서 O-5(Outreach보다 넓게 펼치다 : 중, 인, 브, 멕, 남아공)추가하여 G-13으로 확대하자는 안이 검토되고 있으나 글로벌경제위기극복과 관련하여 G-20로 확대되었다. G-20는 G-13 + 한국, 터키, 인도네시아, 호주, 사우디, 아르젠, EU 이다.

58) 상게서, p.51.

〈표 7-9〉 2007년 국방비 지출액 순위(단위 10억 달러)

순위	국가	국방비지출액	전체액수 대비비율(%)
1	미국	547	45
2	영국	59.7	5
3	중국	58.3	5
4	프랑스	53.6	4
5	일본	43.6	4
6	독일	36.9	3
7	러시아	35.4	3
8	사우디아라비아	33.8	3
9	이태리	33.1	3
10	인도	24.2	2
11	**한국**	**22.6**	**2**
12	브라질	15.3	1
13	캐나다	15.2	1
14	호주	15.1	1
15	에스파냐	14.6	1

〈자료〉 국제전략문제연구소(CSIS : Center for Strategic and International Studies) 스마트파워 위원회 지음, 홍순식 역, 『스마트파워』(성루: 삼인, 2009) ; 스톡홀름 국제평화연구소(SIPRI : Stockholm International Peace Research Institution), *SIPRI Yearbook 2008: Armaments , Disarmament and International Security*(2008)

한국은 UN, ASEM, APEC, G-20, OECD, IMF, WTO 등에서 모범을 보이고 먼저 주도적으로 글로벌 경제위기를 극복할 수 있는 아이디어와 의제를 내놓고 이를 이끌어가는 능동적인 외교전략을 구사해야 할 것이다. ASEAN, EU, NATO 등의 지역 기구의 국가들과도 적극적으로 대화를 나누고 협력적 프로그램을 만들어서 선도적으로 국제사회를 이끌어 가야할 것이다. 일본이나 중국과도 우리가 먼저 중간역할을 하여 동북아의 외교적 주도권과 능력을 보여 주어야할 것이다. 이제는 스페인처럼, 네델란드처럼, 카나다처럼, 호주처럼 전통과 명예가 있는 선진국대접을 받아야할 것이다. 그래야

59) 선진국에게도 신뢰를 얻고 후진국에게도 ODA (Official Development Assistance)등을 통해서 우정을 얻는다면 언제라도 한반도통일문제는 우리가 주도해서 이끌어 갈 것이다. 이것이 미래에 있어 더욱 발전할 수 있는 한국의 가능성인 것이다. 선진국도 아니고 후진국도 아닌 모호한 상태로는 아무것도 얻을 수 없는 것이다.

우리는 미래에 G-10(Big-T en)안에 들 것이다. 2009년 6월 12일 유엔안보리에서 만장일치로 유엔결의안 1874호를 채택한 것은 평화를 사랑하는 민주국가의 진정성을 존중받은 것이다.[60]

반기문 유엔사무총장은 대한민국의 세계적인 자랑중 하나이다. 유엔본부대사관에서는 우선 학생들에 대한 국제기구 진출 방법에 대한 홍보가필요함을 강조하였다.[61] 반총장 취임 이후 UN등 국제기구 진출을 희망하는 학생들이 늘어나고 있음에도 국제기구 진출방법에 대한 접근이 어려운점을 감안, 국제기구 진출방법에 관한 정보 공유가 필요하다는 점이다. 국제기구 진출 지원 노력을 계속 지원중이나 후진국들의 높은 경쟁률로 진입장벽이 높은 것이 사실이다. 그러나 유엔분담금의 수준만큼은 증대되도록 외교력이 필요하다고 본다. 특히 안전보장이사회의 개혁에 있어서도 유연성을 갖고 일본과의 경쟁도 중요하지만 상호협력적 방안도 모색해봐야 할 것이다. 무엇보다도 국제기구내 글로벌 아젠다를 선도해야할 것이다.

외교에도목표가 있다면 G-10 진입 목표를 선정하여 노력하는 것이 필요하다. 경제규모 등 제반 우리의 국력을 감안 G-10 진입목표를 선정하고, 이를 위한 노력 배가 필요하다. PKO, ODA, FDI(Foreign Direct Investment) 등에서 우리의 국제사회내에서의 입지를 강화하고, 북한에 대한 저자세를 지양함으로서 향후 한반도 통일 이후 신탁통치를 우리가 책임질 수 있도록 ODA를 통한 국제적 여건 조성 필요하다. G-10진입 목표선정에는 허실이 있으나, 다자외교를 통해 우리의 지원세력을 확보가 필요하며, 우선 동북아공동체 등 지역통합을 통한 안정 정치를 구축할 필요가 있다. 특히 IT 강국으로써 전자정부 consulting 사업에 대한 지원 강화가 요망된다. 후진국에 대한 전자정부 구축사업을 ODA를 통해 지원하는 것을 외교부가 주축이 되어 추진 필요하다. 동 사업이 주체 및 대상의 비효율적인 면이 있으나, 통일원조법안이 마련되어 외교부로 단일화가 필요하다.[62]

특히 2009년 6월의 한·아세안 특별정상회의 같은 것을 활용해야한다.[63]

---

60) 「중앙일보」, 2009.8.13.

61) 충북 음성고향의 충주고등학교 출신인 반기문총장의 외유내강형 인품이 바로 세계적인 지도자로 성공하게 한 원동력이었다. 2008년 12월 29일 주미유엔대사관 방문 중 박인국대사와의 인터뷰.

62) 외교통상부, 『외교통상업무 참고자료』(2009), pp.42-43.

63) http://www.asean-roksummit2009.kr (2009.5.6) 한국과 아세안 10개국의 정상들이 한 자리에 모이는 '한·아세안 특별정상회의'가 2009년 6월 1일부터 2일까지 제주 국제컨벤션센터에서 개최된다. 이번 특별정상회의 엠블렘은 '따

금번 회의는 한국과 아세안의 대화관계 수립 20주년을 기념하여 특별히 개최되는 정상회의인 만큼 우리나라와 아세안 국가들 간의 상호협력 관계 발전은 물론 국제금융위기, 에너지 안보 등 글로벌 과제들을 심도 있게 논의하고, 공동의 번영을 모색하는 뜻 깊은 장이 되어야한다.

슬로건인 'Partnership for Real, Friendship for Good'은 한국과 아세안 관계를 포괄적이고 실질적인 동반자 관계로 발전시키고(Partnership for Real), 문화·인적 교류증진을 통해 따뜻한 이웃으로서의 우정을 돈독히 해 나간다는(Friendship for Good) 의미이다.[64] 이러한 글로벌외교의 선투자는 글로벌경제위기극복을 위한 아시아의 협력을 이끌어내는 것은 물론 남북관계의 일단유사시 유엔이나 국제회의에서 한국과의 우정을 기초로 한국 지지 세력을 만들고 한국주도의 통일을 이끌어 가는데 큰 역할을 해줄 것이다.

3. 지역외교

1) EU와의 FTA 체결 예정과 중남미와의 교역증진은 이명박 정부의 국익실용외교의 성과를 보여주는 부분이라고 본다. 이명박대통령도 유럽연합(EU), 인도 등과는 금년에 FTA를 체결하게 되었고 중남미도 우리의 시장으로 크게 다가오게 되었고 취임 후 적극적으로 전개한 국익실용외교가 속속 결실을 맺고 있다고 강조하였다.[65]

EU(유럽연합)와의 FTA는 유럽 27개국의 선진국서비스를 얻을 수 있다는 점에서 유익하다. 수력, 풍력, 태양에너지 등 재생에너지분야에서 선진기술을 갖고 있다. 기후, 환경에 관심이 높다. 신아시아 협력외교강화이다.[66]

뜻한 이웃, 번영의 동반자'로서 손을 맞잡은 한국과 아세안 10개국의 모습으로, 각자 고유한 색깔을 갖되 조화와 단합을 이루고 있는 한국과 아세안의 밝은 미래를 상징하고 있다

64) http://www.asean-roksummit2009.kr (2009.5.6) 지난 4월 1일 오픈한 '한·아세안 특별정상회의' 공식 홈페이지는 특별정상회의 소개, 특별행사, 회의장 소개, 한국과 아세안 등의 카테고리로 구성되어 있고, 한글 및 영문으로 이용할 수 있다.공식 홈페이지와 함께 국내외 네티즌들과의 쌍방향 소통 공간으로서 개설된 '한·아세안 특별정상회의' 공식 블로그 또한 한·아세안 관계에 대한 네티즌들의 이해를 돕는데 기여할 것이다.

65) 이명박대통령 2009년 1월 2일 신년 국정연설중

66) 외교안보연구원, 전게서, pp.68-69 ; 112-113.

2) 2008년 7월 도야코 G-8 확대정상회의계기로 한인도정상회담 개최. 한인도 9월 서울에서 포괄적 경제동반자협정(CEPA : Comprehensive Economic Partnership Agreement)이 타결되었다.[67] 이를 기반으로 역내를 아우르는 FTA 체제 구축을 견인하여 장기적으로 보다 업그레이드된 수준의 지역 경제공동체를 형성해야할 것이다. 에너지 자원 보유한 중요국가 이므로 맞춤형 전략외교가 필요하다.

CEPA는 한국과 인도 양국간의 전략적 동반자관계를 구축하는 게 목적입니다. 양국간 경제협력관계를 보다 긴밀한 동반자 관계로 발전시키기 위해서는 경제, 통상 전반에 걸친 기본틀을 마련해야 한다. 이 협정의 주요 내용은 한국과 인도간의 상품교역과 서비스교역, 그리고 무역을 원활화하는 조치와 투자교류 촉진 등 한국과 인도의 동반자 관계를 심화시킬 수 있는 분야에 해당된다. 지난 2004년 10월 노무현 대통령이 인도를 방문했을 때 양국 정상이 공동으로 결정해 추진되기 시작한 사항이다. 그 후 양국간 포괄적 경제동반자 협정 추진 임무 수행을 위해 양국 정부인사로 구성된 공동연구그룹이 설치됐었는데, 4번의 공동연구그룹 회의 끝에 2006년 1월 CEPA가 필요하다는 보고서를 채택했다. 그래서 2006년 1월부터 대외경제장관회의에서 포괄적 경제 동반자 협정 개시를 결정했다. 지난 2006년 3월부터 서울과 뉴델리를 번갈아 2개월 간격으로 개최하며 작년 말까지 합의를 도출한다는 게 원래 계획이었다.[68] 특히 거대신흥시장을 선점한다는 측면이 가장 클 것이다. 먼저 양국경제의 상호보완성을 활용하는 방식이 있다. 최근 한국과 인도의 교역현황을 살펴보면 한국은 전자, 기계, 수송장비, 철강, 석유화학 품목을 수출하고 있다. 인도의 경우에는 주로 섬유, 석유제품, 광물, 농산물 등을 수출하는 전형적인 상호보완적 산업구조를 가지고 있다. 그래서 한국과 인도 사이에 FTA가 체결되면 교역증진의 효과가 매우 높을 것으로 예상한다.[69]

67) 「연합뉴스」, 2006.3.27.

68) http://www.cia.gov/(2009.5.12) ; CIA/the World Fact Book/(2009.5.12). 작년 기준 인도의 인구는 11억 명으로 중국에 이어 세계 2위를 차지하고 있다. GDP는 9842억 달러로 세계12위, GDP기준 구매력평가로 볼 때 4조5553억 달러로 미국, 중국에 이어 세계 3위의 소비대국이다. 게다가 최근 3년간 인도의 시장은 년 평균 8%대 경제 성장으로 내구재를 비롯한 각종 소비재와 자본재의 수요가 급증했기 때문에, 인도와의 관계강화를 통해 시장을 선점할 필요성을 느꼈다고 볼 수 있다. 인도와의 관계에서 경제적인 효과를 기대할 수 있다고 본다.

69) 또 품목별로 보면 수송장비와 섬유의류, 기계, 화학공업 순으로 수출이 증가할 것으로 예상됩니다. 인도와 통상투자 증대 및 경제 협력관계심화 확대. 서남아 8개국의 중심에 있고 신흥시장으로서 기업과 재외동포들이 많이 거주하고 있어

그리고 한국과 인도 사이 CEPA협정 체결로 관세가 철폐되면서 생기는 이득도 상당하다. 총 23억불의 무역수지 개선 효과가 있을 것으로 기대된다. 구체적으로 보면 GDP는 1조 3천억원, 1인당 국민소득은 3만원 증가, 4만 7600명의 고용증대 효과가 있을 것으로 추정하고 있다. 통일과정에서 북한의 개혁개방을 지원하는 협력 대상국가이기도 하다.

3) 다른 한편 중남미-중국의 등장과 남미의 자립화를 표방하는 남미국가연합(Union of South American Nations : UNASUR)에 대처해야 한다. 브라질, 멕시코, 칠레, 아르젠티나 등 자원, 에너지 국가가 많다.[70] 3C(칠레, 콜럼비아, 코스타리카) 국가가 신흥 자본주의국가로 부상하고 있다. 이들 국가와도 교역을 증대하는 것은 글로벌외교의 핵심중 하나이다. 이들 국가와의 신뢰가 UN이나 남북관계도 많은 신뢰를 줄 수 있다. ODA 등을 활용하여 중미국가의 약소국에도 관심을 증대하여 우리의 우방으로 만드는 것이 중요하다.

예컨대 과테말라 등 중미국가를 포함 전 세계적인 치안불안 문제와 같은 글로벌 이슈 등을 우리가 적극 발굴하여 UN 아젠다 차원에서 논의할 수 있도록 글로벌 문제를 선도적으로 해결하는 노력 배가 필요하다. 단기적으로는 KOICA의 UNDP 및 UNICEF 등에 대한 기금 지원사업에 한인을 진출시키는 사업부터 시도하고, 향후 장기적으로 국제기구 진출 시도가 바람직하다. 주재국의 80년이후 12년간 장기내전으로 인한 무기의 불법유포로 각종 범죄·살인·마약밀매에 사용되어 신변안전을 위협받고 있다는 점이다.[71] 중남미국가들은 TI에서 발표하는 부패국가순위가 매우 낮은 국가들이다. 또한 한국문화와 한글을 소개하는 자원봉사를 파견하는 방안도 고려해볼 수 있고, 후진국에 대한 정보격차해소를 위해서 우리의 IT기술을 소개할 수 있는 KADO(Korea Agency Digital Opportunity & Promotion : 한국정보문화진흥원)프로그램을 통해 교류를 활성화 추진 필요하다. 현재 KADO와 과테말

우리의 경제영역 확장의 주요대상지역이다. IT 등 우리의 경제문화역량을 활용하고 문화발전의 컨텐츠도 공급해야한다

70) 외교안보연구원, 전게서, p.115.

71) 2008년 12월 23일 중남미방문중 유지은대사인터뷰. 특히, 콰테말라에는 범죄조직으로부터 우리영사에 대한 보복 등이 우려되어 대사관에 방탄차 등 경호장비 지원 필요하다고 강조하였다. 물론 이에 대해서는 마약 및 부패에 대한 대안으로 KOICA(Korea International Cooperation Agency) 고위 공무원 초청사업중 마약·부패방지 프로그램을 포함시켜, 과테말라 공무원에 대한 초청사업을 추진하는 방안 검토 필요하고, 중남미 지역의 씽크 탱크간 네트워크를 구축하여 지식을 축적하는 방안 강구 필요하다고 본다.

라대와 정보 접근 방안 추진 중인 것으로 알고 있다. 잘하고 있는 사업이다. 대사관 홈페이지 등 다양한 매체를 통해서 중남미에 관한 정보를 쉽게 이용할 수 있도록 편의 제공이 요망된다.[72]

또한 지진 불안이다. 환태평양지진대에 위치하고 있어 지진이 수시로 발생하여 지진 피해 상존하고 있고 각종 풍토병 감염 사례가 빈번하나 병원 시설이 열악한 실정이다. 이렇게 본다면 우리가 미래의 선진국을 진입을 위하여 열악한 지역에 대한 관심과 지원을 증대시키는 전략을 구사할 필요가 있다고 본다. 우선 중남미지역 교류 활성화 방안으로는 이명박대통령의 정상방문을 추진하는 것이다. 중남미 지역이 현재 본부의 관심을 받고 있지 않으나, 주재국의 전체교역량의 5%를 우리나라가 차지하고 있으며 향후 확대 가능성이 큰 점 및 동 지역의 풍부한 자원과 향후 발전 잠재력을 감안, 우리 대통령의 멕시코 방문시 중미지역의 엘살바도르를 방문할 필요가 있다고 본다.

둘째로는 중남미지역에 대한 홍보 강화이다.

중남미지역 국가에 대한 낮은 인지도를 높이기 위해 중남미 각국 개황 및 현황 자료 소개 등 대외홍보 강화가 필요하다. 대학이나 학회측에서는 중남미연구소나 중남미학회 등을 설립을 통하여 학자나 일반국민의 중남미지역에 대한 인지도를 제고하는 노력이 필요하다.

여기까지 외교통상부가 제도적으로 신경쓸 때 비로소 선지국진입의 토대가 마련될 것이다. 또한 원조절차 간소화를 위한 협정 체결이 필요하다. 이와 같이 약소국에 대한 우리의 관심과 지원이 증대된다면 우리의 외교열량도 한층 강화되고 글로벌시대에 선도적인 국가로 부상할 수 있을 것이다.

4) 에너지·자원 확보 외교의 중요성은 중앙아시아지역방문으로 연계된다. 5월 10일 이명박대통령은 우즈베키스탄과 카자흐스탄 등 중앙아시아 2개국을 방문하였다. 석유를 비롯한 각종 광물자원 부국인 양국과 에너지·자원 등의 경제협력외교에 주력하였다. 이대통령이 천명한 신아시아외교구상에 따라 글로벌외교가 확대되는 것이다. 카자흐스탄의 누르슬탄 나자르바예프 대통령과 우즈베키스탄의 이슬람 카리모프 대통령의 적극적인 의전으로 보아 광구 가스전 개발이나 공항현대화사업 등에 한국기업진출 가능성이 높다.[73]

---

72) 2008년 12월 26일 중남미방문중 오대성대사인터뷰.

73) 「중앙일보」, 2009.5.9. -11.

제8장

맺음말

제1절 한국 민주주의 위기의 현황

전 세계에서 14위의 경제대국인 한국에서 실정에 대한 책임을 회피하기 위해 대통령당인 집권당이 패거리로 사분오열되어 3년만에 깨지고 새로 당을 만드는 일이 벌어졌다. 최소한 국정실패에 대한 국민에게 사죄와 함께 겸허하게 심판을 받는 자세보다는 간판을 바꾸고 화장을 새로 고쳐 국민을 혼란에 빠뜨려 2007년 12월 19일 대선에서 또다시 기득권을 유지하기위한 몰이배적 전략을 모색했다. 국민을 국정 테스트용으로 보았다. 이명박대통령이 당선되고 출범하면서 북한은 경직된 자세를 보였고 금강산 관광객 피살사건, 개성공단 출입통제 및 민간인 억류사태, 핵실험 로켓발사로 어렵게하였고 2008년에는 소고기광우병촛불폭력시위로 2009년에는 노무현전대통령의 자살과 서거추모행사 등 과잉의 정치참여로 이명박대통령은 정상적으로 국정하기 어려운 사태까지 갔다. 대한민국의 위기였다. 하이퍼민주주의, 관객민주주의, 파트타임(시간제)민주주의라고까지 비판이 제기되고 있다. 시민들이 주기적 선거와 투표를 하지만 선거가 끝나면 대의기관의 통치의 객체로 전락한다. 국민이 선거장에서 투표하자마자 정치적 결정권은 끝이 나고 엘리트 손아귀에 모든 권력이 집중되는 엘리트민주주의론를 경계하자. 임기동안 항시 대표를 견제할 기제가 부족한 것이다. 국민은 오직 투표일에만 자유로울 뿐이다. 투표일이 지나게 되면 곧 노예로 되기가 쉽다. 주권을 가진 국민에 의해서 선출된 대표자들로써 구성된 의회가 행정부의 들러리 격으로 격하하는 소위 의회제적 과두정도 출현한다. 대중에게 정치는 주체적 참여의 문제가 아니라 관객적 흥미의 대상으로 될 때 관객민주주의로 전락할 수 있다. 결국 유권자실패는 선거실패－대표자실패－의회실패－행정실패－대통령실패－국가실패－기업실패－시장실패－소비자실패－시민사회실패－국민의실패－유권자실패로 이어져 악순환되고 마는 것이다. 소단위조직체에서의 심의민주주의훈련의 결여가 국가의 민주주의실패를 가져원인 원인이 되는 것이다. 민주주의실패를 극복하기위해서는 가정민주주의, 학급민주주의, 아파트공동체민주주의, 마을민주주의, 동네민주주의 등 소단위에서의 심의민주주의훈련과 실천이 무엇보다 중요하다.

또한 인터넷을 통하여 익명의 다수자가 오늘날처럼 직간접적으로 지배권을 행사하게 된 시대는 아마 역사상 일찍이 없었을 것이다. 중우정치 같은 전자민주주의의 폐해도 가능하다. 인터넷을 통한 지나친 논쟁과 논란은 오히려 올바른 정책방향을 모색하는 것을 저해할 수 있다. 빈번한 시민단체의 시민사회를 빌미로한 국가나 자치단체의 운영을 과도하게 가로막거나 자치단체끼리 지나친 경쟁으로 과도한 갈등을 초래하는 것 등도 문제이다. 과다민주주의(초과민주주의)가 문제이다. 이는 상호주의정신에 입각한 민주주의를 잘 못 이해하고 자기 몫을 과도하게 요구하고 양보하지 않음으로써 결국 평화적 합의도출에 이르지 못하게 되며, 정치엘리트는 무기력한 정치력을 보여주게 된다. 또한 일반시민들은 자신에게 유익한 정보를 판단하고 결정할 수 있는 능력을 갖추고 있지 못할 때 여과되지 않는 정보의 홍수는 과다민주주의를 초래할 위험성을 높인다. 안정된 민주정치에는 참여가 적어도 문제고 참여가 많아도 문제가 될 수 있는 것이다. 민주화이후 시민사회대표성을 명분으로 강성노조, 전교조, 농민단체 등 이익집단이나 시민단체들에 의해 수시로 거리를 점거하는 장기적인 집단시위, 농성, 가투, 폭력적 사태 등 전투적 민주주의로 전화하는 것은 민주적 평화를 얻지 못한다는 점에서 국가권위 및 경쟁력약화의 우려를 보인다. 이는 국가의 권위와 공권력마저도 무력하게 만들어 과연 무엇을 위한 법이고 무엇을 위한 민주주의인지를 구분하지 못하게 되고 국가전체가 혼란과 불안정에 빠지고 파괴적 민주주의가 국가경쟁력마저도 약화시키는 정치적 퇴보를 경험하게 된다.

민주주의에 대한 저해요인에는 내적 요인과 외적요인이 있다. 내적요인에는 대규모 선거민 증가로 인하여 매스컴이나 광고에 이하여 조정당하는 비합리적 요인이 점차 증대되는 경우나, 정당의 정책을 국가의 정책으로 실시함으로 정당이 때로는 국가의 상부기관으로 되고, 심지어 집권당은 권력조직을 집중강화시키고, 정당관계자는 정치직업화로 직업적 정치인이 확립되면서 국가보다는 오히려 정당이익을 위해 활동하게 되는 경우이다. 다른 한편 행정권의 우월화 경향이 강화되고 행정부 독재로 이어져간다. 게

다가 토론의 의한 정치를 생략하고 행정부는 신속한 결정을 내리는 경우가 종종 있다. 또다른 저해요인으로 민주주의의 외적 저해요인을 예로 들자면 나치즘, 파시즘의 지도자 같은 초인적 독재자 출현이나 독재의 기반이 되는 집단들의 출현, 경제적 계급에 기초한 계급정당화, 그리고 의회안에서의 계급투쟁의 일상화 등이 이에 해당된다. 과도기적인 상태에 있는 후진국이나 개발도상국에서의 일반대중의 정치적 무관심증대와 권력형 비리의 만연, 부정부패의 일상화도 민주주의 저해요인중 하나가 된다. 그리고 민주화이후 민주주의공고화가 정착되지 않고 있을 때 과도한 참여와 집단이기주의, 감성적 정치선전으로 인한 인스턴트적인 선동적 정치, 미숙한 시민단체운영으로 국가권위에 대한 도전 등은 심각한 민주주의의 외적 저해요인이 된다.

이러한 상황하에서 특히 대통령이 의회나 정당에 대해 수평적인 정치적 책임을 방기하고 직접 국민에 대한 국민투표적 권한 행사를 하는 것을 위임민주주의라 한다. 국민이 선출한 대의제 기관인 의회를 무시하는 처사이다. 대중조작도 발생할 수 있다. 과부하정부도 생길 수 있다. 제도적 피로도 유발된다. 현대 대중민주주의하에서 잘못하면 위임민주주의나 인민투표적 민주주의가 실현될 가능성이 많다. 인민투표적 형식으로써 선출된 정치지도자가 마치 제왕과도 같은 존재로 되어 권력을 행사하게 될 가능성이 짙다는 것을 의미한다.

민주화과도기나 민주화이후 민주주의하에서 엘리트의 단합으로 시민대표의 기능은 저하되고 대의제 민주주의원리가 붕괴되는 경우가 종종있다. 현대 민주주의의 문제는 정치사회가 집단적 이익을 추구하는 정치집단들의 장소에 머물고 있는데 기인한다. 의회 상임위원회, 행정부는 이익집단과의 유착으로 더욱 정치카르텔화는 가속된다. 의회는 추정적 의사를 하고 철새정치인들이 민의를 배신하는 장이 되었다. 수직적 책임성으로 본다면 선거(국민심판)를 통하여 올바른 선택을 해야 되는데 이는 또한 지·학·연 연고주의에 의해 무참히 짓밟히고 만다. 언제 어디서나 마을단위, 소규모단위로 모임을 만들어 국회의원이나 광역의원이나 기초의원과 사랑방대화를 나눌 수 있어야한다. 타운미팅이 생활화되어야한다. 이러한 실천운동이 소홀해지면 수평적 책임 또한 입법, 사법, 행정이 견제와 균형관계보다는 오히려 단합하는 형태로 전락한다. 의회는 공공재에 대한 이익을 조정하기보다는 파이(pie)의 분배에만 관심이 있다고 비판한다. 삼권분립으로서 국민의 대의기관인 입법부가 의회과두제 현상이 일어나고 있다. 이제 실질적으로 민주주의가 운영하기보다는 이념화되어 버린 민주주의로 전락하였다. 사회적 합의가 상실되었다. 바다이야기에서 보듯이 여전한 정경유착, 관－정－경－관－언 등 엘리트 부패고리가 상존한다. 이점에 있어 정치카르텔도 철저히 이익중심의 경제논리에 근거하고 있다고 할 것이다. 예컨대 386을 중심으로 신선한 기대를 받았던 과거 열린우리당에서의 잔당파나 탈당파들의 행태도 국민의 열망에 부응과 민생실패에 대한 사죄보다는 자신들의 정치적 생명을 살리기 위한 정치적 카르텔의 일종이었다. 비효율의 악순환이 초래하는 것처럼 결국 정치카르텔화는 비효율의 악순환의 시작이라고 할 수 있다.

제2절 마을공동체수준에서의 선진민주의식모색

자치단체는 그 구성원인 시민들이 얼마만큼 건전한 시민의식으로 참여하느냐에 발전방향이 결정된다 해도 과언이 아니다. 만약에 시민사회가 분노가 지나쳐서 집단시위, 항의집회, 점거농성이 빈번하면 과연 자치체가 정상적인 발전을 도모할 수 있겠는가. 항상 사전에 심도 있는 논의와 공론의 장을 마련하여 이해관계 주민들이 서로 만나고 정보를 교류하면서 정치적, 문화적으로 공동체에의 소속감과 참여의욕을 느끼도록 한다. 이처럼 정치나 자치단체지도자들은 주민들에게 공론의 장, 만남의 장 그리고 정보제공의 장을 제공하고 충분히 논의한 뒤 결정된 것에 대하여 성실하게 실천하지만 이를 거부하고 민주적 절차를 무시하고 폭력적 집단시위를 할 때는 선의의 민주적 다수시민을 위하여 용기 있는 결단력을 보여주어야 한다. 그리고 이웃하고 있는 자치단체간 갈등은 스스로 해소할 수 있는 조정능력을 배양해야하고 범국가적인 차원의 거시적 안목으로 민주적 협상과 타협의 관행을 통한 근본적인 해결책을 제도화해야한다. 갈등당사자간, 자치단체간 계약, 협정, 구역변경, 분리, 합병, 연합 등에서 심의민주주의가 활용되어야 한다. 이를 위해서는 단체장, 지방의원, 시민단체종사자, 그리고 주민들에 대한 지속적인 민주시민교육이 필요하다. 나라 전체를 볼 수 있는 애국정신과 주민의식, 기초적인 민주시민교육의 중요성이 새삼 인식되어야한다. 그래서 많은 전문가들은 심의민주주의(Deliberative Democracy)와 협의민주주의(Consociational Democracy)를 강조한다.

무엇보다도 국가와 중앙정부는 지방자치의 실패에 대한 원초적인 책임이 있음을 분명히 인식해야한다. 중앙이 곧 지방이고 지방이 곧 중앙인 것이다. 지방정책실패와 지방자치단체간의 갈등심화, 지방자치실패에 대하여 그 책임성과 정책대안에 있어 국가와 중앙정부는 자유롭지 못함을 뼈저리게 인식해야한다. 이제 우리는 민주적 선진국가와 민주적 지방자치를 위하여 몇 가지는 기억하고 학습해야한다. 이제 우리는 마을공동체에서부터 민주적 지방자치를 실천하기 위하여 몇 가지는 반드시 기억하고 학습해야한다.

1. 심의민주주의는 사업이전의 논의를 심도있게 하자.

갈등조정과 대화협상을 존중한다. 국가권위가 있어야하고 혁신을 혁신해야하며 중앙과 지방의 공존속에 중앙중심적 사고에서 탈피해야한다. 심의민주주의가 성공하려면 법의 권위가 중요하며 공권력행사는 언제나 공익을 위하여 정당하게 이루어져야한다. 빈번한 가투나 장기집단 점거농성 등 노조의 경직성과 과격한 노동운동의 전투적 민주주의를 엄격하게 차단해야한다. 혹 가능한 인민민주주의전략을 차단해야한다.

2. 지역간 협의와 조정능력이 대통령과 상위단체장에게 요망된다.

혁신도시선정갈등 등에서 보듯이 자치단체장선거가 아니라 중앙정부가 결정하지 못한 갈등을 지방정부에 책임전가해서는 안 된다. 오히려 균형발전이 갈등을 부추기는 경향이 있다. 자발적 경쟁유도가 중요하다. 심의민주주의와 협의민주주의를 통하여 지역이기주의나 집단이기주의를 차단해야한다.

3. 과도한 결사체민주주의를 경계하자.

시민들은 균형이 깨진 폭력적이고 지나친 시민단체의 권력착근성을 계도 및 견제해야한다. 시민단체(NGO)와 시민사회는 다른 것이고 지나친 시민단체의 시민대표성을 언제나 검증해야한다. 시민단체의 종사자는 더 높은 순수성, 도덕성, 윤리성, 신뢰성과 전문성을 담보해야하고 수시로 시민교육과 민주교육을 학습해야한다. 시민단체 자체 내의 정책형성과정이나 운영전반에 대한 투명한 공개와 시민에 대한 보고가 요망된다. 시민단체도 진성회원회비제도가 정착되어야한다.

4. 언제나 민주주의가 성공하기위해서는 가정민주주의가 병행되어야한다.

가정의 민주주의가 국가의 민주주의로 직결된다. 가정에서의 민주시민교육이 실천되어야한다. 이는 반상회나 공동주거에서의 자치회의 등과 연계된다. 따라서 유치원, 초등학교, 중·고등학교 등에서의 민주시민교육과 민주주의실천이 매우 소중하다. 대학교에서 민주시민교육은 매우 뒤쳐진 것이다. 그나마도 해야 하는 것이지만 사실은 늦은 것이고 매우 힘든 작업이다. 항상 일상적으로 민주주의의가 훈련되고 실천되어야한다.

5. 글로벌민주주의와 민주적 평화에 동참해야한다.

국가경쟁력과 선진국진입에 있어 민주주의공고화는 중요한 전제조건이다. 선진국수준의 민주주의에 진입하는 것이 쉽게 얻어지는 것은 아니다. 국가경쟁력,투명성,신뢰성,인권문제,정치문화 등이 동시적으로 국제사회에서 상위순위에 올라야한다. 미국, 영국, 독일, 일본 등 선진강대국들과 우의를 존속시키는 기술과 지혜를 개발하고 러시아, 중국 등 주변국가와도 협력을 가지면서 국제사회의 흐름에 동참하고 국가경쟁력을 향상시키고 국민소득증대를 위한 일자리창출에 전념하는 지혜를 만들어내야 한다. 국제사회에서 왕따 당하지 않고 존경받고 모범국가가 되도록 노력한다. 핵위기는 민주주의위기이며 남북위기이고 동북아위기이며 국제적인 위기로 연결된다. 그래서 밖으로는 국제공조로 안으로는 국민적 통합과 합의가 있어야한다. 북핵해결을 위한 일괄타결(그랜드바게인)은 바로 국제공조의 목표라 할 것이다. 북한의 이중성은 공고하며 평화와 전쟁의 이중구조가 선군정치와 핵실험으로 분명하게 드러나고 있다. 핵개발하고 로켓발사하는 것을 참 잘 했다고 칭찬할 수 없는 것이 햇볕정책, 포용정책의 한계이다. 미국이나 러시아, 프랑스 등 일부 선진국가가 핵을 보유한 것은 2차 대전 직후로 이해할 수 있다. 게다가 스위스나 일본같이 잘사는 나라 성공한 나라도 핵개발하지 않는다. 한국이 성공국가 13위, 북한이 실패국가 13위이다. 그래도 한국은 핵개발하지 않는데 실패한 국가 북한이 무엇 때문에 핵개발을 하는가. 적어도 북한주민이 굶주림에서 벗어나게 하는 것이 민주적이고, 인도적이고, 평화적인 현명한 지도자의 우선적인 선택이 아니겠는가.

그래서 UN과 전 세계가 북한의 김정일을 비판하는 것 아닌가. 북한 주민이 굶주림에서 벗어날 수 있는 막대한 금액인 2조 4천억씩 들여서 로켓발사하고 미사일발사하고 핵개발한 김정일의 선택은 정말로 잘 못된 것이다. 북한주민이 3백만명 씩이나 아사했다고 하는데 한쪽에서는 돈을 펑펑 써가며 핵실험을 하니 이를 우리가 결코 칭찬할 수 는 없는 것이다. 한국정부 당국은 일관되게 북한이 핵을 포기하면 얼마든지 도와줄 것이라고 선언하였다. 이를 진정성있게 받아주는 것이 북한의 위기를 극복하는 선택이 될 것이다. 그럴 때 한국의 민주주의의 위기도 남남공조, 남북공조, 국제공조를 통하여 해결될 수 있을 것이다. 포괄적, 퍼주기식, 평화번영정책은 분명 실패하였고 수정해야하며 호혜적이고 상호보완적인 관계로 일방성이 아니라 쌍방으로 사안별 접근하여 우리가 상당히 많은 히든카드를 많이 갖고 있어야하고 지렛대를 많이 확보야할 것이다. 이것이 국력이고 이것이 북한에게 길드림을 당하는 것이 아니고 북한이 우리에게 길드림을 당하도록 하는 방향으로 정책을 유도해 나가는 지혜인 것이다.

그래서 결국 북한이 점차적으로 한국사회를 정상적으로 이해하고 한국사회가 갖고 있는 건강성을 수용하면서 점차적으로 국제사회의 일반적인 관행에 준하는 정책과 행동을 하도록 유도하는 것이 우리가 해야 할 북한을 도와주고 국제평화를 위한 길임을 정부와 정치권이 인식하여야할 것이다. 나에게 한 가지 소원이 있다면 그것은 바로 북한 김정일이 한국은 천지개벽한 발전을 이룩한 국가이고 그동안 북한을 도와주어 감사했다고 칭찬하는 소리 한번 들어보는 일이다. 이를 위해서는 한국은 더욱 더 심의민주주의와 협의민주주의가 실천되어야하고 이를 통해서 소통과 통합으로 민주주의공고화가 정착되어야한다. 이는 적어도 지속적이고 꾸준하게 노력해야하고 이 과정은 상당히 오랜 세월을 요한다. 이를 전 국민이 인내심을 갖고 참아내야 비로서 민주주의는 전 국민의 것으로 일상화되어 나타날 것이다.

6. 자유민주주의와 시장자본주의 중심으로 마을공동체를 운영하자.

마을공동체, 반상회, 통반장회의, 주민자치센터 등에서 점진적인 방법으로 내재한 문제점들을 심의민주주의를 통하여 해결해간다. 분배보다는 성장을 통하여 평등보다는 자유경쟁을 통하여 쏠림보다는 균형감각을 통하여, 갈등과 균열보다는 통합을 위하여 과거보다는 미래를 향하여 마을단위 집단이기주의나 정파보다는 대한민국을 위하여 민주화와 산업화의 조화로운 만남을 위하여 전쟁보다는 평화를 반미보다는 반핵과 반김을, 투쟁과 핵미사일보다는 대화와 타협을 통하여 정의와 진실을 추구하는 운동이 되어야할 것이다. 이웃과의 일상생활에서 선진된 시민의식을 갖고, 참신하고 심의적이고 진취적인 보수주의가 발전적으로 확산될 수 있도록 그 지평과 심도 있는 실천을 확립해야 할 것이다.

무엇보다도 소규모공동체의 지도자의 권위가 있어야하고 공동체의 구심점을 구축하고 미래지향적인 정책개발을 통하여 다수의 선량한 국민들이 소수의 극단적 투쟁과 전투적 민주주의 때문에 손해보지 않도록 엄격한 국가공권력의 적용과 법치주의정신에 근거하여 국정을 다스리는 지혜를 강조한다. 마을공동체 민주주의실천운동은 바로 이러한 내용을 중심으로 정상적인 민주공동체의 운용을 통하여 자유민주주의와 시장자본주의가 정상적으로 작동하도록 하고 법치주의를 근간으로 국민에게 행복과 안정을 가져다주는 미래지향적인 참신하고 개혁적인 보수적인 민주시민운동이 기초단체에서부터 실천되어야할 것이다.

7. 마을공동체 민주주의실천운동은 바로 이러한 내용을 중심으로 정상적인 민주공동체의 운용을 통하여 자유민주주의와 시장자본주의가 정상적으로 작동하도록 하는 것이다. 헌법과 법치주의를 근간으로 국민에게 행복과 기쁨을 가져다주는 미래지향적인 참신하고 안정된 민주시민교육이 마을(동네)공동체에서부터 실천되어야할 것이다.

마을공동체, 동네공동체, 타운에서의 선진적, 민주적 주민의식이 높아지고 민주적 미팅이 강화되어야한다. 지방의 중소도시의 하위단체의 민주주의교육과 훈련이 절대적으로 중요하다. 주민공동체의 민주적 운영과 민주시민교육확신이 과대민주주의 등 민주주의위기방지에 크게 기여할 수 있다고본다. 이를 교육시키는 민주시민교육이 활성화되어야 한다. 그래서 명시적 권력으로서 가장 바람직한 민주주의는 직접민주주의라는 지적이 있다. 그러나 여전히 민주주의는 다양성을 기초로 하고 권력의 다원성으로 권력독점현상을 막는 것이 최선의 방책이다. 중요한 것은 다양한 제집단간의 대화, 타협, 관용, 아량, 그리고 상호존중정신이 있어야한다. 일당제보나 경쟁적 다당제나 복수정당제가 국민의 다양한 색깔을 정치적으로 반영할 수 있다는 점과 자유로운 선택의 여지가 있다는 점에서 다원주의는 여전히 민주주의위기를 극복할 수 있는 방안중 하나이다. 무엇보다도 국가와 중앙정부는 지방자치의 실패에 대한 원초적인 책임이 있음을 분명히 인식해야한다. 중앙이 곧 지방이고 지방이 곧 중앙인 것이다. 지방정책실패와 지방자치단체간의 갈등심화, 지방자치실패에 대하여 그 책임성과 정책대안에 있어 국가와 중앙정부는 자유롭지 못함을 뼈저리게 인식해야한다.

8. 민주주의는 소규모집단인 가정, 학급, 공동주거단지, 마을공동체, 기초자치단체, 광역자치단체, 국가사회생활 등 규모를 막론하고 인간 삶의 하나의 실천원리이다. 그리고 민주주의도 정치권력관계의 한 모습이다. 민주주의는 각 개인에게 인격의 자유로운 발전을 위한 조건을 보장하고 그 조건을 발견하기 위해서 개인들에게 허용되는 자유로운 논쟁과 토론이라는 방법을 통하여 합의를 도출하는 원리로 운영되고 있다. 민주주의는 토론에 의한 정치이며 선거민, 정당, 의회, 각종 위원회, 내각 등이 중요한 토의기관이다. 의사의 자율성, 행위의 자기결정성, 행위결과에 대한 자기 책임성은 민주주의의 주요한 인자이다.

민주주의는 수의 개념이 아니고 질도 존중하며, 민주주의는 공공의 선을 추구한다. 근대민주주의는 대체로 자유주의와 결합하여 자유민주주의(Liberal democracy)로 불리어지고 있다. 따라서 민주주의 정치체제도 자유민주주의체제로 불리어지게 되었다. 자유민주주의체제는 자유주의에 기인되는 민간의 자유로운 활동과 민주주의에 기인되는 국민의 정치참여에 의해서 특징지어지고 있다. 자유민주주의는 다수 민중의 지배를 의미한다. 자유민주주의는 만인의 법적 평등과 평등한 권리를 가진 시민의 다수결원칙에 의한 자치이다.

자유민주주의하에서는 다수의 합의에 의하여 권력을 장악하는 것을 정당한 것으로 인식하며 국가 속에 다수의 주권자의 권력을 도입하려는 정치이념인 것이다. 그렇기 때문에 국가와 민주주의에는 엄연한 권위가 있어야 한다. 이를 지키지 않으면 준엄한 법의 심판을 받아야 한다. 이는 소수의 권력자들을 위한 권위주의와는 전혀 다른 것이다. 심의민주주의, 평화통일, 지역간 화해와 용서, 나눔, 섬김, 베품의 미덕이 민주주의이다. 민주주의에서는 범세계적 차원에서의 민주주의에 대한 합의를 논의하고 있다. 공개(open), 공정(fair), 자유(free)가 민주주의 기초이다. 앞으로 한국 민주주의 더 큰 선진적 발전은 화합, 통합, 소통이 얼마나 잘 실천되느냐에 달려있다고 할 것이다.

■ 참고문헌

1. 국문단행본

구학서 편저, 『이야기 세계사』(서울: 청아출판사, 1990)

김기우, 『정치발전이론』(서울: 박영사, 1996)

김석준, 『한국의 세계화 비젼』(서울: 공보처, 1995)

김우창, 최장집외, 『더 작은 민주주의를 상상한다』(서울: 당대비평, 2007)

박은홍 외, 『평화를 향한 아시아의 도전-아시아민주화운동사』(파주: 나남, 2008)

신희권 외, 『시민 행정과 정부』(서울: 대영문화사, 2001)

서병훈, 『포퓰리즘:현대민주주의의 위기와 선택』(서울: 책세상, 2008)

서재진, 『남북상생·공영을 위한 비핵·개방·3000정책의 이론적 체계연구』(서울: 통일연구원, 2008)

신명순, 『비교정치론』(서울: 박영사, 2001)

안 천, 『신사고 사회과교육론』(서울: 교육과학사, 1993)

안성호, 『범세계민주화비교론』(서울: 교육과학사, 1994)

---------, 『안교수의 통일이야기』(서울: 교육과학사, 2001)

---------, 『신정치학원론』(서울: 교육과학사, 2005)

---------, 『중·동구·발칸의 글로벌 정치경제연구』(파주: 한국학술정보, 2009)

---------, 『북한의 위기, 기회 그리고 선택』(파주: 한국학술정보, 2009)

-------공저, 『신북한학개론』(서울: 을유문화사, 1999)

-------공저, 『지역경쟁력강화와 로칼거버넌스』(서울: 대영문화사, 2006)

-------편저, 『세계화, 지방화, 그리고 민주화』(서울: 교육과학사, 1996)

-------편저, 『동유럽민족문제연구』(청주: 충북대출판사, 2002)

-------편, 『청주시 2030보고서』(2005)

염홍철, 『종속과 발전의 정치경제학』(서울: 박영사, 1991)

정진민, 『후기산업사회 정당정치와 한국의 정당발전』(서울: 한울, 1998)

조희연 편저외, 『복합적 갈등속의 아시아 민주주의』(피주: 한울아카데미, 2008)

조희연·박은홍·이홍균엮음, 『아시아민주화와 사회경제학적 불평등의 동학』(서울: 한울, 2009)

최장집,『한국민주주의이론』(서울: 한길사, 1993)

-------편, 『유럽민주주의와 노동정치』, (서울: 법문사, 1997)

---------, 『민주주의의 민주화』(서울: 후마니타스, 2006)

최창호, 『지방정부기능론』(서울: 삼영사, 2001)
최한수, 『대통령 수상 준대통령: 국가의 권력구조』(서울: 인간사랑, 2007)
황기연, 변미리, 나태준공저, 『프로젝트 청계천』(서울: 나남출판, 2005)

2. 국문논문

강명구, “정부와 NGO 관계: 국가와 시민사회의 상호강화를 위한 비교론적 정부와 NGO,” 한국 행정학회 기획 세미나(2000)

강원택, “2007년 대통령 선거와 네거티브 캠페인의 효과,” 한국정치학회, 『한국정치학 회보』, 43집2호(2009. 여름)

강정인, “루소의 정치사상에 나타난 정치참여에대한 고찰,” 한국정치학회, 『한국정치학회보』, 43집2호 (2009. 여름)

고경민, “발전지향적 권위주의체제의 인터넷 발전모델?”한국정치학회, 『한국정치학회보』, 43집2호(2009. 여름)

김구섭, “북한실태와 우리의 대북정책,” 민주평통 초청연찬회(2009. 3. 13)

김성국, “국제화-지방화시대의 시민문화형성,” 한국사회학회편(1997)

김영래, “비정부조직(NGO)과 국가와의 상호작용 연구 : 협력과 갈등,” 『한국정치논총』, 39, 3(2000)

김영명, “한국의 정치발전: 일인지배에서 제도정치로?” 비교민주주의학회, 『비교민주주의연구』, 제5집1호(2009. 6)

김의영 · 한주희, “결사체민주주의의 실험,” 한국정치학회, 『한국정치학회보』, 제42집 제3호(2008. 가을)

김성호, “헌법제정의 정치철학,” 한국정치학회, 『한국정치학회보』, 제42집 제3호(2008. 가을)

김유경, “민주적 거버넌스와 반부패: 국제적 반부패 전략과 다차원적 부패 개념의 필요성,” 비교민주주의학회, 『비교민주주의연구』, 제3집1호 (2007. 6)

김형철, “대만총통제와 민주주의 공고화의 지체: 통치구조와 운영의 비조응성을 중심으로,” 비교민주주의학회, 『비교민주주의연구』, 제4집1호(2008. 6)

박경미, “민주화이후한국의 정당쇄신:17대 국회의 정치개혁을 중심으로,” 비교민주주의학회, 『비교민주주의연구』, 제2집2호(2006. 12)

박재창, “지방화시대의 중앙정치와 지방자치의 역할,” 민자당편, 『국책연구』 (여름호, 1995)

박창희, "전략의 패러독스: 비대칭전쟁에서의 결전과 약자의 승리," 한국정치학회,『한국정치학회보』, 제42집1호(2009. 봄)

박휘락, "전시작전통제권전환과 국가의 전쟁수행: 개념과 과업의 분석," 한국국제정치학회, 『국제정치논총』, 제49집1호(2009)

박종민 · 배정현, "한국에서 단체는 민주주의 학교인가?," 한국정치학회, 『한국정치학회보』, 제42집 제3호(2008. 가을)

서현진 · 박경미, "17대 국회 의원발의 법안의 가결 요인 분석," 한국정치학회, 『한국정치학회보』, 43집2호(2009. 여름)

손혜현, "메넴 개혁정부시기(1989-1999) 페론당(PJ)의 안정적인 지지요인 분석," 한국정치학회, 『한국정치학회보』, 43집2호(2009. 여름)

신기현, "NGO의 지방자치 평가: 객관성과 독립성 기대," 전북의정연구소, 「지방자치」, 154(2001)

안성호, "한국 정당체계와 기능, 그 변화에 대한 연구," 한양대 박사논문(1998)

---------, "사회주의체제 민주화 개혁의 본질에 대한 연구: 사회민주주의와 사회주의적 민주주의 비교를 중심으로," 국민윤리학회, 『국민윤리연구』 제31호 92.

---------, "민주화와 민족문제 상관관계 연구: 동구Case," 한국정치학회, 『한국정치학회보』, 제29집1호(1995)

---------, "보스니아평화협정이후 구유고에서의 민족문제," 한국정치학회보 제31집 4호(1997)

---------, "북한위기에 따른 국가위기관리방안 연구," 한국동북아학회, 『한국동북아논총』, 제14권2호, (통권51집)(2009)

---------, "글로벌외교가 남북관계에 미치는 영향," 충북대, 『사회과학연구』, 제26권 제1호(2009)

---------, "구동유럽발칸지역의 서유럽형 왕권복귀움직임연구," 한국동유럽발칸학회, 『동유럽발칸학』, 제10권1호(2008)

---------, "독립국가연합의 민주화과정에대한 비교연구: 중앙아시아5개국을 중심으로," 한국동 북아학회, 한국동북아논총, 제13권3호, (통권48집)(2008)

---------, "17대 대선과 18대 총선에서 충북의 정당지지도비교분석," 충북대, 『사회과학연구』, 제25권 제1호(2008.6)

---------, "구동유럽발칸지여의 서유럽형 왕권복귀움직임 연구," 한국동류럽

발칸학회, 『동유럽발칸학』, 제10권1호(2008)

---------, "한국민주주의 위기와 마을공동체 민주주의 활성화 방안," 충북대 사회과학연구소, 『사회과학연구』, 제24권 제2호(2007)

---------, "531지방자치선거 : 충북광역자치단체장 선거분석," 충북대 사회과학연구소, 『사회과학연구』, 제24권 제1호(2007)

--------공저, "안보위기극복을 위한 안보거버넌스 활용방안," 서경대 통일문제연구소, 『통일연구』, 제12권1호(2007)

--------공저, "지역경쟁력강화를 위한 로칼거버넌스모델형성", 한국비교정부학회, 『한국비교정부 학보』(2006)

---------, "A Study on Ukraine President Election and Deliberative Democracy", The 5th international Academic Conference of KACEES, The Korean Association of Central & East European Studies/Irkutsk State Linguistic University, Russia(2005)

오현철, "민주주의의 새로운공간 : 한국 공론장의 대안적 발전모델을 중심으로," 한국정치학회, 『한국정치학회보』, 제41집2호(2007. 여름)

원시연, "대통령과 국회의 제도적 권력관계의 변화: 제1공화국부터 노무현 정부까지," 비교민주주의학회, 『비교민주주의연구』, 제3집1호(2007. 6)

이규영, "탈사회주의와 중부유럽의 재발견," 한국정치학회 연례학술회의(1999. 12)

이남영, "세계화의의미와 개혁의 기본방향," 민자당편, 『국책연구』(봄호, 1995)

이동문, "추락하는 것은 날개가 있다." *Russia CIS Focus*(2009. 5. 11)

이상묵, "한국의 정당체제에 대한 뒤베르제 법칙의 적용가능성: 선거제도와 제도외적 요인분석," 비교민주주의학회, 비교민주주의연구, 제2집2호(2006. 12)

이승원, "민주주의와 헤게모니 : 현대민주주의의 특징에 관한 이론적 재검토,"비교민주주의학회, 『비교민주주의연구』, 제4집1호(2008. 6)

이연호, "작은 정부를 만들기 위한 싱크탱크의 역할 : 미국, 영국의 사례와 한국," 한국국제정치학회, 『국제정치논총』, 제49집2호(2009),

이정진, "한국의 선거와 세대갈등 : 제16대 대통령 선거과정 분석," 비교민주주의학회, 『비교민주주의연구』, 제3집1호(2007. 6)

정대화, "김대중정부의 정치적 과제와 전망," 학술단체협의회, 「김대중정권의 과제와 전망」, '98정책토론회(1998)

조영달, "시민참여를 위한 시민교육의 제도화 방안," 한국사회과교육학회 「시

민교육연구』, 32(2001)

----------, "공동체의식의형성과시민교육," 서울대시민교육학술세미나(1994. 10)

최대권, "형법과 민주시민교육," 한국민주시민교육협의회학술대회논문집(1995)

전수연, "프랑스 제3공화국의 헌법제정 1875-1889," 한국프랑스사학회, 『프랑스사연구』(2005. 8)

조성대, "미국예비선거(primary Election)에서 후보결정 요인에 관한 연구:2008년 민주당사례," 한국정치학회, 『한국정치학회보』, 43집2호(2009. 여름)

진영재, 최선, "한국적 구너력구조의 기원적 형태 : 대한민국임시정부 : 1919-1945년의 헌법개정과 권력구조 변천사분석," 한국정치학회, 『한국정치학회보』, 43집2호(2009. 여름)

최갑수, "1789년의 인권선언과 혁명기의 담론," 한국프랑스사학회, 『프랑스사연구』(2000. 8)

최정욱, "Democracy는 민주주의가 아니라 다수정이다 : 공화주의와의 차이를 논하며," 비교민주주의학회, 비교민주주의연구, 제5집1호(2009. 6)

홍태영, "루이나폴렝의 제2제정과 1860년대 정치적 자유주의," 한국프랑스사학회, 『프랑스사연구』(2002. 2)

3. 기타자료

김계동 외 역, Rod Hague & Martin Harrop 저, 『현대비교정치론』(서울: 명인문화사, 2007)

김왕식 외역,Robert Dahl 저, 『민주주의』(서울: 박영사, 2004),

김학준 외 1 역, 모리스 뒤베르제 저, 『서구 민주주의의 두 얼굴』(서울: 문학과지성사, 1995)

남찬섭 · 유태균 옮김, 닐 길버트 · 폴 테렐 저, 『사회복지정책론』 (서울: 도서출판 나눔의집, 2007)

뤼시마이어 외, 『자본주의 발전과 민주주의-민주주의의 비교역사 연구』, (서울: 나남출판, 1997)

박옥출 역, 『민약론』(서울: 박영사, 1960), J.J.Rousseau, *Du Contrat Social*(1792)

박윤덕 역, 데이비드파커 저, 『혁명의 탄생』(서울: 교양인, 2009)

버나드마넹, 『선거는 민주적인가』 Bemard Manin, *The principle of Representative* (Cambridge Univ. Press, 1997)

스톡홀름 국제평화연구소(SIPRI: Stockholm International Peace Research

Institution), *SIPRI Yearbook 2008: Armaments, Disarmament and International Security*(2008)
윤길순 역, 로버트켈리 저, 『골드칼라로 가는길』 (서울: 리치북스, 1999)
이환역, 『사회계약론』(서울: 서울대출판부, 1999), Rousseau, Jean-Jacques, *On the Social Contract with Geneva Manuscript and political Economy*, ed. Roger D. Master and tr. Judith R.Masters(N.Y.: St. martin's, 1978).
장성호 역, Jeff Haynes 저, 『위기의 제3세계 정치론』(대구: 학문사, 2003)
최은봉 역, 이이와사키 이쿠오 저, 『아시아 국가와 시민사회』(서울: 을유문화사, 2002)
한백연구재단 편역, 크리스토퍼 아터튼 저, 『텔레데모크라시: 21세기정보화 시대의 정치혁명』(서울: 거름, 1994)
홍순식 역, 국제전략문제연구소(CSIS: Center for Strategic and International Studies) 스마트파워 위원회 지음, 『스마트파워』(성루: 삼인, 2009)
국회위기관리포럼, 『위기관리포럼 창립세미나』(2008. 6. 17)
삼성SDS, 「지역혁신과 u-City 연계방안」(2005. 4)
삼성경제연구소, 『한국의 사회갈등과 경제적 비용 보고서』(2009. 6. 24)
외교안보연구원, 『2009국제정세 전망』(2008. 12)
외교통상부, 『2009외교백서』(2009. 5)
외교통상부, 『외교통상업무 참고자료』(2009. 5)
외교통상부 · 한국외교협회, 『건국60주년 기념외교 세미나 자료집』(2008. 8)
통일연구원, 『이명박정부 대북정책 비전 및 추진방향』(2008)
국제통화기금(IMF)(2009. 1)
세계은행(World Bank)(2009. 1)
한국전산원, 「u-Korea 전략연구」(2004. 12)
한국전산원, 「해외 유비쿼터스 추진현황 조사 · 분석」(2005. 3)
한국전산원, 「유비쿼터스 시대의 공공행정 서비스 발전방안 연구」(2004. 12)
「경향신문」, 「노동신문」, 「동아일보」, 「매일경제신문」, 「중앙일보」, 「조선일보」, 「한겨레신문」, 「한겨레21경향신문」

4. 영문단행본

Aristotle, trans. E. Barker, *The Politics*(Ocford Univ. Press, 1998)
Beetham, David, *Democracy and Human Rights*(Cambridge: polity Press, 1999)

Beetham, David & Kevin Boyle, *Introducing Democracy: 80 Questions and Answers*(Cambridge: Polity Press, 1995)

Benhabib, Seyla, ed., *Democracy and Difference: Contesting the Boundary of the Political* (princeton University Press, 1996)

Bhawati, Jagdish, *In defense of Globalization*(Oxford Univ. Press, 2004)

Blaug, Ricardo, Democracy, *Real and Ideal: Discourse Ethics and Radical Politics*(State Univ. of New York Press, 1999)

Blackburn, Robert(ed.), *Rights of Citizenship*(London: Mansell, 1993)

Chaoman, Sara, *Electronic Democracy*(Napier University, 1999)

Clegg, Stewart, Paul Boreham and Geoff Dow, *Class, Politics and the Economy* (London: Routledge & Kegan Paul, 1986)

Cleary, Seamus, *The Role of NGOs under Authoritarian Political System*(New York: ST. Martins Press, 1997)

Close, Paul, *Citizenship, Europe and Change*(London: Macmillan, 1995)

Dahrendorf, Ralf, *Class and Class Conflict in Industiral Society*(Stanford Univ. Press, 1959)

Dalton, Russell, *Citizen Politics in Advanced Democracies*(Chatham: Chatham House, 1998)

Dahl, Robert A., *Poliarchy: Participation and Opposition*(New Haven: Yale Univ. Press, 1978)

-------------, *Modern Political Analysis,*(N.H.: Yale Univ. Press, 1978)

-------------, *On Democracy* (New haven: Yale Univ. Press, 1998)

Davidson, Scott, *Human Rights*(Buckingham: Open Univ. Press, 1993)

Diamond, Larry, *Developing Democracy: Toward Consolidation*(Baltimore: The Johns Hopkins Univ. Press, 1999)

Dogan, Mattei, *Pathway to Power: Selecting Rulers in Pluralist Democracies* (Boulder: Westview Press, 1981)

----------(ed.), *Comparing Pluralist Democracies*(Boulder: Westview Press, 1988)

Dryzek,J.S., *Deliberative Democracy and Beyond*(Oxford University press, 2000)

Duverger, Maurice, *Political Parties: Their Organizations and Ativities in Modern State*(London: Methuen, 1954)

Easton, David, *A frame work for Political Analysis*(N.J.: Prentice-Hall, Inc., 1965)

-----------, *The Political System*(N.Y.: Alfred A. Knopf, Inc., 1971)

----------, *Children in Political System-Origins of Political legitimacy*(1975)

Ebenstein, William and Fogelman, Edwin, *Today's Ism*(Prentice-Hall, 1985)

Elster, Jon, ed., *Deliberative Democracy*(Cambridge University Press, 1998)

Esping-Andersen, G., *Politics Markets: The Social Democratic Road to Power* (Princeton Univ. Press, 1985)

Etzioni, Amitai, *The Spirit of Community*(N.Y.: Crown Publishers, Inc., 1993)

Eysenck, H.J., The Psychology of Politics(London: Routledge & kegan Paul, 1954)

Fiorina, Morris P., "Extreme Voices:A Dark Side of Civic Engagement," in T. Skocpol & Morris P.Fiorina, eds., *Civic Engagement in American Democracy*(N.Y.: Brookings Institution press, 1999)

Forsythe, David P., Human Rights and Peace:International and National Dimensions(Buckingham: Open Univ. Press, 1993)

Friedrich Carl J. and Zbigniew K. Brzezinski, *Totalitarian Dictatorship and Autocracy*(N.Y.: Frederick A.Praeger, 1964)

Fromm, Erich, *Escape From Freedom*(N.Y.: Avon Books, 1965)

----------,*The Sane Society*(N.Y.: Holt, Rinehart & Winston, 1976)

----------, *To have or to be*(New York: harper & Row Publishers, 1976)

Fukuyama, F., *Trust: The Social Virtues and the Creation of Prosperity* (N.Y.: Free Press, 1995)

Giddens, Anthony, *The Consequences of Modernity*(Stanford Univ. Press, 1990)

Gorman, Robert A., *Neo-Maxism: The meanings of Modern Radicalism*(Connecticut: Greenwood Press, 1982)

Habermas, Jürgen, *Between Facts and Norms: Contributions to a Discourse Theory of Law and Democracy*(Cambridge: The MIT Press, 1996)

Held, David, *Models of Democracy*(Cambridge: Polity Press, 1987)

----------, (ed.), *States and Societies*(Columbia Univ. Press, 1983)

Hobbes, Thomas, trans., Herbert Schneider, *Leviathan*(Bobbsa-Merrill, 1985)

Holden, Barry, (ed.), *Global Democracy:Key debates*(London: Routledge, 2000)

----------, *Understanding Liberal Democracy*(New Jersey: Free Press, 1988)

Huntington, Samuel P., *Political order in Changing Societies*(New Haven: Yale Univ. Press, 1968)

----------, *The Third Wave: Democratization in the Late Twentieth Century*(Univ. of Oklahoma Press, 1991)

------------, *Clash of Civilization*(N.Y.: Free Press, 1995)

------------, and John M. Nelson, *No Easy Choice: Political Participation in Developing Countries* (Cambridge: Harvard University Press, 1976)

Katz.R and P.Mair, eds., How parties Organize: change and Adaptation in party organizations in Western Democracies(London: Sage, 1995)

Keyssar, Alexander, *The Right to Vote: The Contested History of Democracy in the United States*(New York: Basic Books, 2000)

Kornhauser, William, *The Politics of Mass Society*(Glencoe: The Free Press, 1959)

Larmore, Charles, *The Morals of Modernity*(Cambridge University Press, 1996)

Laski, H., *The Dilemma of our Times*(London: George Aden & Unwin, ltd., 1952)

Lasswell, H. and Kaplan,*Power and Society*(N.Y.: free Press, 1957)

Lawson, Kay, Andrea Römmele, & Georgi Karasimeonov, (ed.), *Cleavages, Parties, and Voters: Studies from Bulgaria, the Czech Republic, Hungary, Poland, and Romania*(Westport: Praeger, 1999)

Levine, Peter, *The New Progressive Era: Toward a Fair and Deliberative Democracy*(Lanham: Rowman & Littlefield Publishers, Inc., 2000)

Leone, Bruno, *Socialism*(Minesota: Greenhaven press, 1986)

-----------, *Communism: Opposing Viewpoints*(Minnesota: Greenhaven Press, 1986)

Lipset, Seymour Martin, (ed.), Democracy in Europe and The Americas (Washington, D.C.: Congressional Quarterly Inc. 1998)

-------------, *Political Man*(N.Y.: Doubleday & Company, Inc., 1960)

Lijphart, Arend, *Democracies: Patterns of Majoritarian and consensus government in twenty-one countries*(New Haven: YaleUniv. Press, 1984)

-------------, *Patterns of Democracy: Government Forms and Performance in Thirty-Six Countries* (New Haven: Yale Univ. Press, 1999)

------------, *Democracy in Plural Societies, A Comparative Exploration*(New Haven: Yale Univ. Press, 1977)

Lijphart, Arend and Bernard Grofman, *Electoral laws and Their Political Consequences*(New York: Agathon Press, 1986)

Locke, John, *trans.*, Thomas Peardon, *Second Treatise of Government*(Bobbs-Merrill, 1985)

Locke, John, *Second Treatise of Government*, C.B.Macpherson, ed.(Indianapolis:

hackett Publishing Co., Inc., 1980)

Lipset, Seymour Martin,(ed.), Democracy in Europe and The Americas (Washington, D.C.: Congressional Quarterly Inc. 1998)

Maclver, R.M., *The Web of Government*(N.Y.: The Macmillan Company, 1947)

Machiavelli, Niccolo, trans., James Atkinson, *The Prince*(Bobbs-Merrill, 1985)

Mackenzie, W.J.M., "The Functions of Elections," *International Encyclopedia of the Social Sciences*(New York: The Macmillan Company & The Free Press, 1968)

Macpherson, C.B., *The Life and Times of Liberal Democracy*(London: Oxford Univ.Press, 1977)

Mannheim, Karl, *Freedom, Power and Democratic Planning*(N.Y.: Oxford Univ. Press, 1950)

Marcuse, Herbert, *One-Dimensional Man*(London: Routledge & Kagan Paul, 1964)

Marx, Karl, *Capital*, in D. McLellan(ed.), *Karl Marx: Selected Writings*(Oxford Univ.

McGrew, Anthony, (ed.), *The Transformation of Democracy?: Globalization and Territorial Democracy*(Cambridge: Polity Press, 1997)

Melzer, Arthur M., Jerry Weinberger, & M.Richard Zinman, (ed.), *Multiculturalism and American Democracy*(Kansas: Univ. Press of Kansas, 1998)

Midlarsky, Manus I., (ed.), *Inequality, democracy, and economic development* (Cambridge Univ. Press, 1997)

-------------, *The Evolution of Inequality: War, State Survival, and Democracy in Comparative Perspective*(Stanford Univ. press, 1999)

Milbrath, L.W., *Political Participation*(Rand mcNally, 1965)

Mill, John Stuart, trans., Currin Shields, *On Liberty, Considerations on Repr esentative Government in Three Essays* (Bobbs-Merrill, 1985)

-------------, *Collected Works*(Toronto: Univ. of Toronto Press, 1991)

Milkis, Sidney M., *Political Parties and Constitutional Government: Remaking American Democracy*(Baltimore: The Johns Hopkins University Press, 1999)

Miroff, Bruce, Raymond Seidelman, & Todd Swanstrom, (eds.), *Debating Democracy: A Reader in American Politics*(Boston: Houghton Mifflin

Company, 1999)

Montesquieu, Charles Louis de Secondat, "The Spirit of the Laws," in Arend Lijphart(ed.), *Parliamentary versus Presidential Government*(Oxford Univ. Press, 1992)

Neumann, Sigmund, *Permanten Revolution*(N.Y.: Frederick A. Praeger, Inc., 1965)

Oakeshott, Michael, *On Human Conduct*(Oxford University Press, 1975)

Przeworski, Adam, *Democracy and the Market: Political and Economic Reforms in Eastern Europe and Latin America*(cambridge Univ. Press, 1991)

-------------, *Capitalism and Social Democracy*(N.Y.: Cambridge Univ. Press, 1986)

Putnam, Robert D., *The Comparative Study of Political Elites*(N.J.: Prentice-Hall, Inc., 1976)

-------------, *Making Democracy Work: Civic Traditions in Modern Italy*(N.J.: Princeton University Press, 1993)

Pye, Lucian W., "The Concept of Political Development," in Jason L.Finkle & Richard W.Gable(eds.), *Political development and Social Change*(N.Y.: John Willy & Sons. Inc., 1971)

Rallings, Colin and Michael Thrasher, eds., *British Electoral Facts*(Aldershot: Ashgate, 2007)

Rejai, M., *Democracy: The Cotemporary Theories*(N.Y.: Atherton press, 1976)

Resnick, Philip, *Twenty-First Century Democracy*(Montreal: McGill-Queen's University Press, 1997)

Rhee, Jong-han, *The State and Industry in South Korea*(London: Routledge, 1994)

Riesman, David, *The Lonely Crowd*(New Haven: Yale Univ. Press, 1950)

Rousseau, Jean-Jacques, trns., Charles Sherover, *The Social Contrat*(Harper and Row, 1985)

Sabine George H., *A History of Political Theory*(Illinois: Dryden Press, 1973)

Sartori, Giovanni, *The Theory of Democracy Revisited: Part two*(N.J.: Chatham Mouse Publishers, Inc., 1987)

Saward, Michael, *The Terms of Democracy*(Cambridge: Polity Press, 1998)

Schumpeter, J.A., *Capitalism, Socialism and Democracy*(N.Y.: Harper Brothers, 1947)

Schmitt, Carl, *The Concept of the Political*(New Brunswick: Rutgers University press, 1976)

------------, *The Crisis of Parliamentary Democracy*(Cambridge: MIT press, 2000)

Solomon, Robert C. & Mark C.Murphy, (ed.), *What is Justice?: Classic and Contemporary Readings*(Oxford Univ. press, 2000)

Steiner, Jürg, *European Democracies*(N.Y.: Longman, 1995)

Strauss, Leo and Joseph Cropsey, (eds.), *History of Political Philosophy*(Chicago Univ. Press, 1987)

Touraine, Alain, *What is Democracy* by trans. David Macey(Oxford: WestviewPress, 1997)

Tocqueville, A., *Democracy in America*(N.Y.: Random House, 1963)

Voltaire, F.M.A., trans., Ernest Dilworth, *Philosophical Letters*(Bobbs-Merrill, 1985)

Weber, Max, *Economy and Society*(Berkeley: Univ. of California Press, 1978)

Young, Iris M., *Inclusion and Democracy*(Oxford University press, 2000)

5. 영문논문

Adelman, Irma, "fallacies in Development Theory and their Inplications for policy," in G.M.Meier and J.E. Stiglitz, eds., Frontiers of Development Economics: The future in Perspective(Oxford: oxford University press, 2001)

Birkinshaw, Patrick, "Citizenship and Privacy," Robert Blackburn(ed.), *Rightsof Citizenship*(London: Mansell, 1994)

Dahl, R., "Government and Political opposition," in Fred I. Green stein & Nelson W. Polsy(eds.), *Handbook of Political Science*, Vol.3(Massachusetts: Addison-Wesly publishing Comp., 1975)

------------, "A Democratic Paradox?" *Political Science Quarterly*, Vol.115, No.1, Spring 2000

Dekker, Henk, "Socialization and Education of young people for Democratic Citizenship. Theory and Research," in Romuald Holly(ed.), *Political Consciousness and civic Education during the Transformation of the system*(Warsaw: Institute of Political Studies Polish Academy of Sciences, 1994)

Falk, Richard, "The changing role of Global Civil Society," in Gideon Baker and David Chandler(ed.), *Global Civil Society*(London: Routledge, 2005)

Fierke, K.M., "Dialogues of Manoeuvre and Entanglement: NATO, Russia, and the CEECs," *Journal of International Studies*, vol.28 no.1, 1999

Fiorina, Morris P., "Extreme Voices: A Dark Side of Civic Engagement," in T. Skocpol & Morris P.Fiorina, eds., *Civic Engagement in American Democracy*(N.Y.: Brookings Institution press, 1999)

Kalyvas, Andreas, "Popular Sovereignty, Democracy, and the Constituent Power," *Constellations* 12(2004)

Lawson, Kay, Andrea Römmele, & Georgi Karasimeonov, (ed.), *Cleavages, Parties, and Voters: Studies from Bulgaria, the Czech Republic, Hungary, Poland, and Romania*(Westport: Praeger, 1999)

Lijphart, Arend, "Consociational Democracy," *World Politics*, Vol.21, No.2, January, 1969

------------, *Democracy in Plural Societies, A Comparative Exploration*(New Haven: Yale Univ. Press, 1977)

------------, "Consociational Theory: Problems and Prospects," *Comparative Politics*, Vol.13, no.3, April, 1981

Newton, Kenneth, "Trust, Social Capital, Civil Society, and Democracy, *Inter national Political Science Review*, Vol.22, No.2(April 2001)

Olson, Mancur Jr., "Some Social and Political Implications of Economic Development," *World Politics*, Vol.17, No.3(April 1965)

Pye, Lucian W., "The Concept of Political Development," in Jason L.Finkle & Richard W.Gable(eds.), *Political development and Social Change* (N.Y.: John Willy & Sons. Inc., 1971)

Sullivan, William M., "A Renewal of Civic Philosophy," in Markate Daly, *Communitarianism* (Belmont: Wadsworth Publishing Company, 1994)

Shin, Doh C., *Mass politics and Culture in Democratizing Korea*(Cambridge University Press, 1999)

Warren, M., "What dose corruption mean in a Democracy?" *American Journal of Political Science*, Vol48 No.2(2004)

Wilson, Richard W., "The Many voices of Political Culture: Assessing Different Approaches," *World Politics* 52(January 2000)

6. 기타영문자료

Armaments, Disarmament and International Security(2008)
Asia World Street Journal, September 4, 2007
Council on Foreign Relations,(ed.), *Democracy*(CFR, 1998)
Economist, 2007
IBRD(2009.1)
IMF(2009.1)
The American Annual(Yearbook of the Encyclopedia Americana, *1989~2001*)
The Economist 1990-2009
The Wall Street Journal, 1998-2009
The Washington Post, 1999-2009
The World Today
Time, 1995-2009
The Military Balance 1998-2000, IISS
UN: The Blue Helmets. 1990-2009
UN: Statistical Yearbook. 1990-2009
UN Chronicle. 1990-2009
U.S. News & World Report, 1991~2009
WorldMark Yearbook 2009
Yearbook of the United Nations. 1990-2009

7. 인터넷자료

American Political Science Association convention papers: http//pro.harvard.edu
AFPDPA
AI · www.amnesty.org
Foreign Affairs: www.foreignaffairs.org
Freedom House: www.freedomhouse.org
Journal of Democracy: http://muse.jhu.edu/muse.html

Korea Democracy Barometer Surveys: www.cspp.strath.ac.uk
Los Angeles Times special report "Beyond the Curtain,": www.latimes.com/new/nation/reports/curtain
National Endowment for Democracy: www.ned.org
New York times :www.search.nytimes.com/daily/bin
UC Irvine Center for the Study of Democracy: www.democ.uci.edu/democ/papers
WashingtonPost data directory: www.washingtonpost.com/w-srv/politics/polls/datadir.htm
http://www.hankyung.com/news (2007.5.24)
http://www.cia.gov/(2009.5.12); CIA/ the World Fact Book/ (2009.5.12)
http://www.mofat.go.kr/press (2009.5.6)
http://www.asean-roksummit2009.kr (2009.5.6)
http://www/assembly.go.kr (2009.8.5)
http://www.hankyung.com/news (2009.5.24)
http://100.naver.com/100 (2009.7.12)
http://ko.wikipedia.org (2009.8.12)
http://www.munhwa.co.kr (2008.7.15)
http://politica.or.kr/zboard/view (2009.8.12) 정대화,『현대민주주의론』(2006)
http://kin.naver.com/detail (2009.8.12)
http://www.etnews.co.kr (2009.7.30)
http://www.humanrights.or.kr/HRLibrary/HRLibrary1 (2009.4.13)
http://search.naver.com (2008.10.30)
http://www/assembly.go.kr (2009.8.5)
http://www.president.go.kr/president (2009.7.28)
서경호(praxis@joongang.co.kr)「돈이 보이는 경제지표-사회갈등지수」(제120호)
김기봉YTN(kgb@ytn.co.kr) (2009.7.1)

■ 안성호 저작 참고문헌

I. 정치학일반 및 정치이론

1. "정치발전론에 있어서 유형론적 접근에 대한 고찰: Talcott Parsons 유형변수의 영향을 중심으로," 한대석사논문(1982)
2. "네오마르크스사상의 인간주의 연구: 청년마르크스사상의 소외를 중심으로," 한양대,『중소연구』, 12권3호(1988)
3. "자본주의와 사회주의체제 비교연구: 마르크스 사회과학방법론 비판을 중심으로," 충북대사회과학연구소, 『사회과학연구』 7권2호, 90. 11 77-127
4. "사회주의권 변혁의 본질에 대한 연구: 정치적 다원주의의도입을 중심으로," 한국국제정치학회, 『한국국제정치논총』 31권1호, 91. 12 139-165
5. "사회주의체제 민주화 개혁의 본질에 대한 연구: 사회민주주의와 사회주의적 민주주의 비교를 중심으로," 국민윤리학회, 『국민윤리연구』 제31호 92. 243-267
6. "경제적 지역주의의 정치경제학," 충북대 사회과학연구소, 『사회과학연구』, 제18권 제2호(2001)
7. 『신정치학원론』(서울: 교육과학사, 2005)

II. 민주정치와 민주화

1, "사회주의체제 민주화 개혁의 본질에 대한 연구: 사회민주주의와 사회주의적 민주주의 비교를 중심으로," 국민윤리학회, 『국민윤리연구』, 제31호 92(1990)
2. "민주화와 민족문제상관관계연구: 동구Case," 한국정치학회, 『한국정치학회보』, 제29집1호(1995)
3. "루마니아와 불가리아의 민주화이후 정치개혁과 민족문제비교연구," 충북대 국제관계연구소, 『국제관계연구』, 제8집(1995. 12)
4. "아시아자본주의국가의 민주주의도입에대한 연구," 아태재단 『민주화와 산업화: 국제학술회의』(1996. 5)
5."21세기 한국사회와 정치학의 과제:민주주의와 민주시민교육을 중심으로," 충북대, 『사회과학연구』, 14권/1호(1997)
6. "21c 대비 민주주의와 시민교육," 한국정치학회학술대회(1996. 11)

7. “여성의 사회참여 및 여성경쟁력 확대방안에 대한 연구,” 충북대, 사회과학연구소, 『사회과학연구』, 제18권 제1호(2001)
8. “민주화변혁이후 동구권국가의 세계화전략과 대외관계”, 한국동유럽발칸학회, 『동유럽발칸학』, 제4권2호(2002)
9. “A Study on Ukraine President Election and Deliberative Democracy”, The 5th international Academic Conference of KACEES, The Korean Association of Central & East European Studies/Irkutsk State Linguistic University, Russia(2005)
10. “우크라이나 대통령선거와 글로벌민주주의와의 관계에대한 연구,” 한국동유럽발 칸학회, 『동유럽발칸학』, 제7권2호(2005)
11. “동북아 민주공동체형성의 과제와 전망,” 북한연구학회, 『북한연구학회보』(2005년 여름)
12. “동북아정체성과 글로벌민주주의의 관계에대한 연구,” 한국정치학회 춘계학술대회(2005)
13. “한국민주주의 위기와 마을공동체 민주주의 활성화 방안,” 충북대 사회과학연구소, 『사회과학연구』, 제24권 제2호(2007)
14. “독립국가연합의 민주화과정에대한 비교연구: 중앙아시아5개국을 중심으로,” 한국동북아학회, 『한국동북아논총』, 제13권 제3호(2008. 9)
15. 『사회주의변혁과 한반도 통일과 민주화』 이은호편저(서울: 서울프레스, 1992)
16. 『범세계 민주화비교론』(서울: 교육과사, 1994)
17. 『세계화, 지방화, 그리고 민주화』편저(서울: 교육과사, 1996)

III. 한국정치

1. “한국야당 지도자연구,” 한양대 대학원,『행당논집』 제1권(1985)
2. “한국정당체제와 기능, 그 변화에 관한 연구,” 박사논문(한양대, 1988)
3. “민주화에 대한 정치권의 시각과 시민사회의 시각차이점 연구”, 충북대 『사회과학연구』, 제9권2호(1992). 한국정치학회연례학술발표(91. 12)
4. “세계화와 지방화의 논리적 관계: 충북의 실천,” 한국사회교육과 학술대회(1995. 6. 2)
5. “세계화와 지방화의 논리적 관계연구: 민주화 실천,” 충북대 국제관계연구소, 『국제관계연구』, 특집호, 제9집(1995)

6. “청주시: 정당정치와 선거,” 청주시, 『청주시지』 편집보고서(1996)
7. “세계화와 지방화의 논리적 관계: 민주화실천”, 충북대 국제관계연구소, 『국제관계연구』, 제9집, 1996. 3
8. “한국의 세계화와 북한의 개방화,” 충북대 국제관계연구소 『국제관계연구』, 제10집, 1996. 4
9. “21C 대비 한국정치의 과제와 진로,” 경실련 『21C한국정치의 과제』(1996. 6)
10. “충청지역 지방의회와 단체장과의 권력관계,” 교육부 보고서(1996. 9)
11. “충북: 인구,” 경실련 『충북의 오늘과 내일』(1996)
12. “고비용정치구조개선과 지방정치활성화방안,” 한국정치학회 충청지회 학술대회(1997. 10)
13. “98년 광역의회 의원 선거분석,” 한국정당정치연구소, 『한국민주주의와 지방자치』(서울: 문원, 1998)
14. “고비용정치구조개선과 효율적인 선거방안,” 중앙선거관리위원회, 『논문집』(1998)
15. “민선1기 및 민선2기 지방자치선거비교연구,” 충북대 사회과학연구소, 『사회과학논총』, 제16권1호(1999)
16. “제16대 국회의원선거의 공명선거 실현방안,” 중앙선거관리위원회, 『논문집』(1999)
17. “뉴밀레니엄 시대의 청소년의 어제와 오늘,” 걸스카웃트 충북연맹 연찬회(1999. 9)
18. “한국정치와 정당: 담론, “충청정치학회, 한국국제정치학회 충청지회 공동학술대회발표논문(1999. 11)
19. “통일대비 신보수주의 안보와 민주화,” 자민련 신보수주의 대토론회 발표논문(1999. 12)
20. “17대총선의 쟁점과 선거결과에대한 담론,” 충북대, 『사회과학연구』, 제21권(2004)
21. 공저, “지역경쟁력강화를 위한 로칼거버넌스모델형성”, 한국비교정부학회, 『한국비교정부 학보』(2006)
22. “지역경쟁력강화를 위한 로칼거버넌스모델형성”, 한국비교정부학회, 『한국비교정부 학보』(2006)
23. “531지방자치선거: 충북광역자치단체장 선거분석,” 충북대 사회과학연구소, 『사회과학연구』, 제24권 제1호(2007)

24. "17대 대선과 18대 총선에서 충북의 정당지지도비교분석," 충북대, 『사회과학연구』, 제25권 제1호(2008. 6)
25. "한국 정당체계와 기능, 그 변화에 대한 연구," 한양대 박사논문(1998)
26. 『한국의 민주주의와 지방자치선거』 공저(서울: 1998)
27. 『지역경쟁력강화와 로컬거버넌스』 공저(서울: 대영문화사, 2006)
28. 한국학술진흥재단, 『지역경쟁력강화와 로칼거버넌스연구』 공동연구(2005)
29. 『2030청주시 장기발전계획』 연구책임자(2006)
30. "지방자치단체간 갈등관리," 한국자치발전연구원, 월간자치발전, 12월호, (2005)

IV. 비교정치 및 국제정치

1. "제3세계 정치발전전략과 과제에 대한일고," 충북대 사회과학연구소, 『사회과학연구』, 제6권2호 89.12 159-203
2. "동구권정치개혁운동의 이상과 현실," 충북대 국제관계연구소, 『국제관계연구』, 2집 90. 2 17-62
3. "폴란드 · 헝가리 정치개혁 비교연구," 한국사회주의체제 연구협의회, 『공산권연구논총』, 7권2호, 90. 3 247-279
4. "중국특색의 사회주의와 개혁정치: 정치구조개혁과 반부르조아자유운동," 충북대 국제관계연구소 『연구시리즈-1: 1집』 90. 12 57-80
5. "동구권개혁에 따른 북한사회주의노선 변화 전망," 통일원 『연구논문집』 (1990)
6. "공산권 개혁에 따른 공산당 권력독점의 약화와 정치적 다원화 경향: 동구Case," 충북대 국제관계연구소, 『국제관계연구』 3집, 1991. 1
7. "동구권민주화에 따른 민족분규연구: 특히 보스니아-헤르체고비나내전을 중심으로," 한국정치학회, 『한국정치학회보』, 제27집2호(1993)
8. "보스니아평화협정이후 구유고에서의 민족문제," 한국정치학회보 제31집 4호(1997)
9. A Study on Ethnicity between Albanian and Serbian in Kosovo, 충북대 사회과학연구소, 『사회과학연구』, 제14권2호(1998)
10. "한국의 대 동구 외교: 현황과 전망," 충청국제정치학회, 『국제사회』, 제1집: 창간호(1998)

11. "코소보지역에서의 세르비아와 알바니아계의 민족갈등연구," 중동구 발칸학회창립 학술대회발표논문(1999. 9)
12. "Chinese Danwei-affiliated Business Enterprise System: Organizational Structure and development," 충북대, 사회과학연구원, 『사회과학논총』, 제16권2호(1999) (공동연구 최승환)
13. "The Church, Goverment, and Solidarity on the Road to Democracy in Poland, 1978-1995," 한국동구발칸학회, 『동유럽발칸학』, 창간호(1999) (공동연구 최승환)
14. "A Study on the nature of the Democratic Peace," 충북대 사회과학원, 『사회과학연구』,제 17권 제1호(2000. 8) (공동연구, 최승환)
15. "New Millennium Vision and Prospects of political and Economic Relationship between Korea and Hungary," Korea-Hungary Joint Conference(Embassy of the Republic of Korea, Budapest and Institute for World Economics in Social Studies Research Centre of the Hungarian Academy of Sciences), *Past, Present, And Future Prospects of Korea-Hungary relations*(Budapest, October 19, 2000) "한・헝가리 관계 10년의 변화와 전망," 헝가리 학술원, 주헝한국대사관주최 국제학술세미나(2000. 10. 19)
16. "New Millennium Vision and Prospects of political and Economic Relationship between Korea and Hungary," 『동유럽발칸학』, (2000) (홍재우 공동연구)
17. "발칸지역 민족갈등 연구: 코소보지역을 중심으로," 충북대 사회과학연구원, 『사회과학연구』, 제17권2호(2000)
18. "Relationship between Bulgaria and the Central-East european Countries in the 21th", 한국동유럽발칸학회, 『동유럽발칸학』, 제5권2호(2003)
19. "A Study on Ethnicity in the Baltics after EU membership," 한국동유럽발칸학회, 『동유럽발칸학』, 제6권2호(2004)
20. "A Study on EU Integration and Ethnicity in the Baltics", The 4th international Academic Conference of KACEES, The Korean Association of Central & East European Studies / Tartu Univ., Estonia(2004)
21. "우크라이나 대통령선거와 글로벌민주주의와의 관계에 대한 연구," 한국동유럽발칸학회, 『동유럽발칸학』, 제7권2호(2005)

22. “A Study on Ukraine President Election and Deliberative Democracy”, The 5th international Academic Conference of KACEES, The Korean Association of Central & East European Studies/Irkutsk State Linguistic University, Russia(2005)
23. “루마니아와 불가리아의 EU가입 이후의 변화에 대한 정치경제학적인 비교연구,” 한국외국어대 동유럽발칸연구소, 『동유럽연구』, 제19권 (2007)
24. “구동유럽발칸지역의 서유럽형 왕권복귀움직임연구,” 한국동유럽발칸학회, 『동유럽 발칸학』, 제10권1호(2008)
25. 『동유럽민족문제연구』편저(청주: 충북대출판사, 2002)
26. 『중동구발칸의 글로벌 정치경제연구』(파주: 한국학술정보, 2009)
27. 한국학술진흥재단, 『동유럽민족문제연구』연구책임자(1997-1998)

V. 북한민주화 및 통일문제

1. “김일성주체사상과 조선로동당, 국토통일원,” 『통일연구논총』 1988년 8권 2호
2. “북한식 사회주의 변화모델에 대한 연구,” 통일원, 『북한통일연구논문집』 제3권, 1991.10 139-165
3. “사회주의 변혁과 한반도 통일과 민주화,” 이은호편저, 『남북한과 국제정치』(서울: 프레스 92.1) 21-43
4. “한반도의 통일문제에 대한 분석,” 충북대 국제관계 연구소, 장보인 공동연구, 『국제관계연구』, 제8집(1995)
5. “북한개방화에대한 연구,” 국방대학, 『안보학술논집』, 제6집1호(1995.10)
6. “중국에서본 남북관계,” 장보인 공동연구『국제관계연구』, 제8집(1995)
7. “김일성 사후 북한의 개혁개방에대한 연구,” 중국 길림대 조선한국연구소학술대회 발표 논문(1996. 1)
8. “북한의 사회주의 정치경제와 경제난,” 충북대 『국제관계연구』, 제9집 1996.
9. “북・미관계개선이 남북한관계에 미치는 영향,” 동국대 안보연구소 학술대회 발표논문(1996)
10. “세계화와 남북통일의 미래상”, 청주대 『국제문화연구』, 제13집(1996)
11. “김일성사후 북한개혁개방에대한 연구”, 중국 길림대학 조선한국연구소 주최 국제학술대회 발표논문(1996. 1. 26)

12. "남과북 정치통합연구방법론," 한국정치학회 월례발표회(1997. 4)
13. "북한의 개방화와 한국의 세계화," 충북대 『국제관계연구』, 제10집(1997)
14. 공동연구(박경은), "김일성사후 북한의 개혁·개방에 대한 연구," 충북대 『국제관계연구』, 제10집(1997)
15. "북한개방화를 위한 동북아국가의 협력방안," 길림대 동북아연구원 국제학술대회(1997.8)
16. "북한의 미·일 관계에 따른 남·북한 관계개선 상호관계연구," 한국동북아학회, 『한국동북아논총』, 4집(1997)
17. "남과 북 정치통합연구방법론," 북한연구학회, 『북한연구학회보』(1997, 11, 창간호)
18. "남과북 정치통합연구: 경쟁적 정당체계를 중심으로," 북한연구학회, 『북한연구학회보』, 제2권1호(1998)
19. "남북한 교류활성화방안," 한국동북아학회, 『한국동북아논총』, 제11집(1999)
20. "남·북한 정치통합연구: 통합선거를 중심으로," 북한연구학회, 『북한연구학회보』, 제3권1호 (1999)
21. "남북정상회담이후의 통일문제," 한국북방학회, 『한국북방학회논집』, 제8호(2001)
22. "미국의 부시 신행정부의 대북정책변화와 한북미관계에 대한 연구," 한국북방학회, 『한국북방학회논집』, 제9집(2001)
23. "한반도통일과 NGO역할," 북한연구학회, 『북한연구학회보』, 제6권2호(2002)
24. "남북공조와 북한의 변화전망", 한국동북아학회, 『한국동북아학보』(2002. 12)
25. "대학신문으로 본 남북통일문제," 민주평통, 전국국공립신문방송사주간교수협의회, 『공동학술세미나』(2003)
26. "남북관계에대한 대학신문의 시각," 한국동북아학회, 『동북아평화번영과 재외한인학술행사』(2003)
27. "한반도통일을 위한 과제," 한국북방학회, 『한국북방학회논집』, 제12호(2004)
28. "한중일협력과 동북아 평화공동체 확립방안," 『충북대사회과학연구』, 제22권1호(2005. 6)
29. "동북아민주공동체형성의 과제와 전망," 북한연구학회, 『북한연구학회보』, 제9권1호(2005)
30. "글로벌민주주의를 통한 동북아 정체성확립에 대한 연구," 한국동북아학회, 『한국동북아논총』, 제10권 제3호(2005)

31. “남북한 협력과 한민공조체제,” 서경대, 『통일연구』 제11권 제1호(2006)
32. “안보위기극복을 위한 안보거버넌스 활용방안(공저),” 서경대 통일문제 연구소, 『통일연구』, 제12권1호(2007)
33. “보수적 시각의 북한이중성에대한 이해와 극복방안,” 서경대 통일문제 연구소, 『통일연구』, 제12권2호(2007. 12)
34. “북한위기에 따른 국가위기관리방안연구,” 한국정치학회, 한국국제정치 학회, 한국세계지역학회, 『2008 건국60주년 기념 공동학술회의: 기 획패널II』(2008. 8. 22)
35. “글로벌외교가 남북관계에 미치는 영향,” 충북대, 『사회과학연구』, 제26 권 제1호(2009)
36. “북한위기에 따른 국가위기관리방안연구,” 한국동북아학회, 『한국동북아 논총』, 제14권 제2호(2009. 6. 15)
37. 『신북한개론』공저(서울: 을유문화사, 1999)
38. 『안교수의 통일이야기』(서울: 교육과학사, 2001)
39. 『북한의 위기, 기회 그리고 선택』(파주: 한국학술정보, 2009)
40. “북한의 주체사상,” 통일원 북한학교재개발보고서(1995. 11)
41. “북한의 사회주의정치경제,” 통일원 북한학교재개발보고서(1995. 11)
42. “김일성사후 북한개방화추진의 대내외적 요인분석: 남북한경제협력을 통한 국가안보정책발전을 위하여,” 국방대학원 안보문제연구소 학술 보고서『안보문제연구』, 제6집(1995. 10)
43. “북한의 군,” 통일원 북한학교재개발보고서(1996. 11)
44. “북한의 법,” 통일원 북한학교재개발보고서(1996. 11)
45. 한국학술진흥재단, 『남북한교류보고서』연구책임자(1998-1999)
46. 한국학술진흥재단, 『남과북 정치통합연구 : 인문사회과학분야 중점영역 지원과제 보고서』 연구책임자(1996-1999. 11)

색 인

ㄱ

ㄴ

ㄷ

ㄹ

ㅁ

ㅂ

ㅅ

A~Z

프로필

- 안성호(安成濩) (충북대 정치외교학과 교수)

- 생년월일 : 서기 1954년 2월 27일생 (만 55세)

- 연락처 : 한국 충북 청주시 흥덕구 비하동 계룡리슈빌 A 105동-201호
  361-370
  Tel 043-238-9502
  Hand Phone:010-2946-8009
  E-Mail : hosungho@hanmail.net

- 직장 주소 : 한국 충북 청주시 흥덕구 개신동 산41 충북대학교
  360-740
  Tel 043-261-2211

- 학 력
  1974.2 서울 중앙고등학교 졸업
  1979.2 한양대학교 정치외교학과(정치학사)
  1983.2 한양대학교 정치외교학과 대학원(정치학석사)
  1988.2 한양대학교 정치외교학과 대학원(정치학박사)

• 경 력

1985.9~89.2 한양대학교 강사
1986.3~89.2 전북대학교, 숭실대학교 강사
1987.3~89.2 서울교육대학교 강사
1989.3~93.2 충북대학교 정치외교학과 조교수
1993.3~98.3 충북대학교 정치외교학과 부교수
1998.4~현재 충북대학교 정치외교학과 정교수
1994.3~1996.2 충북대학교 정외과 학과장
1995.3~1997.2 충북대학교 국제관계연구소 소장
1997.3~1999.2 행정대학원 선임교수주임
2002.4~2004.4 충북대 신문사주간
1993.6~8 미국 Univ. of California at Irvine 교환교수
1996~1998 중국길림대학 조선한국연구소 객좌교수
1999.12~2000.12 미국 Univ. of Missouri at Columbia 교환교수

• 상 훈

1996.충북대 우수학술상
2005.충북대 우수교원상

• 학회활동

한국정치학회(평생회원) 이사(1987~현재)
한국국제정치학회(평생회원) 이사(1990~현재)
동구발칸학회(평생회원) 부회장(2005~2006)
한국 동북아학회(평생회원) 이사(1996~현재)
유럽학회(평생회원)(1997~현재)
한국북한연구학회(평생회원) 이사(1997~현재)
한국 세계지역연구협의회(1988~현재)
한국북방학회 회장(2004~2005)
한국전략학회 이사(2006~현재)
한국 동아시아연구회(1995~현재)
한국 미래정치연구회(1997~현재)
한국지방자치학회(1996~현재)
한국정치외교사학회(1994~현재)

한국국민윤리학회(1989~현재)
세계정치학회(IPSA) 정회원(1996~현재)
미국정치학회(APSA) 정회원(2000~2004)

- 경력 및 사회활동

한국방송협회 충청권 15대 대통령선거후보초청
토론회패널 토론자 참가(1997.10.20~11.3)
민주평통자문위원(1996.8~2005.6)
충청북도 민방위교육전문강사(1998.3~1000.12)
국가정보대학원 강사(1998.3~2004)
전국 국공립대학 신문방송주간협의회 회장(2002.8~2003.8)
KBS 라디오 통일광장 출연교수(2002.4~9)
청주MBC 17대 총선 후보자 토론회 사회(2004.3~4)
17대 총선 충북선거관리위원회 후보자토론회 사회(2004.4)
2030청주시장기발전계획 연구책임자(2005~6)
531지방선거 한나라당 충북지역 공천심사위원(2006)
제32대 충북지사 직무인수 위원회 행정분과 간사(2006.6)
충북병무청 시민자문위원(2005~현재)
충북자치연수원 논문지도교수(2006~현재)
청주시시민공약평가단단장(2006~현재)
제17대 대통령직 인수위원회 정무분과 상임자문위원(2008.1.2~2.24)
충북 오창차세대가속기센터 건립추진위원회 공동위원장(2008.6.23~현재)
이명박대통령방문 국토중원충북발전전략 토론회 지정패널(2008.7.1)
외교통상부 정책자문위원(2008.8~2010.8)
민주화보상심의위원회 위원(2008.10.27~현재)
소방방재청 재난대응안전한국훈련평가위원(2009.5)
행안부공익사업선정위원회 위원(2009.4.24~2011.4.23)
행안부09년 지자체 합동평가단 평가위원(2009.2.26~2010.2.25)
국가보훈위원회위원(2009.5.1~2011.4.30)

- 저 서

『범세계민주화비교론』(서울: 교육과학사, 1994)
『세계화, 지방화, 그리고 민주화』편저(서울: 교육과사, 1996)

『신북한학개론』공저(서울: 을유문화사, 1999)
『안교수의 통일이야기』(서울: 교육과학사, 2001)
『동유럽민족문제연구』편저(청주: 충북대출판사, 2002)
『신정치학원론』(서울: 교육과학사, 2005)
『지역경쟁력강화와 로컬거버넌스』공저(서울: 대영문화사, 2006)
『중·동구·발칸의 글로벌 정치경제연구』(파주: 한국학술정보, 2009)
『북한의 위기, 기회 그리고 선택』(파주: 한국학술정보, 2009)

• 보고서
청주시, 『2030청주시 장기발전계획』 연구책임자(2006)
한국학술진흥재단, 『지역경쟁력강화와 로칼거버넌스연구』 공동연구(2005)
한국학술진흥재단, 『남북한통합』연구책임자(1996~1998)
한국학술진흥재단, 『남북한교류』연구책임자(1998~1999)
한국학술진흥재단, 『동유럽민족문제연구』연구책임자(1997~1998)

• 논문
1. "북한위기에 따른 국가위기관리방안 연구," 한국동북아학회, 『한국동북아논총』, 제14권2호, (통권51집)(2009)
2. "글로벌외교가 남북관계에 미치는 영향," 충북대, 『사회과학연구』, 제26권 제1호(2009)
3. "구동유럽발칸지역의 서유럽형 왕권복귀움직임연구," 한국동유럽발칸학회, 『동유럽발칸학』, 제10권1호(2008)
4. "독립국가연합의 민주화과정에대한 비교연구: 중앙아시아 5개국을 중심으로," 한국동북아학회, 한국동북아논총, 제13권3호, (통권48집)(2008)
5. "17대 대선과 18대 총선에서 충북의 정당지지도비교분석," 충북대, 『사회과학연구』, 제25권 제1호(2008. 6)
6. "한국민주주의 위기와 마을공동체 민주주의 활성화 방안," 충북대 사회과학연구소, 『사회과학연구』, 제24권 제2호(2007)
7. "531지방자치선거: 충북광역자치단체장 선거분석," 충북대 사회과학연구소, 『사회 과학연구』, 제24권 제1호(2007)
8. "루마니아와 불가리아의 EU가입 이후의 변화에 대한 정치경제학적인 비교연구," 한국외국어대 동유럽발칸연구소, 『동유럽연구』, 제19

권(2007)

9. "안보위기극복을 위한 안보거버넌스 활용방안(공저)," 서경대 통일문제연구소, 『통일연구』, 제12권1호(2007)

10. "남북한 협력과 한민공조체제," 서경대, 『통일연구』, 제11권 제1호(2006)

11. "지역경쟁력강화를 위한 로칼거버넌스모델형성", 한국비교정부학회, 『한국비교정부학보』(2006)

12. "A Study on Ukraine President Election and Deliberative Democracy", The 5th international Academic Conference of KACEES, The Korean Association of Central & East European Studies / Irkutsk State Linguistic University, Russia(2005)외 다수.

현대민주주의 위기연구

저 자 : 안성호
발행처 : 충북대학교 출판부
발행인 : 임동철
주 소 : (361-763) 충북 청주시 흥덕구 성봉로 410
전 화 : (043) 261-2952, 3014
팩 스 : (043) 274-1256
이메일 : presscbu@chungbuk.ac.kr
등 록 : 제1983-2001-7호
초판1쇄: 2009.11.10
인쇄처 : 삼성디자인기획 042) 221-3111

* 이 저서는 2008학년도 충북대학교 학술연구지원사업에 의하여 발행되었음
(This work was supported by the research grant of the Chungbuk National University in 2008)

ISBN 978-89-7295-163-6 93340

값 17,000원